AF542365

LA HISTORIA DEL PADRE KENTENICH
P. HERNÁN ALESSANDRI MORANDÉ

Recapitulación y traducción
de textos autobiográficos del P. Kentenich:
P. JUAN PABLO CATOGGIO

Poemas:
P. JOAQUÍN ALLIENDE LUCO

Nº INSCRIPCIÓN: 108.545
ISBN: 978-956-246-198-6

© EDITORIAL NUEVA PATRIS S.A.

JOSÉ M. INFANTE 132, PROVIDENCIA
FONO/FAX: 222351343 - 222358674
EMAIL: gerencia@patris.cl
SANTIAGO, CHILE

PRIMERA EDICIÓN: MAYO, 1999
SEGUNDA EDICIÓN: JUNIO, 2002
TERCERA EDICIÓN: MAYO, 2009
CUARTA EDICIÓN: ABRIL 2015

DISEÑO:
MARGARITA NAVARRETE M.

NUEVA PATRIS

P. HERNÁN ALESSANDRI M.

RECAPITULACIÓN Y TRADUCCIÓN
DE TEXTOS AUTOBIOGRÁFICOS DEL P. KENTENICH:
P. JUAN PABLO CATOGGIO

LA HISTORIA DEL PADRE KENTENICH

padre

José de María,
padre, tan alto
y tan azul de lago entre la nieve,
padre cargado de lluvia, nube,
padre, árbol, mástil de los nidos,
padre, mar siempre, profecía de mar,
fuego de uvas rojas,
música de fruto y fiesta del hijo,

padre, roca fiel,
agua de alegría,
viento, puño fuerte del Espíritu,
fruto del fruto de la Entraña,
muro de misericordia,
padre, montaña roja, padre.

P. Joaquín Alliende L.

INTRODUCCIÓN

HACIA EL ENCUENTRO CON LA PERSONA DEL PADRE KENTENICH

EL P. Kentenich es un hombre de importancia histórica, su mensaje es para siglos. Por eso lo comparamos con hombres que han tenido una importancia secular. Con san Agustín, san Bernardo, san Ignacio.

San Agustín y san Benito no sólo codecidieron esencialmente la historia de la Iglesia; también fueron los padres de la cultura medioeval; fueron los padres de diez siglos de la historia del mundo y de la Iglesia. San Ignacio también fue un hombre que impregnó la historia, mucho más allá de las fronteras de la Iglesia. Nosotros también creemos que el P. Kentenich es un hombre que se sitúa en esta dimensión, que repercutirá por siglos y no sólo en la historia de la Iglesia, sino también más allá de sus fronteras, porque la Iglesia realiza su pleno sentido al ser el alma del mundo.

Dios quiso escoger al P. Kentenich como fuente de gracias para todos aquellos que le regalaría como hijos. Guiados por este convencimiento, queremos encontrarnos con la persona de nuestro Padre fundador.

I. NUESTRO PUNTO DE PARTIDA: LA PERSONALIDAD FILIAL-PATERNAL DEL P. KENTENICH

1. Tres frases reveladoras

Partiremos de tres frases según las cuales el P. Kentenich se definió a sí mismo. Son tres afirmaciones circunstanciales, en el recuerdo de distintas personas, que nos ayudarán a un posterior análisis.

Veamos la primera frase.

Estando el P. Kentenich en Milwaukee, alguien le preguntó con qué palabras podría definirse a sí mismo. El contestó:

> "Con una sola: ***Padre.*** Es el sentido de mi vida, ***ser siempre padre y sólo padre".***

Por eso queremos encontrarnos con él siguiendo su historia como la historia del crecimiento de una extraordinaria paternidad, viendo cómo en su vida se fue desarrollando esta gracia de la paternidad que Dios le concedió y que él mismo sentía como núcleo de su personalidad y, también, de su misión.

Nosotros acostumbramos a decir que el P. Kentenich fue un gran profeta, pero para él la palabra que lo resumía todo era: *padre*. El veía la dimensión profética incluida en su tarea de padre. Se sentía un hombre llamado por Dios para transmitir vida a la Iglesia y al mundo de hoy. Y su función de profeta era un aspecto de esa tarea de transmisión de vida. Para que los hombres tuvieran vida, debía anunciarles los problemas que él veía y por qué caminos se llegaba a la vida. Pero lo central para él era dar vida, al igual que Cristo. Cristo vino a la tierra, como dice san Juan, para que los hombres "tengan vida en abundancia". (Jn 16)

Hay también una segunda frase muy importante. El P. Bezler me contó una vez que llevó al Padre fundador en su automóvil. Este estaba lleno de paquetes y de bultos, pues se dirigía a un campamento. Cuando partieron, las cosas se vinieron encima del P. Kentenich y le aplastaron en el asiento contra la parte de adelante del auto. El P. Bezler, avergonzado por lo sucedido, se disculpó y empezó a arreglar las cosas. "No te preocupes", le dijo el P. Kentenich. "Pero, Padre, usted va tan incómodo", le contestó el P. Bezler. El P. Kentenich replicó:

> "Estas cosas no me afectan. ¡Tú no sabes hasta qué punto yo soy niño, hasta qué punto yo me acomodo a todo!".

Al P. Bezler, miembro importante del Movimiento de Schoenstatt en Alemania, se le quedó grabada la forma en que el P. Kentenich le dijo: "¡Tú no sabes hasta qué punto yo soy niño!". Esto muestra otro rasgo de su corazón. El era padre frente a los hombres, pero frente a Dios se sintió siempre como el niño más pequeño.

Citaremos todavía una tercera frase suya. En noviembre de 1958, el P. Kentenich celebró su cumpleaños en Milwaukee y la Familia de Schoenstatt se había reunido en el Santuario. Allí dio una plática muy hermosa en la cual se refirió al sentido de su vida. Dijo:

> En las semanas pasadas escuchamos algunas veces la palabra que Dios dirigió al profeta Isaías: "Antes de haber sido formado en el seno materno te elegí y te llamé por tu nombre: tú eres mío" (cfr. Jer 1, 5; Is 49, l; 43, l), Estas palabras se adecúan especialmente a este día, a esta celebración que hoy nos congrega aquí, en el Santuario. ¿Qué significa: "te llamé por tu nombre, tú eres mío"?
>
> En primer lugar significa que Dios me llamó a la vida. Creemos que Dios, hoy hace 73 años, habló de esta manera. El dijo: "¡Yo te llamé de la nada a la vida!". Hace 73 años me llamó por mi nombre, diciendo: "Tú eres mío! Mío eres tú, con tu originalidad y tu misión original..."
>
> Si preguntáramos a San Pablo cuál era su misión, entonces nos diría: "Se me confió la misión de anunciar al mundo el misterio de Cristo, el Redentor, el Mediador, la Cabeza del Cuerpo Místico". Espontáneamente nos preguntamos ahora: ¿Cuál fue la misión que se me confió hace 73 años?

> Teniendo presente el ejemplo de San Pablo puedo decir: ¡Mi misión fue y es anunciar al mundo el misterio de María! Mi tarea es proclamar a la Santísima Virgen, revelarla a nuestro tiempo como la Colaboradora permanente de Cristo en toda su obra de redención y como la Corredentora y Mediadora de las gracias. Revelar a la Santísima Virgen en su profunda unión con Cristo, en bi-unidad con él, y con la misión específica que ella tiene desde sus Santuarios de Schoenstatt para el tiempo actual. *(P. Kentenich, Alocución en su cumpleaños, 16.11,1958)*

El Padre fundador veía el sentido de su vida y se veía a sí mismo como un heraldo de las glorias de María, como un trovador de las glorias de María.

2. La relación íntima de estas tres afirmaciones

Existe una íntima relación entre estas tres frases. Para el P. Kentenich la misión de María es forjar el hombre nuevo y ayudar a que surja el hombre nuevo, a imagen de Cristo. Este hombre nuevo es, en primer lugar, un hombre que es hijo de Dios y que, porque es hijo de Dios y se hace niño ante él, porque se sumerge plenamente en el corazón del Padre Dios como Cristo, es capaz de hacerse también padre, reflejo del Padre Dios para los demás. El hombre nuevo es el hombre-niño y el hombre-padre, porque es el hombre a imagen de Cristo, moldeado por María como Cristo.

Afirmar que la tarea del Padre fundador es anunciar las glorias de María, equivale a decir que su tarea es educar un nuevo tipo de hombre. Y sostener que él quiere educar un nuevo tipo de hombre significa que quiere educar a un hombre que sea niño y padre. Por eso quiso encarnar, él mismo, ese nuevo tipo de hombre que deseaba regalar a la Iglesia. El fue profundamente niño frente a Dios y de ello sacó la fuerza para desplegar ante los hombres, ante la Iglesia y ante los tiempos actuales, una paternidad extraordinaria.

El P. Kentenich piensa que todo cristiano tiene por vocación asemejarse a Cristo y que Cristo es, esencialmente, ontológicamente, por naturaleza, "hijo de Dios" y, como tal, "resplandor del Padre". En la medida en que un cristiano se asemeja a Cristo, se hará hijo de Dios en él y será para los hombres un resplandor del Padre (2 Cor 3,18; 4,4). Este es el ideal de todo hombre maduro. Este es el ideal que el mundo de hoy y la Iglesia deben recordar. Y el P. Kentenich cree que es la Santísima Virgen la encargada de recordarlo, de manera especialísima, a través de Schoenstatt. Por este ideal, él se sacrificó y recibió la gracia de encarnarlo como primicia.

El hombre maduro, entonces, es niño y padre, es una especie de puente a través del cual Dios quiere darse a nosotros. Según la ley de la conducción del mundo, la ley de las causas segundas, Dios quiere que cada criatura, que cada hombre sea transmisor de su vida, que sea un intermediario entre él y los demás hombres (1Tes 1, 6/32, 11). Cristo fue el intermediario perfecto (1Tim 2,5), porque fue el Hijo perfecto, que poseía toda la riqueza del Padre y, a su vez, podía darla entera. Y por ser Hijo perfecto, pudo ser imagen perfecta del Padre. Todos los demás, en la medida en que maduremos como hombres, en la medida en que nos pongamos en contacto filial con la fuente de vida que es Dios, nos haremos también fuentes de vida para los demás, nos haremos padres.

El ideal del hombre maduro es el ideal del "niño-padre", del hombre que está al mismo tiempo en profundo contacto de entrega amorosa a Dios y a los demás hombres; es un puente profundo y filialmente arraigado en el corazón de Dios, de donde recibe toda su riqueza de vida, pero para transmitirla, para darla paternalmente a otros. La imagen del hombre maduro, a semejanza de Cristo, es una especie de puente, abierto a los dos extremos –a Dios y a los hombres– por donde pasa la riqueza de Dios a los hombres. Ese es el ideal que predicó y encarnó el P. Kentenich.

3. La estructura natural de la personalidad del P. Kentenich

Dios le dio la gracia de vivir la filialidad y la paternidad como a pocos hombres en la historia de la Iglesia. Pero sabemos que Dios es un Dios de armonía y que la gracia siempre presupone la naturaleza. Por eso, porque Dios quería dar al P. Kentenich esta gracia de encarnar al hombre nuevo, (al hombre que es hijo de Dios y padre de los hombres; al hombre creador de historia, fuerte, fecundo, precisamente en la fuerza de esa paternidad que él conquista a través de su filialidad), por eso le dio también una estructura humana apta para desarrollar esa paternidad.

Decíamos que la personalidad del hombre maduro tiene dos polos: es el hombre hondamente vinculado con Dios (como hijo) y vinculado con los hombres (como padre). Pues bien, el Padre Dios otorgó a nuestro Padre fundador una gran capacidad de contacto con él a través de una estructura muy marcada de su personalidad, que podríamos llamar metafísica o trascendental. El P. Kentenich era un hombre con un inmenso sentido para lo espiritual, para lo trascendente, para lo divino, y esto lo llevaba impreso en su manera de ser. Cuando uno lee sus escritos o escucha sus conferencias, se da cuenta de que era un hombre de una inteligencia clarísima, con un gran sentido para ir a lo profundo, para llegar a los últimos principios, a lo más hondo. A esto me refiero cuando hablo de una mentalidad trascendental. El no era un hombre que se quedaba en la superficie de las cosas; tenía una increíble capacidad para calar hondo. Y calar hondo significa, principalmente, ser capaz de llegar a la profundidad de las profundidades, a Dios.

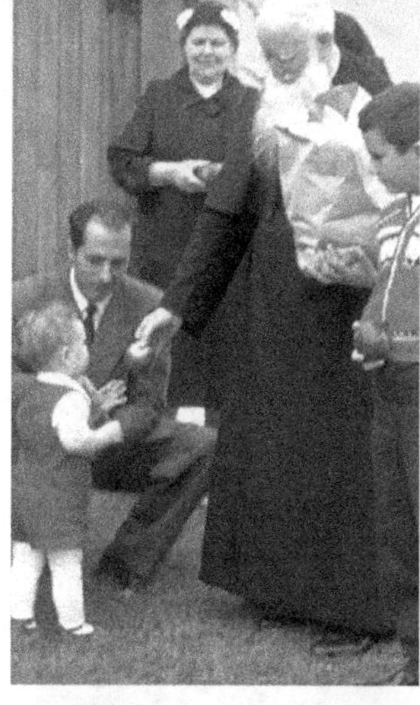

Por otro lado, Dios le regaló una increíble fineza sicológica o sensibilidad para la vida. Por estructura, por su manera de ser, tenía una inmensa sensibilidad para captar lo que estaba pasando en el corazón de las personas, para descubrir las inquietudes de los otros, sus angustias y sus anhelos, para captar procesos vitales hasta en sus más tenues ramificaciones.

Así, toda su manera de ser, toda su estructura personal, estaba dispuesta para que él pudiera llegar a ser un verdadero hijo de Dios, por su capacidad de ascender a lo trascendente. Y, por otro lado, su capacidad para captar la vida lo preparaba para ser muy cercano a los hombres, para transmitirles paternalmente toda esa vida que él recibía como hijo en el corazón de Dios.

Estas cualidades que Dios le dio, inherentes a su estructura personal, crecieron, se desarrollaron y le exigieron grandes luchas y pruebas antes de llegar a su plena armonía. Dios le regaló todas estas cualidades naturales para, con su gracia, transformarlas en carisma de paternidad sacerdotal, manifestando en él su paternidad.

Ahora queremos seguir al Padre fundador en ese camino; seguirlo en su esfuerzo por hacerse hijo de Dios para poder ser padre; en su lucha, guiada por la gracia, por unir en una armonía, en una síntesis vital, estos dos aspectos de su personalidad: su capacidad para lo trascendental, para lo espiritual, y su capacidad de cercanía a la vida y a los hombres; en su esfuerzo que refleja el continuo posesionarse de la gracia que lo transforma en una personalidad mariana, sacerdotal y paternal, dándole el carisma de la paternidad al servicio de la Iglesia.

4. Las principales etapas de desarrollo de su personalidad

Podríamos distinguir diferentes etapas en la vida del P. Kentenich. Las he dividido en seis. Cuatro de ellas corresponden a las grandes etapas de la Familia de Schoenstatt. Pero uno de los grandes hitos de la historia –el cuarto– lo he dividido en dos. Además he agregado una etapa inicial, antes del primer hito de la fundación de Schoenstatt. A cada uno le he puesto un nombre. Son denominaciones más o menos arbitrarias y relativas, que sólo quieren acentuar ciertos aspectos de cada etapa. Estas seis etapas son las siguientes:

Primera etapa: Desde que el P. Kentenich nace hasta 1912, cuando comienza a trabajar como educador. A esta etapa podríamos llamarla: ***Conquista de una filialidad probada.***
Es la preparación a la paternidad: hacerse hijo para poder ser padre.

Segunda etapa: Desde 1912 a 1926, quedando incluido en ella el primer hito de la historia de Schoenstatt. El año 1926 es una fecha importante; es el año de la fundación del primer Instituto dentro de la Fami-

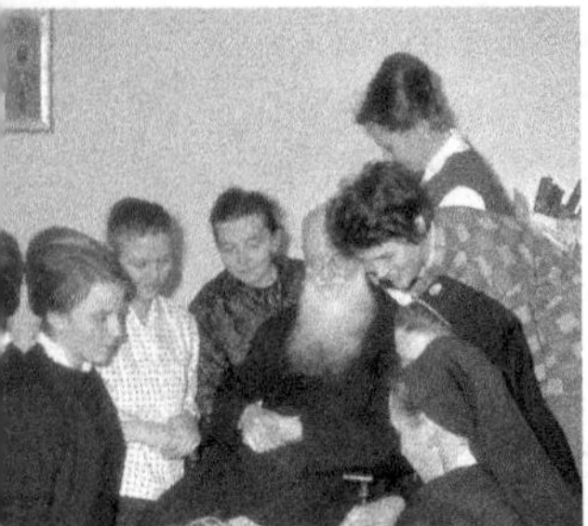
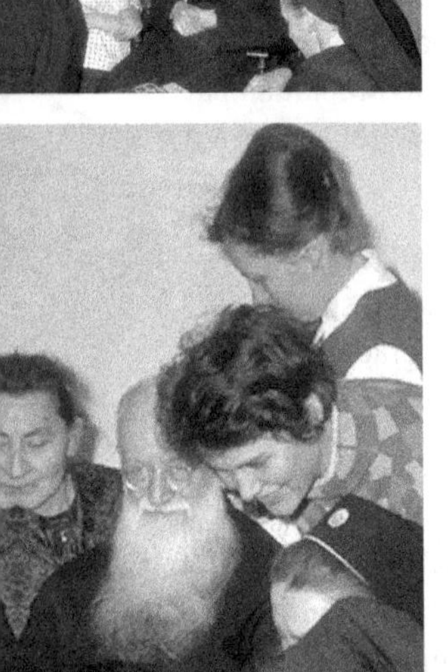

lia de Schoenstatt, el de las Hermanas de María. Esta es la época que podríamos llamar: ***Paternidad espontánea.***

Tercera etapa: Desde 1926 a 1942. Podríamos llamarla: ***Paternidad consciente y fuerte.***

Cuarta etapa: Desde 1942 a 1949, sería la etapa de la ***Paternidad profunda.***

Quinta etapa: Desde 1949 a 1965. Es la etapa de la paternidad universal o de una ***Paternidad universalizada y reflexiva.***

Sexta etapa: Desde 1965 hasta su muerte. Es la etapa de una ***Paternidad esclarecida o transfigurada.***

Estos títulos son relativos porque estas cualidades o adjetivos con que he caracterizado la paternidad del P. Kentenich en las distintas etapas, se van desarrollando orgánica y simultáneamente a lo largo de toda su existencia. Sobre todo, en el último tiempo de su vida, en que todas estas cualidades culminaron.

La paternidad esclarecida o transfigurada fue un rasgo permanente del Padre fundador. ¿Qué se entiende por esta paternidad? Su paternidad fue siempre sobrenatural porque fue una paternidad eminentemente sacerdotal. El siempre apareció ante la Familia de Schoenstatt como un reflejo de Dios Padre. Pero, con el correr de los años, esto se fue intensificando. Cada vez era más claro que su paternidad no era humana. Cada vez que la Familia fue experimentando con mayor fuerza que ese hombre, a quien sentía como padre, no se restringía a ser simplemente el P. Kentenich sino que era, en primer lugar, un auténtico representante de Cristo, un reflejo del Padre, del mismo Padre Dios. Esto fue creciendo a medida que pasaba el tiempo y se manifestó sobre todo en los últimos años de su vida, después de su regreso a Schoenstatt.

La paternidad del P. Kentenich se había hecho una paternidad luminosa, una paternidad que irradiaba a Dios. En él, Dios mismo nos mostraba su rostro paternal.

Su personalidad se traducía en una paternidad cada día más atractiva, más conquistadora. Nosotros queremos seguirlo ahora a través de la historia de su paternidad.

5. El atractivo de la personalidad del P. Kentenich

En su época final, la paternidad del P. Kentenich ejercía realmente un atractivo magnético frente a todos los que se le acercaban, fueran personas intelectuales o gente muy sencilla.

Por ejemplo, mencionamos el caso de un gran personaje de la Iglesia alemana que ocupó dos puestos muy importantes: por un lado, administraba las finanzas de la Iglesia alemana y, por otro, era el relacionador oficial de la Iglesia con el gobierno alemán. Un hombre de peso. Pues bien, él tomó contacto con Schoenstatt. Llegó al Movimiento de Schoenstatt por su estrecha amistad con Mons. Tenhumberg, Obispo de Münster, gran discípulo del P. Kentenich. Poco a poco fue conquistado por Schoenstatt. No se sentía schoenstattiano, no había hecho la Alianza de Amor, no conocía al P. Kentenich, pero el ambiente le atrajo y se sintió un gran amigo de Schoenstatt. El fue la persona que se convirtió después en el "artífice humano" de su liberación, como lo dijera más tarde el propio P. Kentenich. Si bien su liberación no fue obra de los hombres, en primer lugar, como lo dijo él mismo y como lo demostraron los acontecimientos inexplicables que por ese entonces sucedieron, sin duda hubo instrumentos humanos que la prepararon, entre ellos este sacerdote especialmente. Se trata, por lo tanto, de alguien de una categoría humana e intelectual extraordinaria.

Estando en plena gestión por la liberación del Padre fundador, fue a Milwaukee. Ya llevaba tiempo estudiando el caso de Schoenstatt; conocía las dificultades con el Santo Oficio; estaba al tanto del destierro del Fundador en Estados Unidos. Y decidió visitarlo. Por un lado, iba como amigo de Schoenstatt, pero también como un representante de la Iglesia. Sabía que se iba a encontrar con un gran hombre, pues conocía sus ideas y su pensamiento, y se preparó bien para esa conversación.

Llega a Milwaukee consciente de su papel de representante de la Iglesia alemana y se encuentra con el P. Kentenich. Este le da la mano, lo mira sonriente y lo lleva a su oficina. Allí le ofrece una naranja o algo de comer. El mismo contó después: "Lo saludé, me tomó la mano y me sentí como un niño pequeño frente a su papá, frente a una persona a quien me podía dar por entero y quien, con su sencillez ***me desarmó*** desde el primer momento".

En el último tiempo, el Padre fundador se daba enteramente como padre que inspiraba una ilimitada confianza en los otros. Así le sucedió a este destacado personaje de la Iglesia alemana; se dio cuenta de que no podía hablarle de igual a igual sino que debía abrirle el corazón como un hijo a su padre. Ya que en esa primera conversación lo sintió como padre.

También, frente a la gente más sencilla, era impresionante observar el atractivo de su paternidad. En Nueva York, conocí a una señora portorriqueña muy simpática, de unos 35 a 45 años, casada con un obrero. Ella me contó cómo fue su primer encuentro con el P. Kentenich. Su marido lo había conocido primero, pues había viajado a Milwaukee con un grupo de schoenstattianos y había vuelto muy entusiasmado hablándole del Padre fundador. Ella se había tenido que quedar en casa. Pero, al escuchar a su marido, se dijo: si es así, yo voy también. Y poco después partió. Era un viaje carísimo y de unas 20 horas en bus de ida y otras tantas de regreso. Los portorriqueños iban a menudo a Milwaukee cuando el P. Kentenich vi-

vía allá, haciendo grandes esfuerzos económicos. También esta señora se preparó para este encuentro. Llegó y la hicieron pasar a la oficina. Ella me contó así su encuentro con el P. Kentenich:

"Cuando lo miré, simplemente me deslumbró. Cuando vi su barba y su sonrisa, sentí como si estuviera delante del Padre Dios. El me invitó a sentarme y se sentó. Pero yo no pude hacerlo y, sin darme cuenta, me arrodillé. Sentí que no podía controlar mis manos que, solas, comenzaron a extenderse; me daba cuenta que iba a hacer algo que no debía, pero no podía impedirlo. Y así se me fueron las manos y le tomé la barba. Después sentí gran vergüenza por lo que había hecho y bajé la cabeza. No sabía qué iba a decir el Padre. Nunca antes había tocado a un sacerdote. Y él, en vez de retarme, me tomó la oreja y me dijo: ¡You are a baby! Y desde ese momento me di cuenta que tenía un padre y la vida cambió para mí".

El Padre fundador era una persona que tomaba de sorpresa, que era capaz de "desarmar" a las personas sencillas como a esta señora portorriqueña y, también, a hombres como aquel destacado sacerdote de la Iglesia alemana. ¿Por qué? Porque en su vida, él se fue haciendo cada vez más un reflejo, un resplandor del corazón del Padre Dios; y el amor paternal de Dios "desarma", es siempre sorprendente.

El corazón del Padre Dios es el corazón del Padre del hijo pródigo. El hijo pródigo también se sintió "desarmado". Recordemos que volvía a la casa del padre esperando, como un gran favor, que lo aceptara como un jornalero. Trae sólo esta intención, consciente de lo que él es. Y al llegar, el padre se adelanta apresuradamente a su encuentro, lo abraza, le pone un anillo, ropa limpia, mata un ternero cebado y prepara una fiesta. Y el hijo queda totalmente desconcertado. (Lc 15, 11 ss.)

Hacia el final de su vida, el encuentro con él tenía mucho de esto. Uno sabía que él era un hombre muy importante, una persona muy paternal, a quien muchas personas querían mucho, lo que era un buen antecedente. Pero cuando se llegaba a su presencia, él "desarmaba" a todos. Cuando uno escuchaba hablar de él, oía de su grandeza, de su capacidad, de su inteligencia, uno creía que se iba a encontrar con un hombre inmensamente grande, elevado muy alto en un pedestal y, al conocerlo, caían todas las defensas pues uno se daba cuenta que la grandeza del Padre Fundador era de otro tipo: consistía en una cercanía humana increíble, unida con una extraordinaria irradiación de Dios. En él, uno se encontraba con un padre como es Dios, como es el padre del hijo pródigo, que nos deja sorprendidos por la forma en que nos acoge. Acogía a todos los que llegaban hasta él, de una manera que "desarmaba". Y esa paternidad que, al final, llegó hasta la cumbre, fue madurando a lo largo de todas las etapas que hemos señalado y que ahora veremos más en detalle.

nube generosa

¿Cuándo subió el rocío?
¿por cuál escala se tejió tu nube?
¿cuándo se hinchó de lluvia tu borde?
nube, gran velero, te detienes en la atmósfera
sobre el páramo,
protégenos como durante la peregrinación larga,
cúbrenos de sombra hogareña en la canícula,
abre tus compuertas, nube,
y ese Riego que regó tu historia
bendiga nuestros brotes,
nos engendre la tierra de promisión,
nos conceda la ebria lozanía
de los constructores de la ciudad de paz,
nos desvele los profetas y los mártires.

P. Joaquín Alliende L.

CAPÍTULO PRIMERO

LA CONQUISTA DE UNA FILIALIDAD PROBADA

PRIMERA ETAPA

1. SENTIDO GENERAL Y DIVISIÓN DE ESTA ETAPA

La pedagogía de Dios sigue siempre ciertas leyes; Dios mantiene una línea con las personas. Cuando crea a alguien es para dar un mensaje determinado a través de esa persona. Por eso, la crea con una estructura natural adecuada para transmitir el mensaje que él quiere anunciar por medio de ella, lo que en lenguaje schoenstattiano se traduce por Ideal Personal. Desde el principio uno posee, en una forma más bien espontánea, esa estructura que va en la línea del propio Ideal Personal. Pero llega el momento en que hemos de conquistar y hacer nuestro aquello que Dios nos dio gratis. Ha de quedar como posesión asegurada. Y esto se logra a través de una lucha.

Es lo que le sucedió al P. Kentenich. Desde su más tierna infancia, recibió la gracia de una filialidad, de una inmensa capacidad para la filialidad. Durante muchos años la vivió espontáneamente. Pero un día, Dios le pidió conquistar esa filialidad y le envió una lucha que tuvo por resultado transformar esa filialidad espontánea en una filialidad probada.

Esta lucha era necesaria para madurar en la filialidad, porque la filialidad no consiste sólo en la intimidad con Dios. Dios regaló al P. Kentenich, desde pequeño, una intimidad muy grande con él, pero la filialidad madura supone además otra cosa: supone la experiencia de la pequeñez. La filialidad madura supone sentir no sólo que yo amo mucho a Dios y que él me ama mucho, sino sentir también que Dios me ama como un ser muy pequeño, muy frágil, muy indigno de su amor, a quien él ama por pura misericordia, a quien él quiere con un amor que me regala solamente porque él es bueno y que, si él no fuese tan bueno y no me amase, yo me hundiría. Para ser verdadero hijo de Dios hay que haber experimentado profundamente la fragilidad, la nada que somos si nos separamos del amor del Padre; hay que llegar, experimentalmente, a la conciencia, al convencimiento de que lo que somos y tenemos, lo somos y tenemos por pura misericordia.

Evidentemente, el niño no nace con esta experiencia. A un niño se le puede regalar mucha intimidad con Dios, pero es imposible que, en sus primeros años, tenga ya esta experiencia de su miseria, de su contingencia, sobre todo de su indigencia, si Dios no lo salva. Por eso, Dios regaló al P. Kentenich, dentro de esta etapa de conquista de la filialidad probada, dos períodos distintos: un primer período en que la filialidad fue un don espontáneo, filialidad que él vivió como algo que le brotaba

¿Puedo descorrer un poco el velo que cubre mi pasado? Desde mi entrada al noviciado hasta mi ordenación sacerdotal, y aún un poco más allá, tuve que soportar permanentemente las luchas más tremendas. De satisfacción y felicidad interior ni la más ínfima huella. Mi director espiritual no me comprendía. Y por mi orientación intelectual tan racionalista, escéptica, insana, yo tenía muy poco sostén sobrenatural. Fueron sufrimientos interiores y exteriores tremendos, es decir, espirituales y, además, corporales. (...) Si mi camino no hubiese sido tan extraordinariamente anormal, no podría haber sido para con ustedes lo que en virtud de mi cargo debo ser y me esforcé por ser".

(Carta al prefecto de la Congregación Mariana, 11.12.16)

J. Kentenich

desde adentro, desde su misma estructura personal. Después llegó el momento en que Dios quiso que esa filialidad pasara a ser una filialidad madura. Viene entonces el segundo período en que esa gracia , hasta entonces simplemente otorgada, fue probada para que el P. Kentenich la conquistara.

Por eso vamos a dividir esta etapa de la filialidad probada en dos períodos: el de la filialidad espontánea y el de la prueba de esa filialidad.

Pero todo esto lo estamos considerando en orden a seguir el desarrollo de la paternidad del P. Kentenich. Estamos viendo su filialidad como un sumergirse en el corazón del Padre Dios para poder ser así resplandor, reflejo de su rostro para otros.

2. EL PERÍODO DE LA FILIALIDAD ESPONTANEA

2.2. Característica general de este período: una profunda soledad interior

La época que hemos llamado de la filialidad espontánea va desde 1885, desde el nacimiento del P. Kentenich, hasta 1904, fecha en que entra al noviciado de los Padres Pallottinos.

Una de las características generales de esta época es su gran soledad interior. El P. Kentenich vive muy solo en lo íntimo de su corazón. Se siente hondamente hijo de Dios y siente que sólo con él puede dialogar de verdad. Frente a los hombres no llega a un verdadero intercambio vital. Sin embargo, es importante insistir, desde un comienzo, que él nunca fue una persona extraña. Exteriormente se mostró siempre como una persona enteramente normal.

Yo pude conversar sobre esto con un primo suyo, unos dos años menor que el P. Kentenich. Los dos fueron muy amigos cuando el P. Kentenich tenía 14 o 15 años. Y le pregunté: "Cuando el P. Kentenich tenía 15 años,

¿era piadoso? Me puso una cara de extrañeza ante la palabra "piadoso" como si le hubiera preguntado si él andaba de rodillas por las calles con un rosario al cuello. "No –me expliqué–. Quiero decir si iba a misa todos los días, si comulgaba...". Este primo me seguía mirando desconfiado. "Mire –me respondió– José hacía todas las cosas que hacíamos nosotros. ¡Era totalmente normal!".

El P. Kentenich no daba la impresión de ser una persona extraña. Se mostraba muy espontáneo en su trato y, sin embargo, durante toda esa época sintió una inmensa soledad humana. Los demás no se daban cuenta, pues tenían un intercambio normal con él. Para este primo, José era su amigo. Todos lo sentían un niño normal y corriente. Pero él, interiormente, se sentía totalmente solo; sentía que sólo con Dios y con la Santísima Virgen podía dialogar de verdad.

Veremos algo de su desarrollo en estos años, desde 1885 hasta 1904. Hablaremos primero del desarrollo exterior de su vida y, luego, de su desarrollo interior.

2.2. Su desarrollo exterior en este período

2.2.1. Su pueblo y su familia

El P. Kentenich nació en Gymnich, pueblito de campesinos, de unos dos mil habitantes, próximo a la ciudad de Colonia, en la zona de Renania, una zona de la cual se dice que sus habitantes se caracterizan por su alegría y por el buen humor. Es tierra del buen vino, del vino del Rhin.

El pueblito de Gymnich es bastante antiguo. Su nombre viene de la *Legio Gemina,* la legión romana "melliza", que acampó allí en tiempos del Imperio Romano. En época de los romanos, el pueblo se llamó *Geminiacum* y después tomó su nombre actual. Es un pueblo con una historia muy rica. Cerca de él, en Zülpich, se decidió toda la historia cristiana del Occidente, en aquella batalla tras la cual Clodoveo, el rey de los francos, aceptó ser bautizado por San Remigio, marcando el inicio de la conversión de los pueblos bárbaros.

Es una zona de mucha historia, un pueblo lleno de tradiciones muy hermosas de la Edad media. Tiene un castillo rodeado de fosos con agua y con un puente levadizo. En ese foso jugaba el P. Kentenich en invierno, cuando el agua se helaba.

Hay en Gymnich costumbres muy bonitas. Uno de los principales personajes del pueblo fue Arnoldo de Gymnich, un noble que vivió en el castillo y que participó en la quinta cruzada, aquella que se apoderó de Damieta, en el delta del Nilo. Allí estuvo en peligro de muerte, porque el Legado Papal, un hombre ambicioso, que conducía la cruzada, quiso avanzar hasta El Cairo y tomarse la capital. Los musulmanes le incendiaron la flota y después abrieron las represas del Nilo e inundaron todo el valle por donde iban pasando los cruzados. Arnoldo trató de huir en su ca-

Casa y pueblo natal del P. Kentenich

ballo, pero el animal empezó a hundirse en un pantano. Y cuenta la leyenda que, en ese momento, él prometió a Dios hacer una procesión anual en su pueblo, conmemorando el hecho, si Dios le salvaba. Esto sucedió en 1218. Al momento de haber hecho este ofrecimiento –así se cuenta– salió volando de entre unas matas cercanas una especie de tagua o de pidén que gritó fuerte, así como gritan las perdices cuando vuelan. Con esto, el caballo se espantó, dio un salto y con ese impulso pudo salvar lo poco que le faltaba para llegar a tierra firme.

Desde esa época, es decir, desde hace más de siete siglos, todos los años, para el día de la Ascensión, se realiza un desfile grandioso en el pueblito. Más tarde, otro cruzado, Juan Gymnich, trajo de Tierra Santa una reliquia consistente en una astilla de la Cruz de Cristo, la que también es llevada en la procesión del día de la Ascensión, procesión que da vuelta en torno a los antiguos dominios de esos señores feudales. Ese día viene mucha gente de los alrededores, a caballo, y portan banderas con escudos que datan de la Edad Media.

Gymnich es, por consiguiente, un pueblo lleno de tradiciones, en el que está viva la historia del nacimiento de la Europa cristiana, el recuerdo de los romanos, de la Edad Media, la historia de los cruzados. Todo esto influye en el P. Kentenich.

Apenas es ordenado sacerdote, le tocó comenzar a predicar en distintos lugares. El P. Menningen –que fue su brazo derecho– lo conoció justamente a través de una prédica de Cuaresma en 1913. En ese entonces, el P. Kentenich predicó en Hillscheid, el pueblo del P. Menningen, muy cercano a Schoenstatt, y habló de la necesidad de emprender una "cruzada" mariana en el mundo. Más tarde, definió la Misión del 31 de Mayo como una "cruzada del pensar, vivir y amar orgánicos". Probablemente esta palabra estaba cargada de contenido para él ya desde su infancia, porque vivió en un pueblo donde los grandes héroes habían tomado parte en las cruzadas. Puede ser que ese ambiente de su pueblo natal influyera también en el gran interés que él demostró siempre por la historia.

Matías José Koep

Así pues, José Kentenich nace en un pueblo campesino. Su abuelo materno poseía un coche con caballos, con el cual trabajaba, trasladando personas y encomiendas. En ese ambiente debe crecer el pequeño José. Por eso le gustaba mucho montar. Siempre fue muy buen jinete e incluso más tarde, en un tiempo bastante posterior, todavía le gustaba andar a caballo.

El nombre de su madre era Catalina Kentenich. Siendo ella aún joven deja la casa paterna en la plazuela de San Cuniberto y va a emplearse en una granja de los alrededores de Gymnich, la que administraba Matías José Koep. Entre ellos se establece una cercanía particular, a pesar de una gran diferencia de edad.

Matías José había sido militar, perteneciendo al regimiento de los ulanos, tropa de elite del Kaiser. En los años 80 vivía con dos hermanas solteras, de temperamen-

Matías Kentenich y Ana María, abuelos maternos

Su padre, Matías José Koep. (De su madre, Catalina Kentenich, no existe fotografía)

to dominante, que dependían económicamente de él. Catalina provenía de una familia de modestos recursos, formada en una tradición de dignidad, trabajo y sólida fe. En el invierno de 1885 Catalina quedó esperando un niño. Por razones que desconocemos, Matías José no quiso casarse con la joven, ni reconocer al hijo. Por su profunda convicción religiosa ella decidió tener y criar al niño que venía, si bien alguien que sólo llevaba el apellido de la madre, habría de tener ciertamente una existencia difícil y dura.

José nace en el hogar de sus abuelos maternos en Gymnich el 18 de noviembre de 1885. Al día siguiente es bautizado en la iglesia parroquial. Catalina debía continuar trabajando fuera de casa por la precaria situación económica de la familia. El niño vive con sus abuelos. Allí José adquiere las primeras nociones del lenguaje y de la fe, aprende a montar a caballo y participa, quizás, de la famosa tradicional cabalgata procesional del día de la Ascensión. El abuelo materno muere cuando el niño tenía tres años. Con el padre no tiene ningún contacto. Es significativo que quien recibirá la misión de ser padre espiritual de muchos, haya tenido que sufrir la carencia de paternidad y experimentar así, en carne propia, lo que millones sufren con la desintegración de la familia y la ausencia de la figura paterna.

La madre juega un rol de importancia. Es profundamente religiosa. Debe trabajar en casas ajenas para ayudar a la mantención de su hijo y de sus padres. Poco tiempo le queda para cuidar a su hijo. No puede dedicarse a él como su corazón quisiera. Por eso, Catalina se ve forzada a tomar la decisión de confiar su hijo a un orfelinato.

Sus abuelos maternos han ayudado en lo posible. Siendo personas profundamente religiosas y muy marianas, han tratado de dar lo mejor al pequeño José, constatando siempre la firmeza de carácter y la independencia de este pequeño niño. Es por eso que, el más tarde sacerdote, José Kentenich, afirmará que en toda su infancia y juventud, nadie tuvo nunca una influencia importante en él. Es como si Dios hubiese querido guardar su corazón intocado, para que la única educadora de su vida fuese la Santísima Virgen.

Dios le hizo saborear desde muy temprano las amarguras de nuestro siglo: la carencia de un padre, de una figura paternal comprensiva, fuerte y bondadosa; la carencia de una familia bien constituida por padre, madre y hermanos; las penas y tristezas –y quizás amarguras– de una madre soltera quien, a pesar de todo, quiere mantenerlo con vida y darle lo mejor de sí y que, al final, debe entregarlo a una mejor Madre para que lo cuide y guíe; y la falta de un amigo, de un compañero, en los felices y decisivos juegos de la infancia. El P. Kentenich exteriormente era muy normal en su trato con los demás, pero nadie llegó al fondo de su ser. Sólo la Virgen –según confiesa él mismo– fue el único y gran amor de toda su infancia y juventud.

2.2.2. *Distintos episodios de su infancia*

Familia paterna

El P. Kentenich casi murió cuando tenía tres años de vida. Estaba donde unos vecinos jugando a las escondidas con una prima huérfana que vivía con ellos. Ella se escondió en el subterráneo de la casa, donde había un pozo cuya tapa estaba abierta. A él, como era el más pequeño, lo hacían salir a buscar a los escondidos. De repente, vio a la prima y, al correr hacia ella, no vio que la tapa estaba abierta y cayó al pozo. La prima, que tenía ocho años, salió corriendo de la casa gritando: ¡José se cayó al pozo! El abuelo estaba allí conversando con el dueño de casa. Al principio no creyeron lo que decía la prima, pero después entraron y ella les mostró la tapa abierta del pozo. El abuelo metió la mano y no encontró nada. Creyó que lo estaban engañando y ya se iba cuando ella se puso a llorar desesperadamente. ¡Sí, está ahí! El abuelo volvió a meter la mano por segunda vez y sintió un género tirante.

En esa época todos los niños alemanes usaban una especie de delantal hasta los 4 o 5 años. Al niño José se le había quedado enganchado ese delantal en un alambre del borde del pozo. El abuelo lo levantó y sacó al niño ya inconsciente, con la boca apretada. Costó mucho hacerlo revivir. Mandaron llamar a una religiosa que tenía algunos conocimientos de primeros auxilios, pero tampoco sus esfuerzos le dieron resultado. El niño respiraba, pero estaba amarillo, con la boca apretada y no había manera de sacarle alguna palabra. Entonces la religiosa, que conocía al niño, acudió a recursos sicológicos y le dijo: "Mira, Josecito, si abres los ojos te voy a dar santitos y podrás ir al kindergarten". Entonces el niño abrió de inmediato los ojos y contestó enérgicamente: "¡Yo no voy al kindergarten y tampoco quiero ningún santito!".

La Providencia había intervenido. El niño estuvo bastante rato debajo del agua, pero al caer parece que se le produjo una especie de shock y calambres que le apretaron las mandíbulas. Gracias a esto no tragó agua, sólo le entró algo por las narices pero no por la boca y, al parecer, esto lo salvó. Su respuesta lo retrata entero. El era un hombre nacido de la libertad. En una oportunidad, él dice: "Desde niño vivía en mí la idea del hombre nuevo, de ese hombre que se decide conscientemente, libremente".

Estatua de María en Oberhausen

Los alemanes siempre han observado una severa disciplina, y en el siglo pasado era peor aún. Los niños de cuatro años, en el Kindergarten, tenían que estar quietos, no hablar, sólo repetir lo que decía la profesora. Una pedagogía totalmente a la antigua. El no quiso ir al Kindergarten.

La escuela tampoco le gustó nunca, aunque siempre fue un buen alumno, el primero de su curso. Apenas llegaba a casa hacía sus tareas, pero no le gustaba la escuela por el método pedagógico que allí se empleaba. Cuando él fue profesor, siguió

desde un comienzo un método distinto, invitando a la participación, aplicando una enseñanza activa. Nunca estuvo de acuerdo con la enseñanza pasiva, con ese tener que aprender las cosas de memoria, con ese repetir todos juntos lo que el profesor decía. Todo eso iba contra su manera de ser.

Desde niño le desagradó el Kindergarten y la escuela era para él un sacrificio que debía hacerse. El método escolar de ese tiempo estaba totalmente en pugna con su personalidad. De ahí que ya a los tres años hubiera decidido: ¡No voy al Kindergarten!

Sin embargo, el P. Kentenich no era un rebelde. Era un hombre nacido para la libertad y que, libremente, sabía dominarse y ser extraordinariamente disciplinado.

La prima del P. Kentenich cuenta el siguiente episodio:

> En ese tiempo, los niños alemanes tenían una pequeña pizarra donde hacían sus tareas. Todos los sábados debían limpiar el borde de la pizarra para que estuviera impecable el día lunes. El P. Kentenich tenía 7 u 8 años en ese tiempo; ya había hecho su tarea cuando su prima, al limpiarle el borde, no se fijó y le borró una palabra. Cuando llegó a la escuela y entregó la pizarrita al profesor, éste le preguntó que quién le había hecho la tarea. El contestó: Yo.
>
> ¡No, te ayudaron!, le dijo el profesor.
>
> No, no me ayudó nadie, le replicó el niño.
>
> ¡Estás mintiendo!, le dijo entonces el profesor.

Para el P. Kentenich, que desde niño fue un apasionado por la verdad, esto fue un golpe muy fuerte.

> ¡Mientes, esta letra no es tuya!, le volvió a decir el profesor y le mostró la pizarra.

El P. Kentenich no supo qué contestar, porque en realidad había algo escrito con otra letra. La prima estaba en la misma clase. Era una escuela chica, de pueblo, en la que todos los alumnos cualquiera que fuera su edad, estaban en la misma sala. La prima no se atrevió a decir nada. Cuando salieron le confesó a su primo: Yo fui la que te borró esa parte de la letra y después la escribí con mi letra. Y cuenta que él solamente la miro muy serio y nada más. Era un niño de siete años, pero ya totalmente controlado y dueño de sí mismo.

Orfanato, Oberhausen

También desde chico fue extraordinariamente recto. La misma prima cuenta que una vez estaban de visita donde unos tíos; el P. Kentenich tendría unos 5 años y comenzó a jugar con los fierros que se emplean para atizar el fuego. Los estaba

Orfanato de Oberhausen

haciendo girar cuando entró su prima y le dijo: "Eso no se hace". El siguió como quien no oye. Entonces ella le pegó en el hombro y le repitió: "¡Eso no se hace!" El niño José Kentenich se puso a llorar y le dijo: "Me pegaste, voy a contarle a mamá que me pegaste". La prima se asustó y le dijo: "Te voy a dar un santito para que no se lo cuentes". Y le dio una estampa. Parece que lo anterior sucedió antes de la Misa. Después vino el desayuno y se sentaron todos a la mesa. José Kentenich quedó al lado de su prima. De pronto, en medio del desayuno, sacó el santito y se lo pasó a su prima. Una vez que ella lo había tomado, se puso a llorar fuerte. Le había prometido no contar nada, pero apenas cancela su promesa, devolviéndole el santito, queda libre para actuar. Aquí volvemos a ver al P. Kentenich defendiendo su libertad.

Como dijimos, su madre, debido a su trabajo e imposibilidad de dedicarse más a él, se vió obligada a entregarlo a un orfanato, seguramente aconsejada por el Párroco Sevels, fundador del orfanato de Oberhausen y confesor suyo. Esto sucedió a principios de 1895.

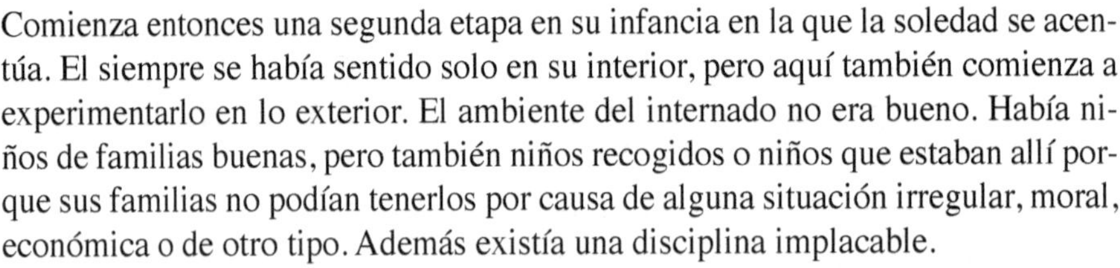

Comienza entonces una segunda etapa en su infancia en la que la soledad se acentúa. El siempre se había sentido solo en su interior, pero aquí también comienza a experimentarlo en lo exterior. El ambiente del internado no era bueno. Había niños de familias buenas, pero también niños recogidos o niños que estaban allí porque sus familias no podían tenerlos por causa de alguna situación irregular, moral, económica o de otro tipo. Además existía una disciplina implacable.

Primera Comunión, Oberhausen (1897)

El P. Kentenich captó de inmediato el ambiente de revolución que había en Schoenstatt en 1912, cuando él llegó como Director Espiritual, porque había experimentado ya en carne propia lo que era la pedagogía del azote, totalmente ajena a cualquier sentimiento de cariño, a todo ambiente de familia. Era un sistema sumamente duro, sumamente rígido, una disciplina prusiana.

Tan dura fue la situación en ese internado de niños que se cuenta que él se escapó dos veces. Ese sistema lo sofocaba, especialmente por su anhelo de libertad, de actuar en base a decisiones libres, según un ideal, guiado por una convicción interior. Por eso, se escapó y parece que la policía lo trajo de vuelta, al encontrarlo en la calle con su uniforme del internado. Fue un tiempo doloroso para el P. Kentenich.

Ahí hace la Primera Comunión, el domingo de Pentecostés de 1897 y entonces anuncia a su mamá que quiere ser sacerdote.

Lo único que sabemos de este tiempo es que seguía siendo un niño muy unido a Dios. Una de las religiosas que tenía a su cargo la vigilancia, cuenta que una noche lo echó del dormitorio porque el P. Kentenich había hablado con otro niño y hablar estaba prohibido. Le ordenó que se fuera por cinco minutos a la pieza de los

Ehrenbreitstein, 1900

lavatorios. Pasaron 10, 15 minutos y no volvía. Entonces ella fue a ver qué estaba haciendo y lo encontró rezando de rodillas. Después esta religiosa comentaba con otra: "¡Qué joya de niño nos ha mandado Dios!".

En 1899 fue trasladado a otro internado: al Seminario Menor de los Padres Pallottinos en Ehrenbreitstein. Ehrenbreitstein es un barrio en las afueras de la ciudad de Coblenza, que queda a unos 6 kilómetros de Schoenstatt. El P. Kentenich quiere ser sacerdote y por eso pasa a este internado. Los Pallottinos eran conocidos como una comunidad misionera, aun cuando su fundador no los había creado con esa finalidad. En 1892 habían llegado a Alemania y se habían hecho cargo de la parte misional de la colonia de Camerún, en Africa. Publicaban varias revistas misionales y por eso eran muy conocidos. Tal vez el P. Kentenich supo por una de las revistas que tenían un Seminario Menor y llegó allá. Allí estuvo cinco años y cursó sus humanidades. Fue muy aplicado y también dedicado a escribir poesías. Se conocen algunas que escribió para ciertas fiestas, por ejemplo, la fiesta del rector, la del sacerdote jefe de curso, con el que tenía una muy buena relación.

También en este tiempo se presenta un problema respecto a su vocación. No está claro en qué consistió. Sólo existe una referencia en una de sus poesías:

> A ti me acojo ahora, Señor.
> Ablándate a mi ruego, te lo suplico...
> Dirige el corazón de mi madre, a la que de mal grado contristaría,
> para que me dé permiso.
> Sacerdote he de ser.
> Pero todo me oprime en este momento.
> Las lágrimas me inundan.
> ¡Dios mío, protégeme!
> ¡Protégeme, Dios mío!
> Haz que muera antes de ser infiel a tu llamada
> y dejar la profesión para la que tú, Señor mío, me creaste.
> Siento, ¡oh Dios!, que me llamas.
> Quiero seguir tu voluntad, por difícil que me resulte
> para amarte y para multiplicar tu gloria.
> Desde ahora lucharé
> para disipar la oposición de mi madre.
> Concédeme, Señor, lograrlo y resonarán tus alabanzas.
>
> *(El poder del amor, Pascua de 1900)*

Al parecer, su madre comenzó a oponerse a su vocación cuando llevaba unos cuatro meses en el Seminario, probablemente por causa de la salud de su hijo. Ya en

Única fotografía del P. Kentenich con su madre

ese tiempo, la salud del P. Kentenich comenzó a debilitarse y estuvo bastante enfermo. No se sabe de qué mal. Después tuvo constantemente complicaciones a las vías respiratorias. Cualquier gripe o resfrío le afectaba seriamente, le producía bronquitis y pérdida de la voz. Más tarde le hicieron punciones a los pulmones y también le comprimieron una parte de un pulmón. Además siempre sufrió de conjuntivitis o irritación a los ojos. Parece que su padre –es sólo una suposición no confirmada, pues se sabe muy poco de él– había tenido tuberculosis y que el P. Kentenich heredó cierta debilidad en todo cuanto se relaciona al aparato respiratorio. También habría heredado de él esa irritabilidad de los ojos, que le traía muchas molestias, especialmente si leía mucho. Por esta causa estaba dispensado de rezar el breviario y podía reemplazarlo por rosarios.

Probablemente en esta época tuvo alguna enfermedad, quizás al aparato respiratorio, que trajo algún problema y su mamá no quiso dejarlo allí. En una poesía, el P. Kentenich cuenta que está llorando porque parece que no podrá ser sacerdote y le dice a Dios: "Señor, ¿por qué me creaste si no vas a permitir que sea tu sacerdote?"

Su anhelo de Dios seguía siendo muy grande. La soledad se mantiene. El mismo dice que ningún profesor influyó decisivamente en él, nadie penetró en su alma, tampoco sus amigos, aunque éstos no lo creyeron así. Por ejemplo, el primo del cual hablábamos antes, creía que el P. Kentenich era muy amigo suyo, y a él esa amistad lo llenaba. Pero el P. Kentenich no lo sentía y experimentaba una profunda soledad.

Iglesia de Gymnich

Durante ese tiempo, el P. Kentenich vuelve a su pueblo en las vacaciones. Allí renueva el contacto con su primo. Existe una serie de anécdotas muy simpáticas. Por ejemplo, iban juntos a robar manzanas del castillo. El primo me contó que sus casas estaban llenas de manzanas, pero no eran éstas las que les atraían, sino que lo emocionante era ir al castillo, meterse a escondidas, sacar manzanas sin que los vieran y salir corriendo. El P. Kentenich participaba en todas estas travesuras.

Otra cosa que le encantaba, además de andar a caballo, era trepar paredes. La torre de la Iglesia del pueblo era una torre algo excepcional para el lugar, aunque muy común en el sur de Alemania. Es una torre barroca, de las llamadas torres cebolla. El techo tiene la forma de una cebolla y es muy alto. Y esta punta de la cebolla era un imán que atraía a los chiquillos. La parte alta está cubierta de tejitas finas, una especie de piedra de pizarreño. Un día, el P. Kentenich con unos cuatro chiquillos más se subieron a la torre. Había una ventanilla y desde allí empezaron a trepar por el techo. Estaban ya en la punta cuando el cura los vio desde abajo. Uno de los niños era hijo del sacristán y el párroco los amenazó: "¡Van a ver lo que les va a pasar!". Les cerró la puerta de la torre y fue a buscar al sacristán. Vuelven ambos,

suben a la torre y nada, absolutamente nadie. En la torre había otra ventanita muy chica que daba al entretecho de la iglesia. Pasaron por allí y cruzaron todo el entretecho hasta llegar al altar. Allí había otra rendija por la que pasaron al altar –un altar barroco muy alto– y bajaron por las columnas y desaparecieron.

Hubo muchas aventuras de este tipo. A veces también los persiguió la policía porque se iban a bañar en un río pequeño, por ahí cerca, el Erft, donde estaba prohibido bañarse, y tenían que salir corriendo.

Pero, sobre todo, al P. Kentenich le encantaba caminar por el campo, por los prados. Con su primo se pasaban días enteros en el campo. Salían a recorrer bosques toda la mañana; volvían a almorzar y en la tarde salían de nuevo e iban a visitar al padrino de confirmación del P. Kentenich que vivía a 14 kms. Iban y volvían a pie. Le encantaba la naturaleza y estar solo con su primo, caminando por el campo, sin ruidos.

El P. Kentenich era, por consiguiente, una persona totalmente normal.

2.3. Su desarrollo interior

¿Pero, qué pasaba por dentro de este joven que andaba a caballo, que trepaba paredes, que se subía a los campanarios, que robaba manzanas y que era tan alegre y juvenil?

2.3.1. Sentido providencial de su soledad interior

El P. Kentenich vivía –como ya lo hemos dicho– en una profunda soledad con Dios. Aquí hay un misterio. El mismo, meditando sobre su vida, ha dicho: "La única explicación que encuentro a esta soledad mía es que Dios quiere preservar intacto este mundo que desde un comienzo puso en mi corazón".

Cuando surge uno de estos grandes hombres, portadores de un mensaje de Dios para toda una época, lo que ellos hacen, en el fondo, es entregar simplemente lo que llevan en el corazón, lo que Dios ha puesto allí.

Dos aspectos del Estudio (se refiere a un estudio del P. Alex Menningen, Fundación y Fundador, donde se remonta a la historia personal del P. Kentenich) pueden ser especialmente corroborados. Uno es la total soledad interior, con la carencia de contactos naturales de todo tipo y su interpretación. Sin duda, hay muchos hombres que vivieron sus años de crecimiento con características similares. Pero después de un examen objetivo, y visto comparativamente, creo poder constatar que el grado, el alcance y la duración fueron de dimensiones extraordinarias. A posteriori se podía comprender fácilmente el sentido de todo esto. En la medida de lo posible, el alma debía permanecer intacta frente a toda influencia extraña, sobre todo de índole personal, para estar abierta hasta sus fibras más íntimas a quien es propiamente mi Maestra de vida, a su poder plasmador y su sabiduría educativa. Ella no ocupa este lugar en mi vida desde ayer o antes de ayer. ¡Desde tiempos inimaginables! Ella está presente en mi vida consciente bajo esta perspectiva. Es difícil comprobar a partir de qué instante comencé a considerarme y a valorarme totalmente como su obra y su instrumento. Este proceso se puede rastrear hasta los más tempranos días de la infancia... En cuanto fuera posible quería depender sólo de la Santísima Virgen. Aquí, naturalmente, me refiero a la Santísima Virgen siempre como símbolo y en relación con Cristo y el Dios Trino. Muchas veces en los años

pasados me vi como un ermitaño en un gran desierto, pero en todo momento unido a la Santísima Virgen como la gran Maestra de mi vida interior y exterior.

(Bausteine, 1955)

Pareciera que los poderes de arriba se hubieran propuesto cuidadosa y casi celosamente, apartarme de los poderes educativos y formativos habituales, para que –me atrevo a decir– no me 'estropease' o 'inutilizase' para mi misión específica. Mi tarea principal, al parecer, consistía no tanto en trabajar directamente por el potencial presente de la Iglesia, sino más bien comprometerme con todas las fuerzas por su proyección de futuro. Digo, mi tarea principal, ya que indirectamente ésta implica también una responsabilidad por su potencial presente.(...)

Si mi camino interior y exterior se hubiese desarrollado en el marco normal, muy seguramente habría sido incapaz de beber de las fuentes profundas y ricas de la tradición eclesial, para una misión de gran alcance en el sentido de las nuevas playas de los tiempos, por los que se orienta también –por lo visto– el próximo Concilio reformador.(...)

Recién en 1919 tomé conciencia de cuán original era el mundo que lentamente había surgido y se había formado en mí. Entonces dicté los primeros cursos de introducción a Schoenstatt para un puñado de estudiantes, particularmente de teología. Lo que expuse sin ninguna preparación especial –casi espontáneamente– lo encontraron tan extraordinariamente novedoso, en su contenido y forma, en la visión profunda y amplia, en su actualidad presente y su perspectiva futura, que efectivamente yo mismo por primera vez pude ver tan claro lo novedoso y poco común del mundo que vivía y actuaba en mí.(...)

Crecer en esta profunda soledad de desierto, espiritual y sicológica, es fácil de entender; me hizo, en forma relativamente temprana, interiormente libre ante el favor o desfavor, la alabanza o reprimenda, la aceptación o el rechazo por parte de los hombres y así extirpó en mí el germen del hombre masa. Sin este regalo tan grande habría sido imposible –para mí solo o mis seguidores– nadar permanentemente contra la corriente, sin quebrantarme físicamente o sin quedar sicológicamente herido y sin resistencia. Sólo así puede explicarse, desde el punto de vista meramente humano, que conserve una frescura física y sicológica permanente. Por eso no hay aún ningún indicio de signos de vejez.

La lucha de vida o muerte por mi existencia espiritual –vinculada a las crisis de escepticismo de la adolescencia– se volvió con el tiempo una suerte de angustia obsesiva, que sacudía cuerpo y alma hasta la médula, y que sin embargo pudo ser finalmente superada.".

(Estudio 1960)

J. Kentenich

¿Cuál es el "Programa"? Bajo la protección de María, queremos aprender a educarnos a nosotros mismos como personalidades sólidas, libres y sacerdotales. Noten ustedes: se trata de un gran programa de autoeducación hacia el ideal del hombre verdadera e interiormente libre.(...)

¿Cómo surgió este 'Programa'? En primer lugar, a partir de mi estructura sicológica personal. Aquí entra en vigor lo que les conté en estos días sobre la doble forma de la misión carismática. ¿Recuerdan aún las dos formas? La forma general: el hombre nuevo en la nueva comunidad con carácter apostólico universal. La otra: el hombre animado por el espíritu, vinculado al ideal, que está ligado interiormente a la comunidad y se entrega al apostolado universal. Debo admitir que ésta es mi actitud personal fundamental desde mi infancia. Comprenderán que desde el momento en que fui oficialmente educador no hice otra cosa que sostener esta idea.(...) Me importa mostrarles la idea de autonomía.... Para mí lo primero fue siempre: con hombres masificados no puedo hacer nada, sólo con personalidades autónomas, sean hombres o mujeres.(...)

El "Programa" pasó más tarde a la historia de Schoenstatt como el Acta de Prefundación. Ya sabemos cómo surgió. Contiene una parte de mi propia vida personal e interior, estrictamente el núcleo de mi vida interior..."

(Terciado de Brasil, 1952)

Desde mi infancia, sin que nadie desde afuera lo haya motivado perceptiblemente, estaba viva y despierta en mí la idea del hombre nuevo en la comunidad nueva. Esta idea directriz vital se fue haciendo poco a poco eficaz, gracias a la fuerza propulsora de una fe en la Divina Providencia sumamente sencilla, activa y profunda, gracias a una fe en la Providencia que, a través de una rendija o de una puerta abierta, me mostró en cada momento lo que Dios quería que se realizase de esta idea directriz.

(Carta al P. Alex Menningen, 25 de enero de 1955)

J. Kentenich

¿Qué hizo Dios cuando quiso solucionar los problemas de la época de san Francisco? Hizo nacer un hombre cuyo corazón modeló de tal modo que pudiese contener la respuesta precisa para su tiempo. Después, san Francisco dio lo que llevaba dentro. Cuando vino la Reforma, Dios pensó y creó un hombre en cuyo corazón estuviese sintetizada la respuesta que esa época urgía. Y lo que hizo san Ignacio fue dar a la Iglesia lo que tenía en su corazón.

Con el P. Kentenich pasó lo mismo. Podemos decir que cuando Dios buscó cómo sacar adelante su Iglesia y dar solución a los problemas del mundo de hoy, pensó especialmente en crear al P. Kentenich y quiso moldear su corazón de tal manera que ya, en su manera de ser, trajese en germen, de manera espontánea, una respuesta clara para lo que necesitaba la Iglesia y los tiempos nuevos.

Evidentemente, un niño de 3 o 5 años no puede definir un ideal así; lo lleva instintivamente dentro de sí. Pero ya esa imagen del hombre nuevo era la que le hizo decir: "¡No voy al kindergarten!", pues eso contrariaba su índole natural. Por igual causa se fuga del internado.

El P. Kentenich contó que, en ese tiempo –no se sabe si fue en su infancia o más tarde– él vio en una casa de religiosos un gran letrero que decía: "¡En esta casa no se fuma!"

1888/89

1897

1900

Pero los religiosos fumaban en el jardín y sólo después entraban a la casa. Al ver esto, se despertó en él una rebelión interior y se dijo: "¡Esto no puede ser! ¡La ley no se puede tomar en esta forma! Un verdadero hombre o acepta las cosas en su espíritu o no las acepta. Esto es una burla".

Desde niño sentía que su ideal de comportamiento no concordaba con el de la gente que lo rodeaba. Llevaba instintivamente ese mundo nuevo dentro de sí, aunque no lo había expresado en ideas o en palabras. ¿Cuándo lo expresó? Recién cuando fundó Schoenstatt. Entonces vio que allí se hacía realidad ante sus ojos todo ese mundo que, desde niño, había llevado en su corazón.

En cierto sentido, la soledad del P. Kentenich fue semejante a la soledad de María. La Santísima Virgen fue solitaria. ¿Por qué? Porque llevaba un mundo distinto en su corazón. ¿Por qué distinto? Porque la Virgen no tenía pecado original y eso hacía que, para ella, el comportamiento de los demás no encontrara eco en su interior, que le fuera enteramente extraño. Por ser sin pecado original y estar llena de la gracia de Cristo, antes de que viniera el Redentor, ella ya vivía lo que era el hombre nuevo cristiano. Cuando nació Cristo, la Virgen se dio cuenta de que eso era lo que ella buscaba, que allí estaba la razón de sus reacciones distintas. Ella estaba hecha sólo para Cristo.

La idea directriz fue y es el hombre nuevo en la comunidad nueva con carácter apostólico universal. La fuerza propulsora es una fe profunda y sencilla en la Divina Providencia, como efecto de los dones del Espíritu Santo. Considero y denomino a ambas –tanto la idea directriz como la fuerza propulsora– como un regalo que la bondad de Dios previó para mí desde la más temprana infancia y que recibí sin ninguna mediación humana palpable. Creo que más tarde podré revelarte un secreto de mi vida, algo que me sucedió a los 8 ó 9 años. Personalmente considero que toda la Obra de Schoenstatt, especialmente en relación con su fuente más original, la Alianza de Amor entre la Madre tres veces Admirable y con Schoenstatt, como lugar y como Familia, se remonta a ese misterio. Puedes descontar que no se trata de una vivencia mística. Nunca tuve nada que ver con ellas en mi vida personal, al menos siempre que se trate de fenómenos extraordinarios y no de gracias de contemplación... Se trata de algo sumamente sencillo... No debería resultar difícil ver cómo el Acta de Prefundación se remonta a esta misteriosa fuente de vida subterránea. A la manera como idea directriz y fuerza propulsora se habían desarrollado y acumulado lentamente en la soledad del desierto espiritual, se unió un ethos pedagógico singularmente pujante que, luego de la ordenación sacerdotal, desgarró las envolturas que lo ocultaban, quebró las barreras que lo contenían y se cristalizó más tarde en la expresión: los educadores son personas que aman, jamás abandonan su amor.

(Carta al Padre Alex Menningen,
31 de enero de 1955)

J. K.

Jean Guiton escribió un libro muy hermoso sobre la Virgen, en el cual se refiere a la soledad que sufrió María por llevar en sí un mundo distinto al nuestro. Cuando a los demás les costaba el compañerismo, cuando a los demás les costaba trabajar, decir la verdad, la Santísima Virgen quizás se preguntaría: ¿Por qué son así los demás? ¿Por qué soy yo tan distinta? Y, cuando nació Cristo, comprendió.

Al P. Kentenich le pasaba algo semejante, aunque a una distancia inmensa de la Santísima Virgen. Dentro de sí llevaba también un mundo nuevo que le hacía sentirse distinto. Y cuando nació Schoenstatt entendió y podía decirse: "Esto era lo que me hacía distinto. Yo nací para fundar este mundo y si Dios me hizo vivir en tanta soledad fue con el propósito de que no se contaminara este mundo que yo ya llevaba dentro de mí".

Es interesante constatar que él no tuvo ningún contacto humano profundo hasta que no fue padre sacerdotal. No recibió ninguna influencia profunda de ningún hombre, sólo de la Virgen María. Y recién pudo entrar en un verdadero contacto interior con otras personas cuando él ya como sacerdote, fue padre y pudo contar a otros su propio mundo.

Dios lo quiso así, solitario, para salvar intacto ese mundo interior que le había regalado, para que María lo formara a su imagen y él fuese obra exclusiva de ella. Para que toda la gloria correspondiese a María y no se pudiese decir que el P. Kentenich fue así porque tuvo tal padre o tal madre o tales profesores. La Santísima Virgen fue la única que influyó en forma honda y definitiva en su vida, porque él había sido escogido como instrumento para anunciar un nuevo tipo de hombre, un nuevo tipo de comunidad, animados del espíritu de María.

Por lo visto, Dios quería, notoria e indudablemente –en su plan para conmigo y mi misión– que en medio de la total soledad y el desierto de mi vida –como Juan Bautista en su momento y otros instrumentos en manos del sabio Dios–, me apoyara principalmente sobre todo en mí mismo y en Dios. 0 sea, que creciera con una independencia muy grande y sin ser tocado interiormente por las corrientes espirituales dominantes ni por otras personas. Me puso inmediata y casi exclusivamente bajo la influencia educativa de la Santísima Virgen, cuyo cometido fue prepararme para una misión especial en la construcción del Reino de Dios en las playas de los nuevos tiempos. Mirando hacia el pasado y examinando cuidadosamente mi conciencia, debo confesar en lo que se refiere a otras personas, maestros o educadores de cualquier tipo, que no podría nombrar ninguno -realmente ninguno- que haya ejercido alguna influencia significativa sobre mi desarrollo interior y espiritual. Desde este punto de vista tiene cierto sentido (pero sólo este sentido) la palabra 'autodidacta'.

J. Kentenich

(*Estudio*, 1960)

2.3.2. Su intimidad con María

Ahora, brevemente, algunas indicaciones respecto a este contacto suyo con la Santísima Virgen. En primer lugar, el P. Kentenich fue consagrado a la Virgen antes de nacer. Su madre lo consagró a la Virgen cuando lo estaba esperando y, tal vez, ése fue ya un símbolo del destino del P. Kentenich. Desde pequeño creció en un ambiente de cariño a la Virgen; ya cuando tenía 7 u 8 años rezaba fuerte y con mucho entusiasmo una oración a María, una especie de jaculatoria, como un resumen de la Salve que se rezaba mucho en Alemania: "Hilf, Maria, es ist Zeit...!" "¡Ayúdanos, María, es tiempo ya!". (Las Hermanas de María rezaron esta oración cuando el P. Kentenich estaba agonizando.)

Pero todas estas cosas exteriores eran la expresión de una gracia muy honda que el P. Kentenich había recibido: la gracia de una pertenencia total a Dios a través de su pertenencia a la Santísima Virgen. Esta gracia se manifestó principalmente en la *conciencia de su vocación y en su espíritu de virginidad.*

El P. Kentenich anuncia su vocación recién cuando hizo su Primera Comunión, pero ya desde chico le era evidente que él pertenecía a Dios. Cuando tenía como 6 años, estando una vez en la calle con un grupo de amigos, se subió a la cuneta y les dijo solemnemente: "Cuando yo sea grande y sea sacerdote, les voy a predicar así: amadísimos fieles..."

También su *espíritu de virginidad* fue expresión de esta gracia de pertenencia a Dios. Es en este punto donde tal vez la gracia mariana se expresó con mayor fuerza en su vida. También aquí hay algo excepcional. San Luis de Gonzaga recibió una gran gracia de pureza y algunos de sus biógrafos dicen que era tan puro que "nunca miró el rostro de su madre". Esas son exageraciones. El P. Kentenich miró el rostro de su madre, de su abuela y de todo el mundo y recibió una gracia de virginidad extraordinaria. El mismo ha dicho: "Desde niño me sentí total posesión de Dios y de la Virgen y sentí que mi amor era exclusivo para ellos. Nunca en mi vida se me ocurrió compartir ese amor con otra persona humana o casarme y jamás tuve ninguna dificultad, ni un solo problema en la línea de la pureza".

La Santísima Virgen, la presencia de ella en su corazón, le regaló un espíritu de virginidad tan fuerte que podemos decir que el P. Kentenich fue confirmado en la pureza de María desde que nació. Y es algo admirable que él, justamente porque recibió esta pureza de María como un don gratuito, fuese una persona con una extraordinaria capacidad y sensibilidad para ayudar a quienes que tenían problemas en esta línea. El sufría al ver las heridas que la impureza causaba en el corazón de otros. Se compadecía inmensamente cuando veía a alguien luchando contra los pecados que a él le fueron ahorrados por pura misericordia, lo mismo que a la Vir-

gen. ¿Por qué la Santísima Virgen es tan misericordiosa con los pecadores? Porque sabe que, por pura bondad, ella fue dispensada del pecado. Eso, lejos de hacerla distante, la hace mucho más cercana. Lo mismo le sucedió al P. Kentenich. En esta línea recibió una gracia excepcional y que necesitaba para poder desplegar su paternidad como lo hizo, sobre todo, frente a las mujeres. Y para ello necesitaba estar revestido de la pureza de María en un grado excepcional.

Justamente por esta marcada conciencia de su pertenencia total a Dios y a María, las crisis de su juventud vinieron por este lado: se debieron al desarrollo unilateral de su tendencia a lo trascendente, a lo espiritual, a lo sobrenatural y no –como es lo más frecuente– por problemas relacionados con la pureza.

Pienso en una jaculatoria que lentamente fue surgiendo en mí y cuyos orígenes se remontan a mi primera infancia. Más tarde se formuló así en latín:

Ave Maria, puritatis tuae causa, custodi animam meam et corpus meum, aperi mihi cor tuum et cor Filii tui, da mihi animas et cetera tolle tibi...

(Dios te salve, María, por tu pureza, custodia mi alma y mi cuerpo, ábreme tu corazón y el corazón de tu Hijo, dame almas, y lo demás, tómalo para ti).

No resulta difícil descubrir en esta oración la raíz de la que luego surgió y se alimentó la espiritualidad de la Familia.

J. K. *(Bausteine 1955)*

Esta vida mariana del P. Kentenich llega a la cumbre a los 9 años de edad, cuando sucede un episodio que permanecerá para siempre como misterio. Su madre lo llevaba al internado y al dejarlo allí, antes de separase de su hijo, siente tristeza y se lo encomienda a la Virgen. En la capilla del internado estaba la imagen de la Virgen del Rosario, la misma que se venera en Pompeya, porque las religiosas que lo atendían eran dominicas. La madre, al separase de su hijo, siente tristeza y se lo encomienda a la Virgen. Le pide: "Sé tú su Madre y Educadora". Se saca una cadena de oro con una cruz, recuerdo de su Primera Comunión, y la pone en torno al cuello de la Virgen pidiéndole que se preocupe del P. Kentenich.

El ha dicho después que ese momento fue decisivo para su vida y que hay un misterio en su relación con la Virgen que nace allí. Agregó: "Un día lo revelaré". Pero murió sin haberlo hecho. Sin embargo, por conversaciones con algunas personas, se ha podido entrever en qué línea iba este misterio. Parece que le impresionó mucho este acto de entrega que hizo su mamá confiándolo a la Virgen como Madre. El hizo suya esta entrega, plena y conscientemente y dijo a la Virgen en ese

Hace varios años en la capilla de un orfanato, vi una estatua de la Santísima Virgen con una cadena de oro y una cruz al cuello. Cadena y cruz eran recuerdos de Primera Comunión de una madre que, a consecuencia de difíciles circunstancias, se vio obligada a dejar a su único hijo en el orfanato. Ella misma ya no podía ser mamá para él. ¿Qué puede hacer en la angustia de su corazón y en su preocupación? Va, toma el único valioso recuerdo de su infancia, su recuerdo de la Primera Comunión, y lo pone en el cuello de la Virgen suplicando con insistencia: "¡Educa tú a mi hijo. Sé para él plenamente Madre! ¡Cumple tú en mi lugar los deberes de Madre!" Hoy este hijo es un sacerdote de mucho celo y trabaja fecundamente para gloria de Dios y de su Madre celestial".

(Bajo la Protección de María, 3.5. 1914)

(... me refiero...) A aquel acontecimiento que el Estudio llama consagración a María que ocurre en la vida del niño cuando apenas cuenta nueve años, y que se desplegará con el transcurso del tiempo. Aún no quiero descorrer el velo que cubre este hecho.

Si se llama "consagración a María", debe agregarse que fue una consagración de características muy singular. Más tarde, los historiadores constatarán fácilmente que en ella ya se hallaba contenida germinalmente toda la obra de Schoenstatt.

La Santísima Virgen personalmente me formó y modeló desde los nueve años. Normalmente prefiero no hablar de esto (...) Si miro hacia atrás, puedo decir: no conozco a ninguna persona que haya tenido una influencia profunda en mi desarrollo.

(Bausteine, 1955)

J. Kentenich

momento: "Yo te voy a tomar de verdad como mi madre, en lo humano y en lo sobrenatural". En este acto está ya en germen la Alianza de Amor que más tarde va a dar origen a Schoenstatt. A partir de ese momento, el P. Kentenich empezó a vivir en una alianza muy íntima con María.

En cierta ocasión, muchos años después, su madre lo fue a ver a Schoenstatt y se quejó al P. Kentenich de que la visitaba poco. El le contestó diciendo que ella tenía la "culpa", ya que ella lo había regalado a la Virgen.

Ese sentirse regalado a la Virgen se hizo una segunda naturaleza en él y hasta el fin de su vida la sintió como su verdadera Madre, también en todo lo humano.

2.3.3. La prueba de su filialidad

a. El sentido de esta prueba

Hemos llegado al segundo período en el crecimiento de la filialidad del P. Kentenich, pero siempre dentro de esa primera etapa de su vida que hemos llamado: *la conquista de una filialidad probada.*

El P. Kentenich había recibido una gracia grande de filialidad, pero llegó el momento de conquistarla –a través de una gran prueba– para poseerla de verdad. "Lo que heredaste de tus mayores, conquístalo para poseerlo". Esta es una frase que siempre repetía. Ahora veremos cómo la vivió él al llegar la hora de la prueba.

1903
Ehrenbreitstein

El sentido de esta gran prueba fue doble. Por un lado dijimos que para ser verdaderamente hijo no sólo hay que amar a Dios con un amor íntimo sino que también hay que sentirse pequeño, desvalido, contingente e indigente ante él. De otro modo, uno no puede amarlo como Padre, como Padre de misericordia. Eso era lo primero: Dios quería que el P. Kentenich sintiera que él era nada si no estaba en las manos de Dios, si Dios no lo sostenía.

El otro sentido de esta crisis fue conquistar la armonía en su alma. El siempre ha sostenido que Dios despierta la vida en base a tensiones, haciendo jugar distintos valores, distintas fuerzas, distintos polos. Ya al comenzar veíamos que, para él, el ideal del hombre cristiano, del hombre maduro, es el hombre de una personalidad con dos polos: el de la filialidad y el de la paternidad; el de lo natural y el de lo sobrenatural; polos que siempre deben estar en equilibrio. La armonía de la vida se consigue en base a un juego de polos distintos, de fuerzas distintas, de tensiones distintas. El P. Kentenich, por estructura, tenía una gran capacidad para el contacto con Dios, un gran sentido de lo trascendente y, al mismo tiempo, una gran sensibilidad sicológica frente a todos los procesos de vida, lo que lo ayudaría a llegar un día a un contacto muy hondo, muy fecundo, muy creador con otras personas.

1903

Sin embargo, por lo que hemos visto hasta ahora, en esta primera etapa de su vida, el P. Kentenich prácticamente desarrolló un sólo aspecto de su personalidad y él mismo reconoce que, en el momento de entrar al noviciado, su desarrollo unilateral era desequilibrado porque le faltaban los contactos humanos necesarios para que su personalidad creciera en forma sana, equilibrada, profunda. Pero, como hemos dicho, hay esta necesidad de llegar a un sano equilibrio, a relaciones personales profundas. Hay la conducción de la gracia que hace experimentar su necesidad en la contingencia humana. El hombre debe vivir la plenitud de sus capacidades humanas, siempre en la plenitud de la posesión que Dios hace de él. Y esto lleva al hombre a experimentar su contingencia ante Dios, su soledad ante los hombres. El P. Kentenich experimentó esta aterradora soledad como una fuerte toma de posesión de todo su ser por la gracia para ser conducido al sacerdocio.

Dios así lo quiso y permitió que su desarrollo estuviera rodeado de una gran soledad; que durante su infancia y su juventud revelara sólo una cara de su personalidad. Dios así lo quiso, para salvar y asegurar ese aspecto. La raíz de toda su personalidad debía ser siempre su entrega a Dios, su entrega a María. Y Dios quiso que esto se ahondara aun a costa de cierto desequilibrio. El P. Kentenich reconoce que, aunque exteriormente nadie lo notara raro ni distante, durante su infancia y su juventud le faltaron vínculos personales y no era una persona completa. Y eso que le faltaba debía conquistarlo por medio de pruebas. Dios quiso hacerle sentir su desvalimiento, su contingencia, lo incompleto de su ser y la necesidad de abrirse a valores que todavía no se habían hecho vida en él.

Es importante tener presente esto porque, normalmente, Dios conduce a las personas de esta manera. En la historia de las personas, en la historia de las comunidades, vemos que Dios permite épocas de desequilibrio en las cuales ciertos valores se acentúan unilateralmente y lo hace para que esos valores se ahonden, se hagan carne de nuestra carne y nadie ni nada nos los pueda arrebatar después. Y cuando estos valores están bien enraizados y vivos, entonces nos lleva hacia la otra parte. A él no le importa arriesgar desarrollos unilaterales por cierto tiempo, con tal que se afirmen aspectos fundamentales.

Durante toda su infancia hasta la entrada al noviciado, en septiembre de 1904, cuando va a cumplir 19 años, el valor de la filialidad, de la pertenencia a Dios, de la entrega a él y a la Santísima Virgen, parece ya algo conquistado por el P. Kentenich. Pero, si tenemos presente que la armonía de la vida siempre supone un juego entre dos polos, debemos concluir que ninguno de ellos será seguro mientras no esté vivo también el otro. Por eso, todo lo que se había hecho tan hondo en el P. Kentenich va a tambalearse mientras no se complete con aquel aspecto que le falta.

b. Naturaleza y desarrollo de la crisis

El P. Kentenich dice que su crisis empieza automáticamente con la entrada al noviciado. Con su marcada tendencia espiritualista, trascendental, sobrenaturalista, entra a un noviciado donde reina un ambiente que, en vez de equilibrarlo, lo va a desequilibrar aún más en esta línea.

La vida religiosa ha cambiado bastante después del Concilio y en Schoenstatt nos hemos esforzado siempre por una armonía entre naturaleza y gracia. Pero a principios de siglo, la pedagogía estaba bastante atrasada y el sistema de educación en los noviciados era sumamente individualista y bastante inhumano. Además, al P. Kentenich le tocó un maestro de novicios exagerado en esta línea, una persona sumamente exigente consigo misma y con los demás en cuanto a penitencias físicas, noches sin dormir pasadas en adoración, etc. Este sacerdote impulsó a sus novicios a penitencias pesadas: muchas horas de adoración, mucha entrega y disciplina en la línea de lo sobrenatural, pero se preocupó poco del desarrollo humano de los novicios, de que hubiera un ambiente de comunidad, de familia, es decir, de todo lo que el P. Kentenich necesitaba urgentemente.

Dios es mi origen. Dios es mi fin, él tiene que ser también la estrella que dirija mi vida, el centro de todos mis ideales. Todo pasa, sólo quedamos por toda la eternidad o unidos o separados uno de otro. Si en la tierra le estoy unido, lo estaré también en la eternidad; si no, permaneceré eternamente separado. Por consiguiente, toda mi vida debe ser una lucha y un empeño por mantener en la tierra la unión con Dios, es decir, tener por meta la conformidad con la voluntad divina.

(Palabras introductorias de su programa de vida)

J. Kentenich

Además, cuando una persona entra a un noviciado llega siempre con entusiasmo, decidida a tener un encuentro muy hondo con Dios y, normalmente, en el caso de los novicios, si es que están realmente compenetrados de su vocación, es grande el peligro de que exageren en la línea de la entrega espiritual y desatiendan lo humano. El maestro de novicios ha de buscar el equilibrio para que ese joven que viene con tanta fuerza, no se convierta en un tipo espiritualista, buscador de un Dios en las nubes.

El P. Kentenich llegó al noviciado con una gran fuerza en esa dirección, con una marcada tendencia a lo sobrenatural, es decir, a un encuentro muy personal, muy solo con Dios, muy trascendente, muy separado de los hombres. Y todo el ambiente del noviciado y el propio maestro de novicios lo impulsaron aún más en esa misma dirección.

Al integrarse a ese ritmo de vida, comienza una gran crisis. En primer lugar, una crisis espiritual pero, también, una crisis física. La crisis espiritual consistió en una

agudización de su falta de contactos humanos, de esos contactos humanos hondos que nunca había tenido. El había sido muy buen amigo, buen compañero de quienes le rodeaban, pero nunca había tenido un contacto más profundo con alguna persona.

En el noviciado se encierra en una soledad humana aún más grande y le sobreviene entonces una crisis cuya raíz él mismo define como escepticismo. Ya dijimos que las grandes luchas de su juventud no fueron de tipo sexual, pues en esa línea había recibido un don extraordinario: la Santísima Virgen le comunicó toda su paz, todo su dominio espiritual sobre el cuerpo. Pero, precisamente por ser una persona muy espiritual, por poseer un gran sentido para lo trascendente y un gran anhelo por la verdad, su crisis se planteó en esta dirección. El la define como un "escepticismo total" frente a la verdad, como una duda radical de si existe o no la verdad.

Este escepticismo –lo dice él mismo– se expresó en un *idealismo*, no en el sentido positivo de la palabra, de entusiasmo por los ideales, sino más bien en el sentido de un exagerado intelectualismo, que separa las ideas de la vida y se dedica exclusivamente a conquistar un Dios que descubre dentro de su propia cabeza, un Dios elaborado intelectualmente, pero no el Dios de la vida, el Dios que habla a través de los hombres.

Esta crisis se expresó también, según el P. Kentenich, en un marcado *individualismo:* él no había logrado desarrollar aún un verdadero sentido comunitario.

(...) A la luz de lo expuesto, es comprensible que mis años de juventud hayan estado marcados por una extraordinaria lejanía de lo terrenal y mundano. Y que, por otra parte, mi ser tendiese al mundo sobrenatural, al más allá, para arraigarse allí con todas sus fibras. No es de extrañar entonces que todas mis luchas juveniles, que comenzaron sistemáticamente con mi ingreso al noviciado y que nunca antes había tenido, fueron de índole netamente espiritual. Si quisiera resumirlas bajo un común denominador, debería decir: precisamente debido a la separación de mi espíritu y de mi alma de lo terreno y genuinamente humano es que toda mi persona fue atormentada y sacudida violentamente por un escepticismo total, un idealismo exagerado, un individualismo corrosivo y un sobrenaturalismo unilateral. En un tiempo solía decir que todas mis luchas de juventud fueron luchas de fe, pero ésta es una expresión que debe interpretarse como muy general. Desde el punto de vista formal, se trata de escepticismo por antonomasia y de todos los otros "ismos" que le siguen: sobre todo el idealismo y el individualismo.

En aquellos años la pregunta central era: ¿Existe, acaso, la verdad? ¿Es posible conocerla? Indirectamente todo el edificio de la fe fue involucrado en este proceso. No se trataba de verdades de fe particulares sino de todo el conjunto del dogma sobrenatural. Detrás de este escepticismo se escondía un impulso de amor a la verdad extraordinariamente fuerte. Este fanatismo por la verdad se convirtió en una fuerza motriz que determinó todo mi actuar y que, en la relación con los profesores, no pocas veces sobrepasó los límites de la discreción a causa de esa obsesión interior por la verdad. En otras palabras, como tipo de hombre moderno, pude experimentar en abundancia su angustia espiritual. Es la angustia de una mentalidad mecanicista que separa la idea de la vida (idealismo), el yo del tú (individualismo) y lo sobrenatural del orden natural (sobrenaturalismo). En esos años, el alma se mantuvo de alguna manera en equilibrio, gracias a un amor personal y profundo a María. Las experiencias vivenciales de aquel entonces me llevaron a formular más tarde la afirmación: La Santísima Virgen es por excelencia el punto en el que se entrecruzan lo terrenal y lo celestial, la naturaleza y la gracia. Ella es la balanza del mundo, es decir, ella, por su ser y su misión, mantiene el mundo en equilibrio".

Estampa de su Confirmación

(Bausteine, 1955)

Lo que guardó mi fe durante esos años fue un amor profundo y sencillo a María. El amor a María regala siempre de por sí esta manera de pensar orgánica.

(Bellavista, 31.5.1949)

¡Desvalimiento! Si recuerdo cómo todo ha ido creciendo: todo es un regalo extraordinariamente grande que el Padre Dios me ha dado: la mentalidad orgánica opuesta a la manera de pensar mecanicista. Esta fue la lucha personal de mi juventud. En ella pude vencer aquello que hoy conmueve a Occidente hasta en sus raíces más profundas. Dios me dió inteligencia clara. Por eso tuve que pasar durante años por pruebas de fe. Lo que guardó mi fe durante esos años fue un amor profundo y sencillo a María. El amor a María regala siempre de por sí esta manera de pensar orgánica. Las luchas terminaron cuando fui ordenado sacerdote y pude proyectar, formar y modelar en otros, el mundo que llevaba en mi interior. El constante especular encontró un saneamiento en la vida cotidiana. Este es el motivo por el cual conozco tan bien el alma moderna, aquello que causa tanto mal en Occidente. ¿A quién debo agradecer todo esto? Viene de arriba. Sin duda de la Santísima Virgen. Ella es el gran regalo. De este modo pude, además de la enfermedad, experimentar también en mi propia persona, y muy abundantemente, la medicina...

(Bellavista, 31.5.1949)

J. Kentenich

Y, en tercer lugar, su crisis lo llevó a un fuerte *sobrenaturalismo,* lo que se acrecentó debido al ambiente sobrenaturalista del noviciado y a la poca atención que allí se concedía a los vínculos humanos y a toda la parte humana de la vida cristiana.

Todos estos factores confluyen para causar ese escepticismo radical frente al problema de la verdad. Se ha dicho muchas veces que los problemas del P. Kentenich fueron dudas de fe, pero, de hecho, su fe se vio afectada sólo indirectamente. Conservó su fe intacta, pero sí amenazada como consecuencia de una crisis total y generalizada ante la verdad. Para él, el problema no eran dudas como: ¿Es cierto que Dios existe? ¿Es cierto que Cristo está en la Eucaristía? ¿Es cierto que Cristo resucitó? Su interrogante más radical era: ¿Existe la verdad? ¿Puede el hombre captar la verdad? Esta pregunta crucial envolvía toda su vida y todas las otras preguntas vitales que pudiera hacerse, tanto en un plano humano como en el de la fe. Se da cuenta de que este desequilibrio, esta angustia que le sobrevino, era consecuencia de los otros tres factores que ya señalamos: su idealismo, su individualismo y su sobrenaturalismo.

Cuando el P. Kentenich habla de las vinculaciones, ha dicho repetidas veces que el hombre es como una planta que crece sana en la medida en que sus raíces son fuertes, esas raíces que le atan y le dan vigor. El careció de estas raíces que son los vínculos humanos. Estaba muy enraizado en el corazón de Dios y de la Santísima Virgen pero no tenía vínculos humanos hondos. Por eso, cuando se le plantean los primeros problemas grandes de tipo intelectual, el viento amenaza con llevárselo y le hace tambalear fuertemente pues no contaba con raíces firmes que le sujetaran. Todo su edificio interior se tambalea en la forma de una duda total frente a la verdad, frente a la realidad.

Seminario de los Padres Pallottinos en Limburg

En su plática del 31 de Mayo de 1949, cuando se refiere a los problemas del mundo de hoy y habla de la mentalidad mecanicista que está corroyendo a la Iglesia y al mundo moderno, dice que todos estos problemas actuales los experimentó él en su juventud. Y que así como experimentó los problemas, también experimentó hondamente los remedios.

Mirando hacia atrás, el P. Kentenich siente que en esos años vivió todas las angustias del hombre moderno hasta en sus mismas raíces. Tuvo una profunda experiencia de desgarro interior. Se sintió profundamente desgarrado, pues no era capaz de lograr una síntesis de todas las ideas y verdades que bullían en él, porque no era capaz de concebir en una síntesis todo lo que sabía, todo lo que anhelaba. Por eso, se sintió interiormente quebrado, partido, dividido. Y sobre todo, porque no puede unir esas ideas con la vida, hacer vida esas ideas. Le cuesta también unir su vida personal con las vidas de quienes le rodean y le cuesta, finalmente, relacionar el mundo natural con el mundo sobrenatural. Para él todas estas divisiones son las mismas divisiones que desgarran el alma del hombre de hoy. El las sintió con una intensidad tan fuerte y durante tan largo tiempo que temió seriamente volverse loco por no poder soportar esta tensión.

Esta crisis duró más o menos seis años y durante este tiempo hubo una continua lucha por lograr el equilibrio interior, por lograr una síntesis, una armonía intelectual y vital. En muchos momentos, el P. Kentenich siente que si esa tensión crece un grado más, perderá la razón. La posibilidad de volverse loco como consecuencia de esta tensión interior le angustia sobremanera.

Más tarde dijo que él agradecía a Dios por todo ese tiempo, porque fueron de tal magnitud las tensiones, la presión espiritual que sufrió, que ahora comprendía todas las angustias, desgarros y tensiones que oprimen al hombre moderno.

En un escrito, cita una poesía de Rainer Maria Rilke, dedicada a Leonardo da Vinci y que más o menos dice así: "En el umbral de cada nueva época surge siempre algún gran hombre que asume en sí mismo esa época que está naciendo y la hunde con fuerza en el abismo de su propio corazón". Algo semejante puede decirse de él: Dios quiso que en su juventud gustara todas las angustias, todo el desgarramiento interior de nuestra época, para que pudiese resolverlo vitalmente en sí mismo y así ayudar después a otros hombres a resolverlo siguiendo su mismo camino.

Junto con esta crisis espiritual, se produce también una crisis física. Sabemos ya que el P. Kentenich tenía cierta predisposición a contraer enfermedades del aparato respiratorio, que su salud no era fuerte. Pero no sabemos cómo fue la interacción de una y otra cosa. Hasta qué punto fue debilidad física la que precipitó la crisis espiritual o si sucedió al revés. Eso no lo sabemos. Lo más probable parece ser lo segundo: la crisis espiritual fue tan fuerte que, como tenía una constitución física tan débil, se produjo un desmoronamiento.

Durante sus seis años de estudio, desde 1904 hasta 1910, el P. Kentenich estuvo enfermo. Se cuenta que él y otro compañero se encontraban en la misma situación y que eran una especie de excepciones, de "pájaros raros", conocidos por los demás con el sobrenombre de "los del club de la excepción". El P. Kentenich tenía permiso de sus superiores para acostarse antes de la hora, para retirarse de la Misa, de las clases, para no participar en paseos, para irse a su pieza o a su casa cuando lo necesitara. Y esto repercutió mucho en él, especialmente en el año 1907. Siendo su falta de salud especialmente notada por los superiores, ellos dudaron aceptarlo a la segunda renovación de su profesión, la que fue sin embargo, aprobada por la dirección general de Roma.

Todo esto influía en él. Por un lado, sentirse físicamente limitado, sentirse distinto de los demás, hizo que se acentuara más su soledad. Al preguntarle a un compañero suyo de ese tiempo cómo era el P. Kentenich en los juegos, lo pensó un momento y me respondió: "No recuerdo, porque él estaba casi siempre enfermo". Todos sus problemas, toda esa lucha interior con Dios y con la verdad, tal vez habrían sido más llevaderos si hubiese podido compartir una vida comunitaria más normal. Pero no lo pudo hacer por su mala salud. A él, que nunca había querido, ni querría después, ser objeto de tratos excepcionales, esto tiene que haberle costado mucho.

Por otro lado, estaba también el doloroso sentimiento de ser conservado por compasión en los Pallottinos. Los Padres Pallottinos eran una comunidad misionera que enviaba a su gente al Camerún, a un lugar increíblemente duro. Allí murió un buen número de sacerdotes, debido al rigor del clima; y a los que no dejaron allá sus vidas, tenían que llevarlos de tiempo en tiempo a Alemania, por un par de años, para que se repusieran y recobraran fuerzas antes de regresar a la misión. El clima de Camerún era casi inaguantable para los europeos, más aún en ese tiempo en que no se conocían las vacunas ni otros adelantos científicos para combatir las enfermedades tropicales. Por lo tanto, era absurdo el sólo pensar que este joven tan enfermizo estuviera preparándose para ser misionero en el Africa. De hecho, tenían al P. Kentenich por otros motivos: porque era un joven inteligente, piadoso y les daba pena devolverlo a su casa. Se pensó que tal vez podría servir como profesor y el P. Kolb, especialmente, propuso que continuara los estudios teológicos en la Universidad de Bonn.

Mientras tanto, el P. Kentenich se sentía intelectualmente a punto de hacerse pedazos, con su cuerpo sin ninguna resistencia, sin saber qué pasaría con él, si serviría para algo o se volvería loco.

En medio de esta tensión, se da cuenta de que su único camino, su única salvación, es una entrega total en manos de María. Y decide dar un salto de confianza y decir a la Virgen, a Dios: "Si tú quieres que me vuelva loco, lo acepto. Mi cuerpo está sumamente débil y destruido, mi inteligencia para poco me sirve, pero aún me queda la luz de la razón. Si quieres llevártela también, puedes quitármela, es tuya". Hizo una entrega total en el sentido de lo que nosotros llamaríamos hoy Inscriptio; se ofreció por entero a Dios a través de María y de esa entrega total de confianza, de esa aceptación positiva del dolor, incluso de la locura, de la destrucción total de su persona en lo físico y en lo síquico, empezaron a brotar las fuerzas que lo mejorarían.

El Padre confiesa que fue la Santísima Virgen quien lo salvó. Ella era su gran amor y fue ella la que impidió que ese desarrollo unilateral, en la línea del individualismo, del idealismo y del espiritualismo, fuera total y lo llevara a la completa ruptura interior. El dice que, en esos años de lucha, experimentó a la Santísima Virgen como "el punto de intersección de lo natural y lo sobrenatural". Ella fue quien lo humanizó. Fue ella con su humanidad, con su amor tan humano, tan maternal, tan terrestre y, al mismo tiempo, tan sobrenatural, quien lo equilibró.

Junto con sentirla como el punto de intersección, de armonía, entre lo natural y lo sobrenatural, dice que también experimentó a María como "la balanza del mundo: como aquella que trae el equilibrio al mundo". Y sintió que, en la medida en que se entregaba a ella con una confianza total y proyectaba esa confianza de niño, que le había tenido en su primera infancia, a su condición actual de angustia y dolor, la paz se iría restableciendo en su corazón.

Es interesante observar que él nunca mencionó la crisis física que sufrió en esos años. Yo lo descubrí conversando con un compañero suyo, un sacerdote de más de 80 años, que me contó una serie de cosas desconocidas. El P. Kentenich ha hablado de su crisis espiritual, pero nunca de sus problemas físicos, de sus enfermedades. Se sabía que había estado enfermo, pero que lo llamaran "el del club de las excepciones", del hecho que casi siempre estaba enfermo, de que a veces no asistía a clases, eran cosas desconocidas. En general, nunca se refería a sus dificultades físicas. Era un hombre extraordinariamente recio. Jamás se le oyó decir: estoy cansado, tengo sueño, tengo hambre, me siento mal, me duele esto o lo otro. Era de una reciedumbre total y callaba su cansancio, su hambre, sus enfermedades. Contó de su crisis espiritual a círculos íntimos de la Familia porque pensó que así hacía un servicio a la Familia, pero mantuvo silencio completo de todo cuanto se relacionó con su crisis física.

c. *Una prueba suplementaria: la de su vocación*

Además de todos estos problemas anteriores, se le presenta al P. Kentenich un problema proveniente de afuera, aunque relacionado de alguna manera con lo interior: una prueba a su vocación.

Consideraremos lo que ya sabemos de su situación. El confiesa que desde niño ha padecido de una especie de fanatismo por la verdad y que sus posibilidades de desequilibrio van en esa línea. Es un hombre con un hambre de verdad tan fuerte que, en parte, fue eso también lo que causó su crisis interior: al buscar al Dios de las ideas, de las verdades, se separó del Dios de la vida. Ese "fanatismo" de la verdad fue lo que le arriesgó en varias ocasiones y, en concreto, en el caso que aquí expondremos, a realizar actos que realmente carecieron de tacto.

A pesar de faltar ocasionalmente a clases y de pasar mucho tiempo enfermo, era un alumno extraordinariamente inteligente. Fue siempre de los primeros de su curso y era también el puntal de todos aquellos que solicitaban su ayuda.

Todos los años se realizaba una disputa solemne en el aula magna del Seminario, en la que dos alumnos discutían dos tesis contrapuestas. Era todo un sistema de procedencia jesuita que se hacía en forma de una discusión escolástica de dos tesis distintas, en base a silogismos, pruebas y contrapruebas. Ese año, fue seleccionado el P. Kentenich por ser el mejor alumno de su curso, y otro alumno también muy brillante. Se da comienzo a la discusión y él simplemente deja mudo a su opositor. Entonces, el profesor, que era partidario de la tesis derrotada, se impacientó e intervino en la polémica. En ese tiempo, los profesores en Alemania eran una especie de pequeños dioses, ante los cuales había que inclinarse con mucha reverencia y temblor. Le dijo al P. Kentenich categóricamente: "¡No es así como usted lo dice! ¡A este problema corresponde otra explicación!". El P. Kentenich repuso: "Ese no es ningún argumento. La verdad no se prueba con autoridad sino con argumentos". Esto cayó "como una bomba". Se produjo un gran silencio en la sala, el profesor no contestó y se suspendió el debate.

El mismo P. Kentenich dijo más tarde: "Esa respuesta mía fue una falta de tacto; yo no debería haber dicho eso. Si me hubiera dado cuenta en ese momento de que era mi profesor el que me rebatía, no lo habría dicho por el respeto que le debo. Pero simplemente no lo vi; yo sólo veía la verdad". Cuando se trataba de la verdad, él no transigía, no aceptaba argumentos baratos ni golpe de autoridad; exigía pruebas.

Poco después de este acontecimiento, se reunió el Consejo Provincial para decidir a quién se aceptaba a la profesión perpetua y a quien no. Era en septiembre de 1909. Al P. Kentenich le correspondía hacer sus promesas definitivas. Después vendría la ordenación sacerdotal. Se vota su caso. Eran cinco los que votaban y el P. Ken-

Certificado de estudios (1909)

A. I. D. G.

RELIGIONI ET SCIENTIÆ

COLLEGIUM PIAE SOCIETATIS MISSIONUM LIMBURGENSE

Kentenich Joseph

1904

tenich es rechazado por tres votos contra dos. Se le rechazó por varios motivos. En primer lugar, porque nadie sabía lo que pasaba en su corazón. Su persona era un misterio. Era un joven inteligente, muy piadoso, pero sus superiores se daban cuenta de que no penetraban en su interior y que no sabían lo que llevaba adentro. Los profesores opinaban que era muy amable, muy tranquilo, muy ordenado, muy respetuoso, pero nadie había llegado al fondo de su alma. De ahí el interrogante: ¿Qué va a salir de él? ¿Qué lleva en su interior? Y, sobre todo, les intranquilizaba el hecho de que hiciese tantas preguntas, de que fuera tan inquieto, tan apasionado en su búsqueda de la verdad.

En las clases siempre estaba haciendo preguntas y con esto, a veces ponía en dificultades a los profesores. Era un gran admirador de Santo Tomás, pero todo el sistema escolástico de pruebas, de argumentos ya hechos, ese aprendizaje de memoria, lo rebelaba. Y, por eso, en clase siempre planteaba preguntas nuevas que no estaban en los libros, preguntas que se le ocurrían a él al observar la vida.

Fuera de la inseguridad que causaba a sus superiores el hecho de no conocer a fondo lo que había en su corazón, les inquietaban dos cosas más. Una de ellas era la sospecha de que pudiese tener dudas de fe. Hacía tantas preguntas, planteaba tanta interrogantes, que se decían: Este joven, ¿creerá o no? ¿Qué garantía nos da de que su fe sea sólida? Y la otra preocupación era: ¿Cuál va a ser, en el futuro, su actitud frente a la autoridad? ¿Ejercerá también frente a la autoridad ese espíritu crítico que muestra cada vez que trata de descubrir y defender la verdad? Y con su gran inteligencia, ¿no podrá llegar a ser "dinamita" dentro de la comunidad? El día que se rebele o empiece a criticar las órdenes de sus superiores, siendo una persona tan dotada como él, ¿qué influencia puede llegar a tener? Y se decían: será imposible controlarlo, pues nadie lo conoce a fondo...

Había toda una actitud de inseguridad frente al P. Kentenich basada en el misterio que era para ellos su corazón y en la gran fuerza de su personalidad. Por eso consideraron más prudente rechazarlo.

El rector de la casa, el P. Michael Kolb, fue el encargado de comunicarle esta noticia. El P. Kolb fue siempre un gran apoyo para el P. Kentenich; le tenía mucho cariño y aprecio por lo inteligente, por lo respetuoso, por lo sobrenatural que era y, probablemente, también por la forma en que había sabido sobrellevar sus enfermedades. Por eso, con mucho dolor, le dijo que no había sido aceptado. En ese tiempo, cuando expulsaban a alguna persona de un seminario, se le cerraba toda otra puerta o posibilidad de llegar a ser sacerdote algún día. Por eso, con esta decisión, se jugaba simplemente toda la vida del P. Kentenich.

Padre Michael Kolb

Escuchó lo que se le decía y luego preguntó el por qué. El P. Kolb le respondió: Los Padres sienten mucha inseguridad frente a usted. Usted es muy inteligente y, por lo mismo, muy crítico, muy inquieto. Pero se desconoce lo que usted lleva dentro de su corazón y se teme que, en el futuro, no sepa obedecer y sea fuente de críticas permanentes para sus superiores.

Entonces él contestó: Bueno, si es ésa la decisión, la acepto como voluntad de Dios. Pero quisiera decirle una cosa. De mí pueden tener la certeza de que delante de los superiores mostraré siempre la mayor apertura y franqueza, pero que detrás de ellos seré todo silencio y respeto. Nunca he criticado a ningún superior a sus espaldas y tampoco lo haré en el futuro.

El P. Kentenich formuló aquí lo que fue siempre su principio de obediencia: una obediencia basada en la franqueza frente al superior y el respeto y silencio cuando se está a espaldas de él. Esa fue también la actitud que guardó en los momentos más difíciles frente a la Iglesia, frente al Santo Oficio, cuando estaba en el destierro.

Fuera de eso, no dijo nada más a pesar de que toda su vida amenazaba derrumbarse. Diez años antes, al entrar al Seminario Menor, había llorado ante la posibilidad de no poder ser sacerdote. Ya hemos hablado de esa poesía en que se había quejado: "¿Por qué me creaste, Señor, si no vas a permitir que sea tu sacerdote?" Ahora estaba a menos de un año de su ordenación, a sólo 10 meses, y le dicen de repente que no puede ser ordenado. Y su respuesta inmediata fue: Si ésa es la voluntad de Dios, la acepto.

Al P. Kolb le impresionó tanto la actitud del P. Kentenich –no sólo lo que le dijo sobre la obediencia sino también la tranquilidad, la forma como aceptó esa decisión, sin ninguna queja, preguntando únicamente el motivo y manifestándose dispuesto a obedecer– que volvió a consultar este caso con el Consejo. Se hizo otra votación y uno de los consultores cambió de opinión, lo que dio como resultado tres votos contra dos. El P. Kentenich fue aceptado.

Como vemos, su trayectoria hasta su ordenación sacerdotal, el 8 de julio de 1910, fue bastante agitada.

d. Salida de la crisis

¿Cómo se resuelve esta crisis que viene arrastrándose desde el comienzo del noviciado? ¿Cuándo termina? En principio, en su raíz, el problema queda resuelto al decidirse el P. Kentenich a hacer su acto de entrega total a Dios y a la Virgen, poniendo en manos de ellos su vocación, su salud física y mental y aceptando hasta la posibilidad de perder la razón. Después de dar este paso, comenzó a restablecerse, poco a poco, el equilibrio interior.

Pero el verdadero fin de la crisis, dice él mismo, llegó al ser ordenado sacerdote y empezar a trabajar, primero como profesor y luego como educador, tomando contacto con la vida y con las personas. Gracias a este contacto recupera y desarrolla plenamente aquel aspecto de su personalidad que estaba trunco. Condiciones no le faltaban, sólo que hasta ese momento no las había desarrollado.

Durante su tiempo de estudio, ya la Santísima Virgen lo complementó en algo en esta línea, le ayudó a mantener cierto equilibrio. Pero el equilibrio total vino bastante después de hacer su acto de entrega: al tomar contacto con la vida, como sacerdote.

Aquí se ve, como decía al comienzo, la forma curiosa que Dios empleó para guiarlo. Dios no quiso que tuviera otros contactos humanos hondos, los suyos. Ni como niño, ni como joven, ni como amigo, tuvo alguna vinculación íntima a una persona, a un superior o a un amigo, a quien se entregara con intimidad verdaderamente honda. Recién pudo hacer esto cuando ya era sacerdote y pudo darse como padre.

Al parecer, Dios quiso que nadie influyese en él de manera esencial, si bien sus profesores y compañeros le aportaron muchas cosas, pero que no decidirían esencialmente su personalidad. Así lo quiso Dios para salvar ese mundo que llevaba dentro, desde su niñez. Por eso le permitió entrar en un contacto humano verdaderamente hondo con los demás, sólo cuando estaba ya en condiciones de dar ese mundo que llevaba en su corazón desde niño.

En esta época interviene de nuevo la Providencia. Precisamente porque él era tan débil de salud y, por otro lado, tan capacitado intelectualmente, se había pensado destinarlo para profesor y enviarlo a la universidad, como ya dijimos antes. Ya estaba tomada esa decisión cuando, por distintos motivos internos de la comunidad, se necesitó un profesor en el Seminario Menor de los Pallottinos en Ehrenbreitstein y los superiores se vieron en la necesidad de darle ese cargo. El P. Kentenich dice: Ahí intervino nuevamente la Providencia y me salvó. Pues si en ese tiempo, recién ordenado, yo hubiese partido a la universidad, pasando cuatro años en un ambiente puramente intelectual, tal vez ya no hubiese tenido salvación, por lo menos humanamente visto.

Cruz de ordenación sacerdotal en la que se lee: "Querido José, esta cruz te la regala tu madre para tu primera Misa".

Dios quiso que, después de haber pasado la dura prueba, después de haber llegado al límite de la tensión, entrara en contacto con la vida y descubriese o reconquistase allí el equilibrio que le faltaba. Después de haber pasado por esta noche de angustia que duró muchos años, el P. Kentenich sale de su escepticismo gracias a María y al contacto con la vida. El escepticismo, como dice él, se le transforma en *verismo,* frente a la verdad. Su intelectualismo se transforma en un

Las luchas terminaron cuando fui ordenado sacerdote y pude proyectar, formar y modelar en otros el mundo que llevaba en mi interior. El constante especular encontró su saneamiento en la vida cotidiana. Este es el motivo por qué conozco tan bien el alma moderna, aquello que causa tanto mal en Occidente. ¿A quién debo agradecer todo esto? Viene de arriba. Sin duda de la Santísima Virgen. Ella es el gran regalo. De este modo pude, además de la enfermedad, experimentar también en mi propia persona, y muy abundantemente, la medicina...

(Bellavista, 31.5.1949)

Yo también sé que innumerables hombres deben la transformación total de sus vidas al encuentro con Schoenstatt. Sé cómo muchos sacerdotes confiesan una y otra vez: '¡qué hubiese sido de nosotros sin Schoenstatt!' Sería una ingratitud pasar por alto este agradecimiento. Sí, también sé, y lo reconozco gustosamente, que hay pocas vidas sacerdotales tan extraordinariamente bendecidas como lo ha sido la mía. Pero agrego al mismo tiempo: todo lo que ha surgido, lo que se ha realizado a través mío y de ustedes, surgió por obra de nuestra Madre tres veces Admirable de Schoenstatt.

¿Puedo explicarles, etapa por etapa, lo que estaba ocurriendo y gestándose en detalle? En primer lugar tengo que decir: la Santísima Virgen personalmente me formó y modeló desde los nueve años. Normalmente prefiero no hablar de esto, pero creo que, en este contexto, puedo referirme brevemente a ello. Si miro hacia atrás, puedo decir: no conozco a ninguna persona que haya tenido una influencia profunda en mi desarrollo. Millones de hombres se derrumban si tienen que valerse por sí solos como tuve que hacerlo yo. Tuve que crecer en una completa soledad interior, ya que en mí debía nacer un mundo que, más tarde, tenía que llevar y transmitir a otros. Si mi alma hubiese tenido contacto con el ambiente cultural de entonces, o si alguna vez me hubiese atado personalmente a alguien, entonces no podría decir hoy, con tanta certeza, que mi educación fue obra exclusiva de la Santísima Virgen, sin ninguna otra influencia humana profunda. Sé que con ello digo mucho. Pero no crean que son sólo frases para elogiar a la Santísima Virgen. Y sé también que la Santísima Virgen ha puesto a mi disposición, de manera muy singular, su omnipotencia suplicante y su corazón maternal. Esto lo han experimentado también ustedes y lo pueden comprobar históricamente. Desde el momento en que ella se estableció en este Santuario, puso a mi disposición su poder y su corazón maternal para la obra que yo había de llevar a cabo. Y ella es también la que me regaló a todos ustedes como colaboradores. Alguna vez estudien cómo todo lo que tenemos ante nosotros nació de un profundo y sencillo amor a María.

J. Kentenich

(Bodas de plata sacerdotales, 11. 8.1935)

Seminario Menor de Ehrenbreitstein

profundo *realismo*. Y en realidad, su capacidad para captar la verdad, para captar los principios, para descubrirlos en la vida y unirlos a la vida, es extraordinaria. Y su individualismo se convierte en un fuerte *solidarismo,* no tanto en el sentido de una solidaridad como hecho, sino más bien, de una mentalidad o actitud solidaria permanente. Al Padre se le hace como segunda naturaleza, como una evidencia, la realidad de que él es solidario no sólo con la Santísima Virgen, como lo había sentido desde niño, sino también con todos los hombres que lo rodean, de tal manera que él no puede actuar si no es en un diálogo permanente con Dios y, a la vez, con los hombres que están a su alrededor. Su sobrenaturalismo, finalmente, cede el paso a un pensar y vivir orgánicos, capaces de unir en plena armonía el orden natural y el sobrenatural.

Es interesante –así dice él– que, a través de esta experiencia de haber salido de un "tunel" gracias a su vinculación a María y a todos los hombres, a la vez, él rescató su equilibrio personal y comprendió la misión de su vida. Cuando sale de este túnel, se da cuenta de que esa angustia, que esa oscuridad que le había estado destruyendo durante tantos años, es la misma que está quebrantando a muchos, que está destruyendo al mundo de hoy. Dios quiso hacerlo pasar por esa prueba y también le permitió experimentar los remedios, como lo dijo el 31 de Mayo de 1949, para que anunciase a otros lo que él vivió. Y ahora, como profesor, entre los años 1910 y 1912, empieza a revelar ya esa riqueza que había conquistado en sus tiempos de lucha. Y termina de sanar por completo. Como profesor comenzó a desempeñarse sólo en 1911, pero ya en 1910, después de su ordenación, inicia ciertas actividades pastorales junto con terminar sus estudios teológicos.

La forma en que ejerce su cargo de profesor es revolucionaria. A él nunca le gustó el kindergarten ni la escuela, porque no estaba de acuerdo con los métodos pedagógicos allí empleados. Instintivamente, sentía el valor de la libertad y que, por lo mismo, si el hombre es libre, hay que educarlo en base a libertad y no metiéndolo en moldes de conceptos memorizados y rígidos. En su tiempo todo se enseñaba de memoria y el ramo más aburrido y, a la vez más temido por los alumnos, era justamente el que le tocaba dar a él: el latín. Con sorpresa, los demás profesores se dan cuenta, poco después de que él asumió su puesto, que la única clase que los alumnos no querían perder, por ningún motivo, era la clase de latín. ¿Qué ha sucedido?

Mirando hacia atrás, el P. Kentenich dice que, para él como profesor, había algo que se le había hecho evidente a través de sus luchas. Es lo que ya explicamos al hablar de su "solidarismo": el Padre no puede estar frente a otros hombres sin sentirlos como "partner", como compañeros de trabajo, como colaboradores. No puede trabajar con otros como si fueran cosas. El mismo no puede ser fecundo si no

Desde que la Familia nació, mi más importante propósito fue conservarla en íntima vinculación con la Santísima Virgen. De ahí que años más tarde a menudo anunciaba cursos sobre distintos temas, pero al final no me decidía a dictarlos, porque desde lejos creía descubrir pequeñas nubes que indicaban el peligro de que la Familia, si bien no perdiera, al menos debilitara su raíz y tierra madre: el amor a María. Así ha de entenderse la palabra: Servus Mariae numquam peribit. En toda mi actividad nunca puse a mi persona ni a mis propios proyectos en primer plano sino que siempre a la Santísima Virgen en su ser, en su misión y en su obra; más tarde por supuesto en unión con Schoenstatt, como lugar y familia. Recién la visitación y la polémica que ésta desató en torno a mi persona me hicieron ver conscientemente a ésta en su carácter original, en su posición y misión. Al analizar los planes divinos con mi persona en estos años, siempre lo hice íntima y profundamente unido a la Mater ter Admirabilis en el fondo de mi alma, aun aquellas veces en que exteriormente no lo señalase. Tan marcadamente se desarrolló en mí la conciencia de misión y de instrumento de María. Resumiendo: los dos aspectos que quería corroborar son: soledad y conciencia de instrumento de María.

(Bausteine, 1955)

J. Kentenich

se abre a los otros como personas, si no se encuentra con hombres que reaccionen como personas. Si no es así, no se despiertan en él fuerzas creadoras.

Una persona me contaba que al P. Kentenich le costó mucho predicar a los negros en Sudáfrica, pues son muy distintos a los negros de América Latina. Por ejemplo, en Brasil, los negros tienen una cara extraordinariamente viva, unos ojos que bailan, con una vitalidad impresionante. El negro sudafricano, el pueblo sencillo, ha vivido siglos en una situación de gran opresión; ha sido tratado como cosa y parece que se muestra como un pueblo triste, apagado. Por lo menos, así se da en público, frente a los blancos.

Pues bien, al P. Kentenich le cuesta predicar cuando la gente no le sigue, si no capta sus palabras, si no se ríe. Alguien me contó que una vez asistió a un retiro que predicaba el Padre Fundador. Les empezó a hablar de un tema y, a los 10 minutos, cambió siguiendo con algo enteramente distinto. Al poco tiempo, volvió a retomar otro tema nuevo. Esta persona había ido con el propósito de escuchar a este gran predicador y se encontró con que no tenía ninguna línea, con que se saltaba de un tema a otro, sin ninguna continuidad. Años después, le preguntó una vez al P. Kentenich qué le había pasado en esa oportunidad y él le explicó: "Yo no puedo trabajar si no siento que los demás están colaborando conmigo. Seguramente en ese retiro tomé un tema y me di cuenta que no les decía nada, que no era vital para quienes escuchaban y por eso lo cambié. Muchas veces me pasa así, que no puedo seguir al no encontrar eco".

Y esto le había sucedido en África. Los negros se mostraban muy pasivos, no reaccionaban a sus palabras, ni se reían con sus chistes. Y eso le hacía sumamente difícil predicar pues, por más que buscaba contacto vital, éste no se producía.

1910

Al tomar el puesto de profesor de latín, el P. Kentenich dice: "He de trabajar en colaboración con mis alumnos. No puedo limitarme a dictar, para que ellos copien y se aprendan las cosas de memoria. Si no se establece un contacto vital entre mis alumnos y yo, no podré actuar". La solidaridad, la necesidad de solidaridad, era en él como una segunda naturaleza. Y empezó con su sistema de clases activo, comenzó a aplicar toda su pedagogía dinámica y dividió a la clase en equipos. Donde él estaba, sentía la necesidad de crear comunidad y de despertar iniciativas. Se entablaron competencias entre los distintos grupos y les daba tareas de actividad para que ellos mismos fueran descubriendo las cosas. Nunca les enseñó las leyes gramaticales como fórmulas aprendidas de memoria, sino que los obligó a descubrirlas. No empleó para nada aquel aparato pedagógico heredado de la tradición y tuvo un éxito extraordinario.

Vista general de Schoenstatt

Vista del Seminario Pallottino

e. El fruto de los años difíciles

Cuando en 1912, providencialmente es trasladado de Ehrenbreistein a Schoenstatt, el P. Kentenich afirma que en esa época él ya estaba "listo", es decir, que había alcanzado ya la plena armonía de su personalidad. Después de estos dos años de contacto con la vida, que siguieron a su ordenación sacerdotal, sus crisis fueron superadas y él poseía ya, como persona, todo lo que debía entregar a los demás. En esa época, tiene 27 años.

¿En qué consistía este "estar listo" de que él habla? Hemos visto que el P. Kentenich ha superado su escepticismo, ha conquistado una actitud fundamental de verismo, de realismo, de solidarismo; que ha logrado una plena armonía entre lo natural y lo sobrenatural y un cobijamiento total en Dios. Es decir, se recuperó en forma probada; esa filialidad que poseía desde su infancia, ya la complementó con un contacto vital muy fecundo con los hombres. En este momento ha quedado preparado para ser padre porque está uniendo los dos polos, porque está anclado plenamente en Dios, interiormente y como sacerdote, y ha conquistado o actualizado toda esa capacidad de contacto humano que poseía y que durante muchos años estuvo en él como dormida, como atrofiada.

El cobijamiento en Dios que conquistó a través de su crisis, fue tan definitivo, tan radical, que perdió el miedo para siempre. Desde que superó esta crisis, el P. Kentenich nunca más tuvo miedo ante nada. Quedó tan anclado en Dios que se convirtió en una roca, en un puntal para todos los hombres que se apoyaron en él, en un dique contra el cual podían chocar, sin romperlo, todos los acontecimientos de la historia. Después de haber pasado por esas angustias que lo llevaron casi a la locura, el P. Kentenich venció definitivamente el miedo y en forma tal que la única cosa que después lo sorprendería en su manera de ser era justamente este hecho de no tener nunca miedo. Es interesante que, después de haber ofrecido a Dios la posibilidad de perder la razón –ya que era tanta su angustia– no volvió a sentir jamás ni angustia ni miedo en su vida. No sintió miedo cuando estuvo en el campo de concentración; no sintió miedo cuando su obra corrió el peligro de ser prohibida por el Santo Oficio; no sintió miedo nunca.

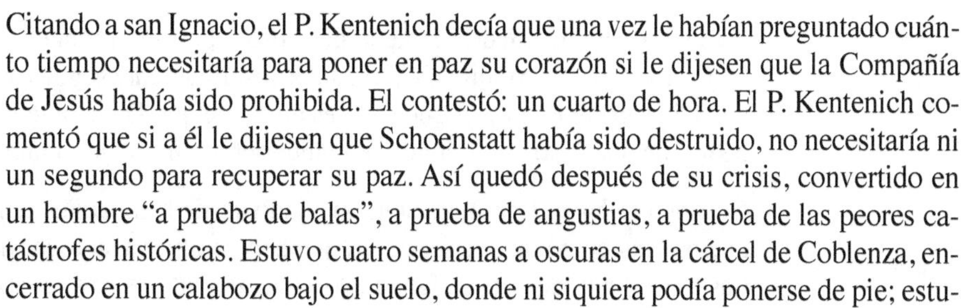

Citando a san Ignacio, el P. Kentenich decía que una vez le habían preguntado cuánto tiempo necesitaría para poner en paz su corazón si le dijesen que la Compañía de Jesús había sido prohibida. El contestó: un cuarto de hora. El P. Kentenich comentó que si a él le dijesen que Schoenstatt había sido destruido, no necesitaría ni un segundo para recuperar su paz. Así quedó después de su crisis, convertido en un hombre "a prueba de balas", a prueba de angustias, a prueba de las peores catástrofes históricas. Estuvo cuatro semanas a oscuras en la cárcel de Coblenza, encerrado en un calabozo bajo el suelo, donde ni siquiera podía ponerse de pie; estuvo en un campo de concentración, estuvo varias veces a punto de ser llevado a la cámara de gas y nunca sintió miedo.

Y no sólo no sentía miedo sino que irradiaba a su alrededor esa paz que conquistó a través de su crisis. Por eso él atraía, porque uno sentía instintivamente que era capaz de apoyar a otros. Así, a un mundo lleno de angustias, lleno de miedo como el nuestro, Dios quiso regalarle como luz, como padre, como apoyo, a un hombre que venció el miedo.

El P. Kentenich contó al P. Menningen que, en su vida posterior, lo único que le quedó de las angustias pasadas era un pensamiento que le venía de tiempo en tiempo, cuando tenía que tomar a solas una decisión muy difícil o estaba enfrentándose a un problema del cual dependía la vida de miles de personas, como fueron todos los problemas que se jugaron en Schoenstatt a partir de 1949, en las dificultades con el Santo Oficio. En esos momentos, cuando se le presentaban problemas gravísimos, lo único que le pasaba por delante, como una sombra de inquietud, era la pregunta: ¿por qué no tengo miedo? Y se decía: cualquier otro hombre en una situación semejante a la mía estaría angustiado. Sin embargo, yo no siento la menor angustia. ¿No me iré a volver loco...? Esa pregunta que se le presentó en su crisis de joven, volvía a repetirse después, pero no ya como algo que le angustiara sino más bien como el deseo de inquirir: ¿Qué tipo de hombre soy yo? ¿Cómo no me angustio? ¿Cómo no tengo miedo? ¿Por qué soy tan distinto a los demás? ¿Cómo puede ser que un hombre no tenga miedo?

Pero, a pesar de ser así o, mejor, precisamente porque él era así, el P. Kentenich siempre decía que admiraba enormemente a la gente que tenía miedo; que los admiraba por la fidelidad de que eran capaces, por la forma en que luchaban contra su miedo. Es verdad que él también tuvo grandes miedos cuando joven. Durante muchos años pensó que podría volverse loco. Y su paz la conquistó luchando y venciendo el miedo. No le fue regalada gratuitamente. Por eso, más tarde, poseyendo ya esa gracia de un reposo total en Dios, admiraba y se enternecía ante las personas que sufrían de miedo y angustia. Bien sabía él lo que eso significaba y, por lo mismo, deseaba ayudarlas a llegar a la misma paz de la cual él gozaba.

Y fue esa falta de miedo lo que le permitió seguir la voluntad de Dios con una libertad total, pues no temía nada y estaba absolutamente seguro, por experiencia, de que Dios era su Padre, de que Dios es amor, de que Dios ya le había salvado de lo peor y de que todo lo que pudiera mandar en el futuro sería también para su bien.

Cuando estaba en Roma, habiendo viajado desde Milwaukee, en los momentos en que parecía como un hecho seguro que debía volver a su lugar de destierro, mientras todo el mundo corría afanado y sus colaboradores se angustiaban y desanima-

ban, el P. Kentenich permanecía absolutamente tranquilo. Y cuando le preguntaban: Padre, ¿y si mañana le dicen que vuelva de inmediato a Milwaukee? El respondía: "Aunque me digan que me vaya a la luna, también allá dormiría tranquilo". Nunca perdió el sueño por un problema. Desde su crisis de juventud conquistó un cobijamiento tan grande en el corazón del Padre Dios que quedó capacitado para cobijar en su propio corazón a todos los que se le acercaran buscando apoyo. Después de la prueba, su corazón de hijo se ha consolidado como tal y se ha convertido en un corazón de padre.

Antes de terminar de describir esta etapa, todavía dos anécdotas que revelan algunas facetas de la personalidad del P. Kentenich en esos años.

En su tiempo de estudiante, antes de entrar al noviciado, el profesor de música decidió seleccionar a aquellos alumnos mejor dotados, para darles clases especiales de piano. El P. Kentenich tenía buen oído y buena voz y le gustaba mucho la música. En el Seminario fue siempre uno de los solistas que cantaban la Pasión en Semana Santa. El profesor lo escogió a él y a otro alumno. Pero cuando el P. Kentenich vio que sólo eran dos los privilegiados, no aceptó. Nunca en su vida aceptó trato privilegiado alguno. No le gustaba que lo destacaran y se resistía y negaba a participar en cosas en que no entraran todos. Por esto, también debe haberle dolido el régimen excepcional a que lo obligaba su mala salud.

1900

Algo semejante ocurre cuando es profesor. El despertó mucho entusiasmo en los chiquillos, no sólo por sus clases sino también por su persona. Sin embargo, en este tiempo, nunca tuvo contacto con los estudiantes fuera de su clase, porque él había sido nombrado únicamente como profesor de latín y eran otros sacerdotes los encargados de la educación o formación de los jóvenes. Además, tenían un director espiritual. Por eso, fuera de sus clases, se desempeñaba como sacerdote, confesando en distintos lugares y prestando ayuda en parroquias. Pero nunca quiso intervenir en lo que no le correspondía. Terminada la clase, se iba inmediatamente y no conversaba con nadie en el campo propio de otros sacerdotes.

Una vez, un chiquillo quiso conversar con él a toda costa. Fue a su pieza llevando un rosario para que se lo bendijera. Esperaba que ésta podía ser la oportunidad para hablar con él. El P. Kentenich le preguntó qué deseaba. El respondió: "Que me bendiga el rosario". Se lo bendijo y lo despidió con un breve: "Buenas noches". Se negó terminantemente a entrar en un contacto más profundo porque eso no le correspondía.

En cambio, cuando fue nombrado director espiritual en Schoenstatt, vio claro que ahí estaba la voluntad de Dios y que ahora sí debía entregarse en cuerpo y alma a los jóvenes. Y así lo hizo.

El P. Kentenich era una persona que no trataba de ganarse a la gente o de buscarlas para sí. Lo único que le interesaba era cumplir la voluntad de Dios. Por eso, si Dios le pedía que diera clases de latín, las daba y se limitaba a eso. Cuando Dios claramente le confía personas para que las forme, entonces ahí se da por entero.

La "Casa Antigua" en Schoenstatt

roca

invicta permanencia del amor primero...
pasan las canciones de la mentira,
pasan los gritos de la rabia,
pasan las lluvias sin margen,
nadie horada tu fortaleza,
roca sin desgaste de su porte,
roca cortada de la Roca de Cristo,
piedra de fundamento sobre
/ la Piedra Angular,
invicta permanencia del amor,
densidad del tiempo,
subimos la casa sobre tus hombros
y la techumbre abriga sin temor
/ a los hermanos;

guerra, exilio, cárcel del hambre,
calumnia, olvidos, lisonja,
no movieron tu vigilancia,
roca más fiel que todas las muertes,
voz del Verbo verdadero
invicta permanencia del fervor.

P. Joaquín Alliende L.

CAPÍTULO SEGUNDO

LA PATERNIDAD ESPONTÁNEA 1912 - 1926

SEGUNDA ETAPA

1. SENTIDO GENERAL DE ESTA ETAPA

1.1. Su inicio y significado

El P. Kentenich ya era sacerdote. Hemos visto su evolución y conocemos el mundo que desde niño trae en su corazón. Sueña con un hombre nuevo, con una nueva manera de ser cristiano, con un nuevo tipo de comunidad. Está convencido de que la Virgen tiene una gran misión frente a la Iglesia y al mundo de nuestro tiempo. Pero no sabe cómo ella va a realizar esa misión ni qué papel le va a corresponder a él en relación a esta misión.

Durante bastante tiempo pensó que si mejoraba su salud sería enviado a África como misionero. Pero no ocurrió así; debido a su mala salud tuvo que quedarse en Alemania. Fue profesor y confesor. Le agradaba mucho confesar. Pero no sabía cuál sería su camino definitivo. Era un hombre muy anclado en Dios, dotado de grandes capacidades, que llevaba todo un mundo dentro de sí, pero no sabía aún lo que Dios quería de él.

Su camino se empieza a precisar cuando, en 1912, de una manera providencial, y casi por casualidad de parte de las autoridades de su comunidad, es nombrado director espiritual del Seminario Menor en Schoenstatt. Dos antecesores se habían enfermado y como única salida lo eligen a él, a pesar de su juventud. La situación es muy delicada, pues reina un ambiente de rebeldía, de insurrección, de revolución, de parte de los estudiantes frente a las autoridades. Se necesita con urgencia un buen director espiritual y, como no hay otro, mandan al P. Kentenich.

Y aquí comienza la historia de la *paternidad espontánea*. Coincide con el inicio del primer hito en la historia de la Familia. Pero el primer hito abre un período que llega hasta 1942. Nosotros en cambio lo hemos dividido en dos etapas: la de la "paternidad espontánea", hasta 1926 y, a partir de entonces hasta 1942, la etapa que hemos llamado "paternidad consciente y fuerte".

Pero, ¿qué significa "paternidad espontánea"? Es un nombre inventado por mí. Significa que, en ese tiempo, el P. Kentenich no busca conscientemente ser padre ni tampoco tiene conciencia de que Dios le pide ser padre. Para él está claro el mundo que lleva dentro, lo que necesita la Iglesia y el mundo de hoy y que lo único que quiere es cumplir la voluntad de Dios, el plan de Dios para con él. En la medida en que va respondiendo a este plan divino, irá siendo padre. Pero él no se ha propuesto reflexivamente ser padre. Lo único que le interesa es ser fiel al plan divino y, en la medida en que se esfuerza por esa fidelidad, irá transmitiendo la vida que Dios quiere comunicar a los hombres por su intermedio. Los hombres le van sintiendo padre, pero sin tomar conciencia todavía de que ésa es la gran línea de su personalidad y de su tarea.

1.2. Los tres caminos hacia la paternidad de Dios

Repetidas veces el P. Kentenich se ha referido a la existencia de tres caminos posibles para crear las vivencias naturales que son el presupuesto normal *(preambula fidei irrationabilia)* para el encuentro con Dios como Padre.

1. ***Un primer camino es a través de la vivencia de la paternidad de Dios en alguna persona humana que nos la refleje.*** El dice que éste debería ser el camino normal según la voluntad de Dios. El sentido del padre humano en la propia familia, según el plan de Dios, es ése: hacernos experimentar la paternidad de Dios en forma sensible. Pero, además del propio padre, en nuestras vidas puede haber muchas personas que cumplan una función de tipo paternal; puede ser un hermano mayor, un tío, el abuelo, un sacerdote, el director espiritual, un amigo mayor, etc., que nos apoye y oriente. En resumen, puede ser una persona humana que nos haya reflejado en algo el rostro de Dios.

2. ***Un segundo camino es por ausencia o por vacío.*** Muchas veces, dice el P. Kentenich, hay personas que no han tenido a nadie que sea un verdadero padre para ellas y, precisamente, esa soledad en que han vivido, esa falta de apoyo y de cobijamiento humano, en lugar de quebrarlas, enciende en ellas un hambre tan grande de paternidad, tal vez con mucha angustia y dolor, que las lleva a buscar en Dios lo que no encontraron entre los hombres. Hay hombres que, precisamente por su vacío humano de paternidad, aprendieron la importancia de tener un padre y lograron encontrar muy profundamente a Dios como Padre, justamente por la carencia de un padre humano.

Todos deben encontrar en mí un hogar y para ello yo debo tener mi hogar en Dios. Si Dios no me concedió tener un hogar en mi infancia y juventud, si tuve que renunciar a un hogar, entonces con mayor desinterés y alegre disposición al sacrificio consumiré mi vida para ofrecer, en lo posible, un hogar a muchas personas, a través de mi propio ser, de mi vida y de mi amor.

(Aforismos. Para un mundo del mañana.)

J. Kentenich

3. ***Hay un tercer camino todavía: existen hombres que encuentran a Dios como Padre en la medida en que ellos mismos van siendo padres para otros.*** Sucede a veces que personas muy solas, que nunca han experimentado cobijamiento en una personalidad paternal, deben asumir un trabajo de responsabilidad frente a otros. Por ejemplo, en un colegio; o porque la nombran jefe de grupo o asesor de scouts o de la Acción Católica. Allí empiezan a desplegar una función paternal y comienzan a sentir, poco a poco, la confianza que otros van depositando en ellos. Ese trabajo los va haciendo madurar, les ayuda a sentirse plenos y les enciende una luz que les permite descubrir que esa misma confianza filial, que tienen ante ellos aquellos que se les entregan, es la actitud que ellos mismos deberían tener frente a Dios. Y por otro lado, la preocupación y el cariño que ellos mismos sienten por sus hijos espirituales, les ayuda a descubrir el amor paternal que Dios tiene por ellos. Así comienza a producirse un encuentro con Dios como Padre a través del despliegue de la propia paternidad.

El P. Kentenich confiesa que su camino fue este último. Es decir, cuando él comienza a trabajar, empieza a desplegar su paternidad sin tomar conciencia de ello. La Virgen le había mostrado el rostro de Dios como el de un Dios de amor, como el de un Dios que lo salvó, pero aún no está marcado en él ese rostro de un Dios que es Padre. Si uno lee sus primeras pláticas, se da cuenta de que muchas veces habla de Dios, del amor de Dios, de la bondad de Dios, pero ese Dios no lleva todavía el nombre de Padre con la fuerza que recibirá más tarde. En todo este tiempo, el P. Kentenich se siente muy niño y, como lo hemos visto, crece mucho en su filialidad. Pero esta filialidad se despliega conscientemente más bien frente a la Santísima Virgen, frente a la Madre.

El P. Kentenich necesitó varios años, en concreto catorce, de una actividad sacerdotal intensa para ir madurando hasta alcanzar una paternidad reflexiva. Después de esos catorce años, de pronto toma conciencia de lo que le ha ocurrido: de que entre tanto, se ha ido convirtiendo en padre. Y esa misma experiencia personal le revela el rostro de Dios como Padre. Entonces toma conciencia de que su tarea es ser padre, siempre y sólo padre, y anunciar también a Dios como Padre.

Pero, durante toda esa primera época de su actuar sacerdotal, va ejerciendo su paternidad en forma vital, sin conciencia de ello y se va preparando así para comprenderla plenamente más adelante y encontrarse vitalmente, de una manera más honda, con el Padre Dios.

1.3. Las grandes cualidades del P. Kentenich

En esta etapa se manifiestan principalmente dos características centrales de la personalidad del P. Kentenich. En primer lugar, aparece como el hombre de la Divina

Providencia, como el hombre de la fe práctica en la Divina Providencia. Por eso ha llamado al primer hito de nuestra historia: "Vivir en la luz divina".

Por otro lado, se nos presenta en estos años como un maestro en captar y orientar inquietudes humanas. Es decir, aparece como el hombre capaz de unir dos polos de la paternidad: estar totalmente sumergido en Dios, a través de la fe práctica y filial en la Divina Providencia y, a la vez, en un contacto vital muy estrecho y cercano con los hombres. Ello le permite hacer de conducto transmisor de la vida divina a los hombres.

1912

El resultado de esto es que el P. Kentenich se muestra, en estos años, como una personalidad extraordinariamente creadora. A través de este contacto íntimo con Dios y de su cercanía a los hombres, se va revelando como una personalidad fuertísima, que corresponde a lo que, más tarde, él mismo va a llamar o definir como "el hombre creador de historia, forjador de historia".

2. EL GRAN PEDAGOGO Y EL MAESTRO DE LA VIDA

2.1. Origen de sus dones pedagógicos

Veamos, en primer lugar, algo sobre su talento pedagógico, sobre su capacidad para captar inquietudes vitales.

El P. Kentenich recibió dicha capacidad de dos fuentes. En primer lugar, de su estructura personal que lo disponía para captar los procesos de vida con mucha fineza y sensibilidad. Dios le otorgó una sensibilidad enorme para captar lo que la gente piensa. Recordemos el ejemplo de aquella plática en que, en la mirada de sus oyentes, iba tanteando qué tema encontraba eco en ellos. Tenía una sensibilidad inmensa para darse cuenta de lo que vibraba en el corazón de los otros. Pero, además de esa estructura suya, la experiencia de su crisis de juventud fue también un valioso aporte para acrecentar esta capacidad de contacto humano.

En esa experiencia sufrió tan a fondo, y como una síntesis, todos los problemas que desgarran el alma del hombre de hoy, que esa experiencia le permitiría después ponerse fácilmente en la situación de aflicción interior en que se encontraba el otro.

Se suele resaltar elogiosamente cuántas horas pasó el santo cura de Ars en el confesionario. Hasta se ha tratado de contarlas. Si se tratase de calcular todo el tiempo que a lo largo de mi vida dediqué a las almas –siempre con el mismo interés, día y noche, infatigablemente– sería una suma sorprendentemente grande…

San Pablo, en la madurez de su vida, tenía una sola gran pasión: Dios y las almas. Como se puede ver en sus cartas, todo lo demás pasó para él notoriamente a segundo plano. Así se entiende su programa de vida: ómnibus omnia, o bien, omnia instaurare in Christo (Ser todo para todos, o instaurar todo en Cristo). Algo de esta pasión me fue concedido también a mí…

(*Estudio*, 1960)

Debo confesar abierta y sinceramente: veo que la tarea que Dios me confió es conducir a innumerables hombres hacia la entrega total al Dios eterno e infinito, y hacer que se arraiguen en el mundo y en la realidad sobrenatural. O si ustedes quieren, ayudar y apoyar a todos los hombres, en primer lugar a los miembros de nuestra Familia, para que sean hombres marcadamente sobrenaturales, hombres "del más allá". De esta manera pongo de relieve la tarea especial que Dios confió no solamente a mí, sino a todos los que trabajan conmigo como Jefes de la Familia.

(*Conferencia en Dachau*, 16.7.1967)

Toda mi pasión, que día y noche me acompaña, es siempre y únicamente: ¿cómo puedo servir a mi séquito, a los míos? Y cuando sea el momento, entonces me retiro.

(*Aforismos, Para un mundo del mañana*)

(En un escrito en su defensa, hablando de sí en tercera persona, expresa:)

A lo largo de toda su vida tuvo ante sí un único gran ideal: Dios y las almas. Todo lo demás era para él secundario, y se ordenó y subordinó consecuentemente en función de esta gran idea de su vida. Siempre se trataba de abrir el alma para Dios y conducirla a una vinculación inseparable con él. Pero para ello, era necesario cuidar de que el alma, en lo posible hasta en las últimas profundidades, se abriera y permaneciera abierta para Dios y lo divino. A esto le dio suma importancia desde el primer momento de su actividad educativa (desde 1912), anticipando a la vez con mano audaz y segura la problemática de la vida sicológica. Por lo tanto, una década antes de que la opinión pública comenzase a ocuparse de estos problemas. Desde 1919 la Divina Providencia amplió su círculo de acción y de influencia. Y, desde entonces, año tras año esto se dio en medida creciente. Es así como innumerables personas de todos los estados y clases, de todas las edades y sexos, se le abrieron ampliamente. Día y noche -puede decirse con razón- vivió y trabajó así en su particular y secreto taller exclusivamente para las almas. Jamás se cansó de acoger en sí sus secretos y de tantear los caminos hacia Dios, ya se tratase de almas sanas, o enfermizas y patológicas, o con gracias místicas, o almas llamadas a escalar las alturas de la santidad por el lento camino de la montaña. Cada vez le fue más y más claro que sólo el alma que se esfuerza por vincularse interior y profundamente con Dios hasta las últimas profundidades, es capaz de resistir las tormentas de los tiempos desarraigados y sin vínculos que se acercan, y de permanecer firme, con raíces auténticas y fuertes.

J. Kentenich

(*Estudio*, 1962)

2.2. La situación pedagógica del Seminario Menor Pallottino

Esta capacidad suya para captar a la gente que le rodea se muestra clarísima en 1912. No repetiré los hechos históricos porque son conocidos; por lo menos, la situación general de entonces. En 1912, se han trasladado a Schoenstatt los cursos superiores del Seminario Menor pallottino que estaban todavía en Ehrenbreitstein. Los cursos menores se habían cambiado antes. Y al trasladarse a la casa nueva que construyeron los Pallottinos en Schoenstatt, comienzan a sufrir los rigores de un reglamento también nuevo, que era bastante estricto, bastante más que el que se aplicaba en Ehrenbreitstein. Iba en la misma línea pedagógica del internado donde había estado el P. Kentenich cuando niño: un reglamento con una disciplina drástica y que incluía los azotes como medio pedagógico esencial. Continúa una serie de disposiciones que sublevaban a los muchachos. Desde luego, como en todos los otros seminarios menores, se prohibía drásticamente toda amistad personal entre ellos.

El P. Menningen cuenta que debían limpiar una gran sala en el primer piso. Esa sala tenía ventanas que llegaban hasta el suelo, unas seis puertas-ventanas. Saliendo por ellas se llegaba a un arroyo, distante unos cinco metros de la sala, del cual se podía conseguir el agua necesaria para trapearla. Sin embargo, les prohibían salir por esas puertas pues, teóricamente, eran ventanas y tenían que dar la vuelta por el otro lado haciendo un camino de unos 40 metros para ir a buscar el agua y volver por allí mismo con los baldes llenos y pesados.

Había una serie de cosas por el estilo. Todo estaba reglamentado, hasta los detalles más pequeños del día. Y esto "volvía locos" a los estudiantes. A causa de ello, comenzó una tensión muy fuerte entre ellos y los profesores y empezaron a aparecer papelitos de protesta –en ese tiempo no se podía hacer movimientos de protesta como actualmente– que decían: "Queremos la libertad que gozaron nuestros padres o nuestros mayores". Por todas partes aparecieron papelitos así. La situación era muy tensa y se necesitaba alguien que viniese a resolver el problema.

El P. Menningen cuenta una impresión que tuvo cuando llegó en ese tiempo al seminario, con 12 o 13 años de edad. De pronto entra a la sala de clase el Padre Prefecto. Golpea la puerta y aparece acompañado de un Hermano que tenía una varilla en la mano. Todos sabían ya de qué se trataba. Llama a dos alumnos: "X y Z... ¡de pié!". Se paran los dos. "Ustedes han tenido *amistad particular*"

La gravedad de esa acusación sonaba semejante a la de un gran delito. Todos se encogen de miedo en sus asientos. Los dos niños acusados se toman de sus pupitres. El Padre Prefecto les ordena: "¡Adelante!". Los alumnos no obedecen y se ponen a chillar agarrados de sus escritorios. El Hermano de la varilla avanza, los arranca

Seminario Mayor Pallottino

del escritorio en medio de sus gritos –que a los demás se les quedan grabados para toda la vida– los lleva adelante, se sienta en una silla frente a todo el curso, los pone sobre sus rodillas y les empieza a dar varillazos.

Para un chiquillo de 11 años todo esto significaba un ritual impresionante: la acusación ante el curso, la gravedad de ese "crimen" del que se les acusa –ser demasiado amigos entre ellos– por los peligros que esto encerraba para su vocación y para su pureza, según el criterio de aquella época; la llegada de ese Hermano macizo, grande, imponente, con una varilla en su mano.

2.3. El educador de la libertad

El P. Kentenich, al llegar a Schoenstatt, tiene que captar a estos muchachos que pasan por una crisis de gran rebeldía frente a sus superiores. El ya conoce ese sentimiento. Justamente por esa causa se escapó dos veces del internado en que estuvo cuando niño. Ahora, aquí, frente a estos jóvenes revolucionados, se mostrará como un maestro en captar su confianza.

Primero la capta por su disponibilidad. Conocemos la plática que dio el 27 de octubre de 1912, el Acta de Prefundación. Allí les da a entender a los jóvenes que ese nombramiento es una sorpresa mutua: ni los estudiantes esperaban que llegara un sacerdote tan joven como él, ni él mismo se había imaginado en tal puesto. Para él fue una sorpresa que le cambió todos sus planes. No había pensado en ser educador de esa manera, pero Dios así lo quiso y ahora han de adaptarse mutuamente. Les dice:

> Y ahora me han nombrado director espiritual, sin que haya hecho absolutamente nada para ello. En consecuencia, debe ser voluntad de Dios. Por eso acojo esta voluntad firmemente decidido a cumplir del modo más perfecto mis deberes para con todos y cada uno de ustedes. Por lo tanto, me pongo enteramente a su disposición, con todo lo que soy y tengo, con mi saber y mi ignorancia, con mi poder y mi impotencia, pero, sobre todo, les pertenece mi corazón.
>
> Espero que nos entendamos bien. Espero que haremos todo lo posible por alcanzar, del modo más perfecto, el fin común que nos hemos propuesto. ¿Cuál es, entonces nuestro fin? La pregunta es importante, porque de su respuesta dependen nuestras relaciones en el futuro. Por eso les respondo clara y brevemente:
>
> Bajo la protección de María, queremos aprender a educarnos a nosotros mismos, para llegar a ser personalidades firmes, libres y sacerdotales. (...) Queremos aprender. Por tanto, no sólo ustedes sino también yo.
>
> (Acta de Prefundación, 27.10.1912)

Su programa no es: yo los voy a educar, sino que "bajo la protección de María, queremos aprender a educarnos a nosotros mismos para ser personalidades libres, firmes, sólidas y sacerdotales".

Los jóvenes sienten en el P. Kentenich esa voluntad de entrega; sienten en él ese "solidarismo", esa actitud de "no puedo trabajar solo, tengo que trabajar en común", y, desde un comienzo, se dan cuenta especialmente de que él les capta lo más querido que tienen: su anhelo de libertad.

El P. Kentenich a su vez descubre, a la luz de su fe práctica en la Divina Providencia, que ese parece ser el lugar donde Dios quiere que eduque el nuevo tipo de hombre con que sueña, el hombre mariano, el hombre libre, magnánimo, que se decide siempre por un ideal, por un convencimiento interior, por un amor que lo impulsa y no por normas, por temor o por costumbre; ese nuevo tipo de hombre que, junto con ser plenamente libre, es plenamente comunitario.

Funda una Congregación Misional por medio de la cual quiere captar el anhelo de actividad, de creatividad de los muchachos. Estos crean una revista, juntan dinero para las misiones, empiezan a trabajar en cosas de este tipo y a desplegar activamente todas esas fuerzas que pensaban que el reglamento de la casa no les permitiría nunca desarrollar.

Así comienzan a sentir que, en torno al P. Kentenich, se va creando un pequeño reino de libertad, algo totalmente nuevo, que nunca habían experimentado antes.

Es necesario comprender el ambiente de la época para entender las críticas que por todo esto se comienza a hacer al P. Kentenich, críticas que, hoy día, nos parecen ridículas. Por ejemplo, el profesor de música protesta porque cuando los jóvenes se reúnen con el P. Kentenich cantan cantos que no han ensayado con él en clase y que, por consiguiente, salen mal y desafinados. Es decir, los jóvenes ni siquiera podían cantar cuando tenían ganas de hacerlo, cuando no habían ensayado previamente; no podían hacerlo porque el canto no les saldría perfecto. Y el profesor de alemán también protesta porque en las reuniones con el P. Kentenich, los jóvenes no se limitan a escucharle, como se pensaba que correspondía, sino que también participan y exponen sus ideas propias, lo que no saben hacer en un alemán literalmente correcto. Por lo mismo, se consideraba que estaban estropeando el idioma. Los alumnos debían escuchar a su profesor y aprender a hablar como se debe y, solamente cuando habían preparado algo por escrito y el profesor lo había corregido, entonces podían hablar en público. Algunos profesores se escandalizaron más todavía al saber que, en realidad, en las reuniones que organizaba el P. Kentenich, todos hablaban más que él pues trataba que ellos mismos descubrieran las cosas y manifestaran su parecer. Todo esto era algo incomprensible en ese tiempo.

Los jóvenes se van entusiasmando con esta libertad que encuentran en torno al P. Kentenich. Primero, él les hace sentir que valora su anhelo de ser libres. Luego, les empieza a mostrar que ser libre no significa necesariamente ser rebelde; les hace ver que entre libertad y obediencia no hay oposición y que el hombre libre es el que sabe obedecer libremente, el que sabe por qué obedece, por qué hace las cosas. Así empieza a inculcar a los jóvenes su gran idea: el peligro en que se encuentra el hombre de hoy de colectivizarse, de ser hombre masa y por eso la necesidad de formar personalidades libres.

José Engling

El hombre verdaderamente libre es el que se posee a sí mismo, el que sabe por qué actúa. Por eso puede ser libre también cuando obedece, si sabe hacer suyo el reglamento, si ve en ello la voluntad de Dios. El hombre libre aprovecha las pruebas y las cosas que no le gustan para crecer interiormente, para desarrollar su carácter. No las toma como algo impuesto, sino como algo que él es capaz de aceptar, que constituye para él un desafío para desarrollar su personalidad. El hombre puede ser libre en la obediencia y también en la opresión o en medio de un ambiente que lo contraríe. El P. Kentenich les va explicando así el verdadero sentido de la libertad.

El primer eslogan que surge entre los jóvenes es el del hombre masa, que todos repetían a coro: *"Hombre masa es el que hace lo que todos hacen, porque todos lo hacen"*.

Es interesante observar en detalle cómo educaba el P. Kentenich para la libertad. Los jóvenes vivían en dormitorios comunes. Allí, después de cierta evolución personal, José Engling decide rezar cada noche hincado junto a su cama. Se hinca, se persigna y reza. Al principio hubo risas y burlas. Se lo cuentan al P. Kentenich y él lo apoya. Al poco tiempo, ya son dos los que rezan, luego tres, cuatro, diez, los que empiezan a rezar en el dormitorio. La costumbre sigue extendiéndose hasta quedar sólo unos dos o tres que no lo hacen. Y para gran sorpresa de todos, el P. Kentenich, en una de sus pláticas, empieza a elogiar a los que no rezan porque son hombres libres y no se han dejado arrastrar por la masa, por la corriente de moda. Y así como al principio apoya a José Engling, apoya después a los otros.

Lo mismo ocurre al ir desarrollándose la Congregación Misional. El P. Kentenich se preocupa de ir estimulando más y más los anhelos religiosos que van surgiendo de los jóvenes hasta que esta Congregación Misional se transforma en una Congregación mariana. Pero ese paso significó una "guerra a muerte" entre dos bandos, entre el bando que había captado más lo religioso y el de los que tendían a un activismo más bien extremo.

1915

Al comienzo, la Congregación Misional estuvo dividida en dos ramas: la rama eucarística, que era más religiosa, y la rama misional, que era más activa, que vendía revistas misionales y se preocupaba de todo este tipo de trabajo.

De la rama eucarística que se interesaba más por la vida religiosa, nació la inquietud de formar una Congregación Mariana. Luego surgieron tensiones entre las dos y, como siempre, el P. Kentenich estimuló las tensiones.

Los jóvenes sabían que al P. Kentenich no le interesaba imponerles un molde sino que, en primer lugar, deseaba estimular la libertad de cada uno. Por eso, cuando se forman dos bandos que piensan distinto, él no apoya a ninguno de los dos, en el sentido de pretender imponerlo sino que estimula a los dos para que el camino se encuentre, no en base a una imposición suya, sino en base al juego libre de las libertades de todos.

Así, al nacer la idea de la Congregación Mariana, el P. Kentenich apoya simultáneamente a los que luchan por ella, les da argumentos, conversa con ellos; pero también apoya con energía a los otros, en la parte de razón que tenían.

Max Brunner, una de las personalidades más brillantes de ese tiempo, –que después murió en la guerra y es una de las Cruces Negras que están junto al Santuario original en Schoenstatt– estaba totalmente en contra de la Congregación Mariana. La encontraba "beatería" y temía que se convirtiera en algo más bien para mujeres. Hasta le disgustaba el nombre. Por eso luchó reciamente en contra y el P. Kentenich siempre lo apoyó.

No significaba esto que el P. Kentenich estuviera "jugando doble", sino que, cuando Max Brunner iba a verlo y le exponía sus argumentos, él descubría allí elementos positivos y le recomendaba que los dijera porque estaban bien pensados. Lógicamente se producía cierta desorientación: ¿De qué lado está el P. Kentenich? Una cosa era muy clara para todos: que el P. Kentenich siempre estaba con el hombre libre, con el hombre que actúa en conciencia. Los jóvenes nunca temieron que él les fuera a imponer un molde. Por eso podían ser totalmente espontáneos frente a él, porque se daban cuenta de que él era un servidor de su libertad. Más tarde el P. Kentenich definiría la paternidad como un servicio a la vida ajena. Los jóvenes sentían que él fomentaba todas las iniciativas nobles que hubiera en cualquiera de ellos, aunque fuesen contradictorias y que así iba ayudando al surgimiento de una obra que, sin duda, era construida por él pero que, al mismo tiempo, salía de ellos.

Los jóvenes sintieron esto en forma muy acentuada en las reuniones. El P. Kentenich les estimulaba a hablar y a expresarse. Por eso, desde un comienzo, estaban conscientes y convencidos de que lo que iba saliendo era de ellos. Así, todo Schoenstatt era obra del P. Kentenich, pero también todo es obra de los jóvenes

Congregación Mariana (1914)

fundadores, porque él lo hizo salir todo de ellos. No se los "embutió" primero para luego sacárselos, sino que lo ayudó a surgir haciendo jugar las inquietudes personales que estos muchachos llevaban dentro, de manera que de ellas fuera saliendo lo que él creía ser el plan de Dios.

2.4. El cambio de los corazones y el cambio de las estructuras

Así, de una manera extraordinariamente creadora, el P. Kentenich fue encauzando progresivamente la libertad de los jóvenes hasta llegar a construir todo un sistema nuevo de educación sin quebrar nada ni a nadie. Hizo una revolución sin revolución. Y así surgió un sistema pedagógico enteramente distinto pues la forma de educar del P. Kentenich era algo totalmente diferente a la pedagogía en uso de aquel tiempo.

Pero el P. Kentenich no quiso partir "quebrando lanzas" por introducir cambios exteriores del sistema. Cuando asumió el cargo de director espiritual puso una sola condición. Habló con el rector y con el prefecto y les dijo que aceptaba el cargo, pero con la condición de que se suspendiesen los castigos corporales. Fue lo único que cambió exteriormente; como diríamos ahora, cambió las "estructuras". Antes de luchar por un cambio del reglamento y otra cosa por el estilo, se dedicó a cambiar los espíritus de los jóvenes, pues lo primero no tiene efecto sin lo segundo. El pensaba: si ahora, reinando este espíritu de crítica y rebeldía se cambia el reglamento, después seguirán criticando igual a los superiores por cualquier motivo. Ahora reclaman porque tienen que dar una vuelta larga para buscar agua, existiendo un camino más corto, pero después podrán hacerlo porque no les gustan los baldes o porque el trabajo es pesado. El problema no se resuelve con simples cambios de reglamento.

Bandera de la Congregación Mariana .

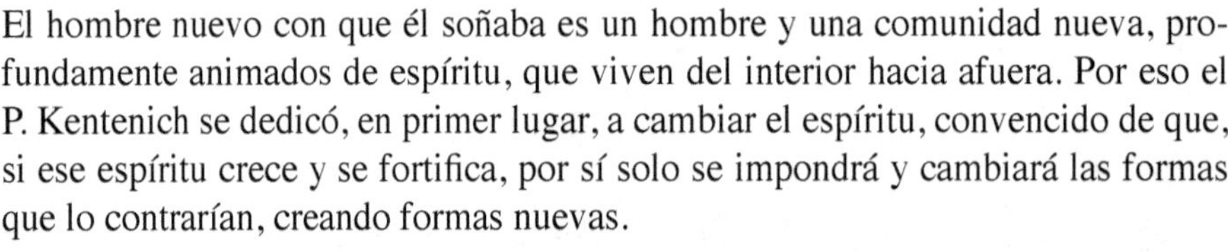

El hombre nuevo con que él soñaba es un hombre y una comunidad nueva, profundamente animados de espíritu, que viven del interior hacia afuera. Por eso el P. Kentenich se dedicó, en primer lugar, a cambiar el espíritu, convencido de que, si ese espíritu crece y se fortifica, por sí solo se impondrá y cambiará las formas que lo contrarían, creando formas nuevas.

Y de hecho sucedió que, 15 años más tarde, se cambió por completo no sólo el sistema de formación del Seminario Menor sino el de toda la comunidad de los Padres Pallottinos en Alemania. Se modificó completamente la estructura del noviciado, la forma del escolasticado, del teologado, de la dirección espiritual. Fue un cambio radical que se llevó a efecto cuando las personas formadas por el P. Kentenich en el nuevo espíritu, llegaron a ocupar cargos directivos en la Comunidad Pallottina.

Pero el P. Kentenich no sólo modificó el sistema formativo de los Pallottinos alemanes. A partir de estas experiencias con los muchachos fue creando todo un sistema de educación y formación que servirá a la Iglesia por siglos. Pensemos en san Ignacio. El ideó un método de formación cristiana que, más tarde, tomaron y practicaron todas las comunidades que se fundaron después del Concilio de Trento. El modelo de formación que elaboró san Ignacio se usó universalmente en la Iglesia, no sólo para los religiosos, pues esa espiritualidad y esos principios se aplicaron también durante siglos en la formación de los laicos.

El P. Kentenich estaba convencido de que se necesitaba crear un nuevo tipo de hombre y, por lo mismo, todo un sistema nuevo de educación. Por eso no le interesaba perder fuerzas en procurar cambios "de parche" de un reglamento sin importancia. ¿Qué era lo que más le interesaba? El estaba construyendo algo mucho más grande, un mundo entero. Por eso, lo que le interesaba era encender con fuerza el espíritu que más tarde había de animar esa Iglesia y ese mundo nuevo con que soñaba. Y a eso se dedicó sabiendo que, si ese espíritu nacía y crecía fuerte, las formas correspondientes se originarían de por sí. Y así fue. Todo ese mundo inmenso que es Schoenstatt, con todos sus principios, métodos, costumbres, formas y organizaciones, nació de ahí. El P. Kentenich trabajó en profundidad, según el programa: primero, cambiar los corazones para así llegar al cambio total del hombre y de las estructuras.

En cuanto a las estructuras, el P. Kentenich sólo exigió previamente el cambio de aquello que le parecía indispensable, como fue la supresión de los azotes, de los castigos físicos. Decía que eso era inhumano y no se podía aceptar. Pero fuera de eso, dejó al tiempo el cambio de otras cosas que no eran esenciales, que no atentaban tan directamente contra la dignidad de la persona y que fueron modificándose progresivamente.

El ha comparado este tiempo de 1912 con la gran época que vive hoy día el mundo entero. Muchas veces ha llamado a la situación por la que atraviesa el mundo de hoy "una crisis de adolescencia". Y no sólo pensaba en la juventud sino en el hombre moderno como tal, que se muestra como un hombre esencialmente rebelde y que, por lo mismo, está clamando por educadores que sepan aprovechar todo lo sano de su rebeldía. Por eso, él siempre ha mirado con un corazón abierto a los movimientos de rebeldía, a los movimientos revolucionarios, porque en esa inquietud revolucionaria de hoy sentía palpitar, a nivel mundial, ese mismo ambiente donde le tocó comenzar a trabajar en 1912. El supo distinguir en esa rebeldía de los chiquillos, el anhelo por un mundo mejor, más justo y más libre y su genio fue el de haber sabido captar todo lo positivo que había en esa rebeldía y construir, a partir de ella, un mundo nuevo.

3. EL HOMBRE DE LA FE PRÁCTICA EN LA DIVINA PROVIDENCIA

3.1. El secreto de la fecundidad del P. Kentenich

En esta época, junto con la capacidad del P. Kentenich para captar las inquietudes vitales de quienes le rodean, lo que más sorprende en él, y por eso me extenderé más en ello, es su capacidad para captar el plan de Dios, para "sintonizar" con él.

La fe práctica en la Divina Providencia es como una segunda naturaleza para el P. Kentenich. La ley de la puerta abierta y todas esas otras leyes que él señalaba para el reconocimiento de la voluntad de Dios, son simplemente el fruto de su experiencia personal. Esta actitud era innata en él. Muchas veces dijo que le bastaba ver caer una hoja, escuchar ladrar un perro para preguntarse: ¿qué quiere Dios de mí con esto?

Y aquí residía el secreto de su fecundidad frente a las personas. El P. Kentenich no sólo captaba lo que pasaba en el corazón de los hombres sino que su genialidad consistía en que era capaz de encauzar esas inquietudes de manera que dieran fruto. Es por eso que él fue un hombre creador de historia. Pero ¿por qué producía tantos frutos? Porque sabía encauzar la vida en la línea querida por Dios. El expresó esto a través de lo que él llamó la "ley de la resultante creadora". Cuando se descubre el querer de Dios y se encauza un proceso vital en esa línea, entonces ese proceso produce frutos extraordinarios.

1914

La fecundidad del P. Kentenich en la época de fundación de Schoenstatt no fue, en primer lugar, el efecto de una genialidad psicológica que supo captar muy bien a los jóvenes, sino el de una genialidad sobrenatural que supo orientar la vida de los jóvenes en la línea querida por Dios. Por eso, al juntarse la actividad humana con el plan divino, se produjo esta excepcional y fecundísima irrupción divina que significó el nacimiento de nuestra Familia de Schoenstatt.

Ya en el Acta de Prefundación, el P. Kentenich muestra esta actitud de disponibilidad total frente al plan de la Providencia. Da a entender que él no pidió venir como educador y que no sabe si los jóvenes lo desean o no como director espiritual, pero se trata claramente de la voluntad de Dios. Y por eso acepta este cargo y se entrega a él con todas sus fuerzas. Descubre allí un plan de Dios y se arriesga entero por cumplirlo.

En todas estas etapas ya vistas, del paso de la Congregación Misional a la Congregación Mariana y, después de la fundación del Movimiento, el Padre se va guiando por lo que interpreta como voluntad divina a través de las circunstancias de la vida.

Entretanto parece que el buen Dios y mi Madre celestial me han escogido de tal modo para ser instrumento suyo, que mi débil naturaleza no puede literalmente sino estremecerse. Volo omnibus omnia fieri ut tamquam instrumentum Beatae Mariae Virginis, Reginae Celestissimae et Matris meae Amantissimae omnes animas, praesertim iuvenum, Christo lucrifaciam. (Quiero hacerme todo para todos, a fin de que como instrumento de la bienaventurada Virgen, Reina excelentísima y Madre mía amantísima, gane para Cristo a todas las almas, principalmente las de los jóvenes).

Esta es la meta de vida que al parecer me depara la gracia. Piensa en tu puesto de director espiritual y de director de la Congregación de Schoenstatt, y en la compleja organización externa. Piensa en el duro trabajo, aunque colmado de bendiciones, que te exige la dirección de la revista MTA. Piensa en la gigantesca tarea que descansa sobre tus debilísimos hombros: lograr ascendiente entre los estudiantes y ganarlos para un amor fiel a María y para un cristianismo más profundo.

Débil de salud, torpe y desmañado mi actuar, consecuencia de educación y nerviosismo; insignificante mi saber, tanto mi formación general como clásica. En resumen, carencia de las condiciones naturales más necesarias y para adquirirlas me falta tiempo y ocasión, debido al trabajo tan agobiante.

¿No es una locura aferrarse a esos planes? ¡Qué satisfecho y tranquilo podrías vivir, aun como buen sacerdote, si conservaras el cargo que estrictamente te corresponde de director espiritual y colgaras todo lo demás! Podrías cuidar tu salud, enriquecer tus conocimientos, desenvolverte mejor en sociedad…

Y, sin embargo, si el buen Dios y nuestra Madre Celestial te quieren utilizar como instrumento, al menos hasta que aparezca otro en escena que sea más útil y que pueda seguir trabajando eficazmente… Heme aquí, Señor, envíame donde tú quieras.

(*Ejercicios Espirituales*, 1917)

J. K.

3.2. Su gran salto de fe: el 18 de Octubre del 1914

Bartolo Longo

El acontecimiento del 18 de Octubre de 1914 es el caso preclaro de la fidelidad del Padre fundador al plan de Dios. Y esa fidelidad fue el secreto de su paternidad.

¿A qué Dios busca ser fiel el P. Kentenich? El trata de ser fiel al Dios de la historia. Por eso se convierte en un hombre creador de historia. El ha repetido innumerables veces, que el hombre filial es aquel que se esfuerza por conocer la voluntad de Dios, por abrirse a ella como hijo y que, al abrirse a esa voluntad divina, permite que la fuerza creadora de Dios irrumpa, a través suyo, en la historia. Poseyó un gran corazón filial que buscaba siempre hacia dónde quería Dios encauzar la historia y se ofrecía como instrumento para cooperar en esa dirección, trabajando así con una fecundidad excepcional.

Y, ¿dónde busca el P. Kentenich a este Dios de la historia? Lo podemos ver en el proceso que condujo al 18 de Octubre, en el Acta de Fundación. ¿Qué hay detrás del 18 de Octubre? ¿Cuáles son las voces de Dios que interpretó para dar ese salto de fe que fue la Alianza de Amor?

En primer lugar, *la propia vida del Padre fundador.* Desde niño él sintió ya la inquietud por un hombre nuevo y una comunidad nueva. A través de todas sus crisis personales ha ido conociendo mejor cómo han de ser los rasgos de ese hombre nuevo. Justamente al experimentar en su propio corazón los problemas del hombre actual y el remedio para ellos, se da cuenta de que Dios le ha dado la misión de ayudar a educar a ese hombre nuevo. Ya lleva dos años tratando de hacer algo en esa línea, pero todavía no ve claro cómo emprender más a fondo esta tarea. Pero lleva en sí mismo esta gran inquietud que nace de su propia historia, y es ella la que más fuertemente lo incita a escudriñar el plan de Dios.

Parte del manuscrito de la plática del 18 de Octubre de 1914. Acta de Fundación.

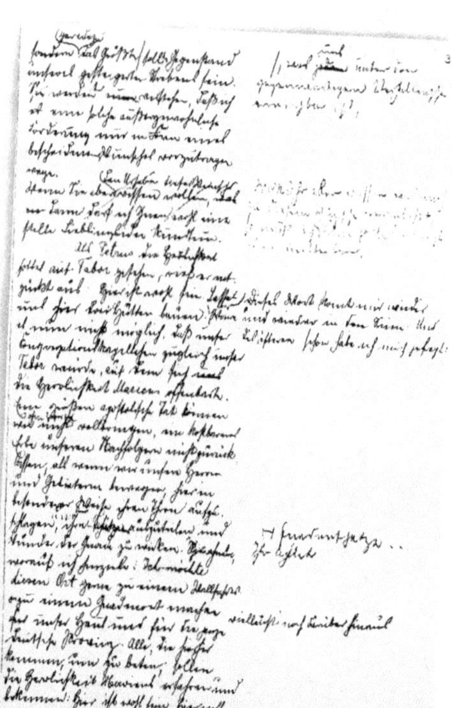

En segundo lugar, el *P. Kentenich procura desentrañar lo que Dios quiere decirle a través de la historia de la comunidad que lo rodea.* ¿Cómo ha sido la evolución de los jóvenes desde 1912, y qué le dice ese desarrollo? En 1914, el P. Kentenich está seguro de que el desarrollo de los jóvenes ha sido tan hondo, tan auténtico, tan rápido que Dios quiere algo grande de ellos, que, a través suyo, Dios quiere hacer algo importante en la línea del hombre nuevo y de la nueva comunidad. El siente que detrás de la historia de la Congregación Mariana hay una irrupción de gracias muy especial.

Pero le faltaba todavía una señal más concreta. Aquí aparece algo interesante y típico en su actuar: aunque él tuviera claras las líneas generales de acción que debería seguir, no actuaba mientras no veía una señal concreta. Por ejemplo, si se daba cuenta de que tal persona, colaboradora suya, no estaba cumpliendo bien su papel y que habría que cambiarla, esperaba y no lo hacía mientras no hubiera una señal que le confirmara que eso era la voluntad de Dios. Muchas veces actuó así. Sabía cuál era la línea, pero sólo actuaba cuando estaba seguro de que Dios así lo quería.

Pues bien, a mediados de 1914, el P. Kentenich sentía que con sus jóvenes de la Congregación Mariana debía dar pasos concretos en la línea del hombre nuevo, pero Dios tenía que indicarle primero qué pasos y cuándo debía darlos. Y Dios lo hace a través de dos hechos o acontecimientos que ocurren en su vida personal:

1. Le ofrecen la Capillita que estaba abandonada como regalo para la Congregación Mariana.
2. Lee una revista donde se publica un artículo sobre Bartolo Longo y el Santuario de Pompeya, en el que se cuenta cómo la Virgen había convertido una Capillita en un Santuario de gracias, en respuesta a una iniciativa y a un ofrecimiento humano. Fue un hombre (Bartolo Longo), quien le ofreció esa iglesia para que ella la transformara en Santuario, y ella así lo hizo.

Se presentan dos hechos que parecen casuales: una revista y un ofrecimiento. Pero esos dos hechos le llevan a pensar: ¿no será ésta la señal y el camino concreto que Dios me muestra para tratar de realizar el ideal del hombre nuevo y la nueva comunidad en forma mucho más intensa que hasta ahora?

En tercer lugar, el P. Kentenich se pregunta: *¿qué me dice el Dios de mi patria y de la historia del mundo?* También el Dios de la historia del mundo le habla del hombre nuevo. En la medida en que analiza los hechos, en que toma conciencia del proceso de masificación que se está produciendo en el mundo, como consecuencia de la civilización técnica e industrial, siente que el Dios de la historia del mundo lo confirma en la necesidad de formar

Cuando el año pasado llegué a Ehrenbreitstein, el Padre Rector me pidió que atendiese las confesiones de ustedes, si así lo solicitaban. Pero me defendí con pies y manos, consiguiendo finalmente que me dejase en paz. ¿Qué motivos tuve para ello? No quería ocuparme en nada de ustedes para poder dedicar todo mi tiempo libre y mis fuerzas a los laicos, especialmente a la conversión de los viejos y empedernidos pecadores. Quería dar caza a los llamados "corderos pascuales" y mi mayor alegría sacerdotal la sentía cuando venía uno de ellos, agobiado por el peso de una vieja carga acumulada con el correr de los años, de modo que el confesionario llegaba a crujir (...)

Y ahora me han nombrado director espiritual, sin que haya hecho absolutamente nada para ello. En consecuencia, debe ser voluntad de Dios. Por eso acojo esta voluntad firmemente decidido a cumplir del modo más perfecto mis deberes para con todos y cada uno de ustedes. Por lo tanto, me pongo enteramente a su disposición, con todo lo que soy y tengo, con mi saber y mi ignorancia, con mi poder y mi impotencia, pero, sobre todo, les pertenece mi corazón.

(Acta de Prefundación, 27.10.1912)

J. Kentenich

Sarajevo, 1914

hombres, personalidades libres, capaces de resistir la nivelación masificadora que trae el mundo moderno.

Archiduque Francisco Fernando

Y el Dios de la historia de Alemania le habla a través de la guerra recién iniciada, que para el P. Kentenich fue una voz divina decisiva. La guerra comenzó en septiembre de ese año, y el Movimiento fue fundado en octubre.

El P. Kentenich consideró su plática del 18 de Octubre como una respuesta a todas estas voces de Dios: a lo que le pidió a través de su vida, en el sentido de su gran anhelo de formar un hombre nuevo, a lo que le pidió como respuesta al desarrollo de la comunidad de jóvenes que tenía a su cargo, en cuya historia Dios le hace entrever que él quiere algo grande con ellos y que tal vez de allí nacerá el hombre nuevo y la nueva comunidad con que sueña. También el acto del 18 de Octubre fue una respuesta a lo que Dios le solicita a través del momento histórico concreto que viven Alemania y el mundo. Y a esas tres grandes voces de Dios –a través de su historia personal, de la historia de la Congregación Mariana y de la historia de Alemania– se suman las dos señales concretas ya mencionadas. Todo eso confluye y lo lleva al acto de fundación.

La importancia que tuvo para el acto del 18 de Octubre de 1914 el momento histórico que vivía Alemania, lo muestra especialmente la parte final del Acta de Fundación que, por desgracia, no está traducida (salvo en "Bajo la protección de María"). Más o menos tres quintas partes del Acta de Fundación no están traducidas. Allí habla el Padre Kentenich de la guerra. Esa parte no se tradujo por dos motivos: en primer lugar, porque lo que se tradujo es lo esencial, lo nuclear y, en segundo lugar, porque se quiso eliminar –especialmente después de la segunda guerra mundial–

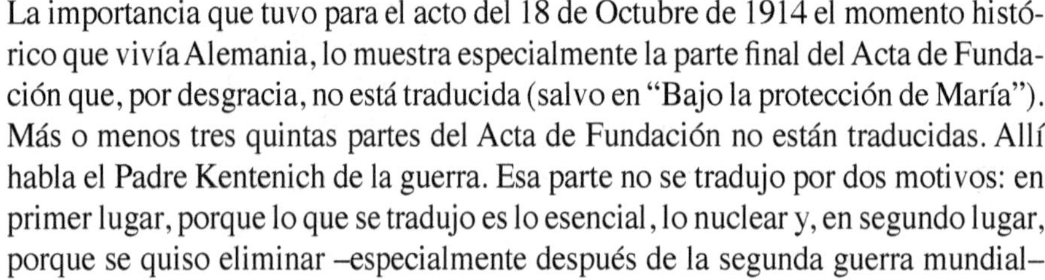

La guerra es una poderosa misión popular o –aplicado a nosotros– un curso de ejercicios sumamente eficaz. El resultado de estos ejercicios tiene que ser mayor, pues el predicador es el mismo Dios infinito, el mejor conocedor del corazón humano. La forma en que nos habla no es la palabra sino un acto grandioso, una acción dramática, extraordinariamente impresionante.(...) Creo firmemente que cada uno de nosotros debe luchar, triunfar y asesorar al estado mayor de guerra y edificar así la historia del mundo. No somos números superfluos, condenados a una perezosa inactividad, sino factores esenciales de los cuales depende mucho. El arma, la espada, aquello con lo que salvaremos la patria es la seria y severa penitencia, la disciplina, el vencimiento propio: la autosantificación.

(Acta de Fundación, 18 de octubre de 1914)

J. Kentenich

Pero si ustedes quieren saber el origen de este anhelo, me parece que puedo manifestarles una secreta idea predilecta. San Pedro, después de haber contemplado la gloria de Dios en el Tabor, exclamó arrebatado: '¡Qué bien estamos aquí! ¡Hagamos aquí tres tiendas!'. Una y otra vez vienen a mi mente estas palabras y me he preguntado ya muy a menudo: ¿Acaso no sería posible que la Capillita de nuestra Congregación al mismo tiempo llegue a ser nuestro Tabor, donde se manifieste la gloria de María? Sin duda alguna no podríamos realizar una acción apostólica más grande, ni dejar a nuestros sucesores una herencia más preciosa que inducir a nuestra Señora y Soberana a que erija aquí su trono de manera especial, que reparta sus tesoros y obre milagros de gracia. Sospecharán lo que pretendo: quisiera convertir este lugar en un lugar de peregrinación, en un lugar de gracia, para nuestra casa y toda la Provincia alemana y quizás más allá. (...)

No se preocupen por la realización de su deseo. Ego diligentes me diligo. Amo a los que me aman. Pruébenme primero por hechos que me aman realmente y que toman en serio su propósito. Ahora tienen para ello la mejor oportunidad. Según el plan de la Divina Providencia, debe ser la guerra europea un medio extraordinariamente provechoso para ustedes en la obra de su propia santificación. Es esta santificación la que exijo de ustedes. Ella es la coraza que tienen que ponerse, la espada con que deben librar a su patria de sus enemigos extraordinariamente poderosos, y ponerla a la cabeza del viejo mundo.

(*Acta de Fundación*, 18,10. 1914)

todo lo que dijera relación con el nacional-socialismo alemán y con el espíritu de guerra, para que Schoenstatt no apareciera envuelto en eso. Por eso no se insistió en la necesidad de traducir esta parte.

Sin embargo, para nosotros es muy importante, sobre todo en estos momentos por los que pasa Chile (1971). Ahí se muestra por qué el P. Kentenich se arriesgó a dar ese salto de fe que fue el 18 de Octubre. El dice: "Yo siempre me he guiado por la ley de la puerta abierta, pero el 18 de Octubre no era una puerta la que estaba abierta, era sólo una rendija".

El P. Kentenich estuvo pensando, durante tres meses, qué significaba esa revista con la historia del Santuario de Pompeya y el regalo de la Capillita. Tres meses enteros –desde el 18 de Julio en que leyó ese artículo, hasta el 18 de Octubre– reflexionó sobre la relación que podría tener eso con su anhelo del hombre nuevo y de la nueva comunidad y con la historia de la Congregación Mariana.

Cuando estalló la guerra, sintió que ésta traía consigo una aceleración de la historia y que, por lo tanto, no cabía duda de que Dios quería que, también ellos, aceleraran sus esfuerzos por la santidad. Por eso se propuso empeñar todas sus fuerzas en la formación del hombre nuevo, pues vendrían momentos dificilísimos para la patria y no se podría estar a la altura de las exigencias de la historia, si no se poseía un espíritu mayor aún que el cultivado hasta entonces. El sabe que los jóvenes tendrán que partir a la guerra y que, si no los forma más intensamente, no podrán resistir la vida de soldados y de trincheras. Además, toma conciencia de que, como alemanes, ellos han de dar también su aporte al momento que vive la patria. Y, ¿cuál puede ser este aporte? Todo esto le va confirmando en la convicción de que Dios quiere la Alianza de Amor en el Santuario. La historia se está acelerando y por eso él da la respuesta que Dios le pide: su programa del 18 de Octubre de 1914 que él titula "aceleración de nuestra santificación

y conversión de esta Capillita en un lugar de gracias". A la aceleración de la historia responde con una aceleración de la santidad y de la gracia.

Los muchachos también se dan cuenta de que la Alianza de Amor es una respuesta a la historia y que es el aporte que ellos prestarán al momento histórico que vive Alemania y Europa. La prueba está en que, desde un comienzo, ellos hablan del paralelo lngolstadt –Schoenstatt. lngolstadt es un lugar del sur de Alemania, en donde existió un centro religioso muy importante que salvó todo ese territorio para la fe católica en el tiempo de la reforma protestante. ¿Por qué? Porque allí había un colegio jesuita, donde se educaron casi todos los nobles de la zona. Y en dicho colegio se fundó una Congregación Mariana muy activa, que formó a esos hombres y les dio un espíritu cristiano, católico, muy marcado. Cuando más tarde fueron ellos los líderes de su pueblo, tuvieron la fuerza suficiente como para salvar en él la fidelidad de la Iglesia. Esto impactó tanto a los jóvenes que toman para la imagen del Santuario el título de la Virgen en lngolstadt: *Mater ter admirabilis*. Ellos creen que, desde Schoenstatt, han de hacer otro tanto, no sólo para su ambiente, sino para su patria y tal vez más allá. Sienten que tienen una misión histórica. Toda la espiritualidad de la Alianza de Amor con la Virgen no la toman como algo destinado solamente a que ellos se hagan más santos. Tanto la Alianza como sus esfuerzos por la santidad son para decidir la guerra en el sentido querido por Dios, para construir una patria nueva, para construir un mundo nuevo. Por eso parten a la guerra dispuestos a ser los mejores soldados y, en el Santuario, están todas las "Cruces de Hierro" que ganaron. Ellos sienten Schoenstatt, la Alianza de Amor, como una fuerza forjadora de historia. Y en esos momentos –en 1914– forjar historia era ser fiel a lo que la patria les encomendaba. Por eso fueron los mejores soldados y compañeros.

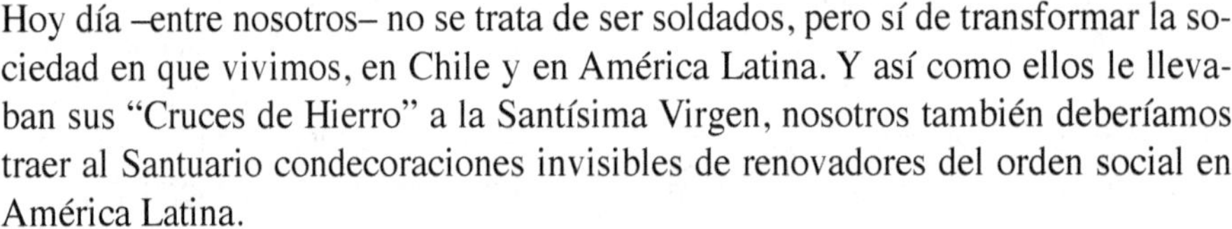

Hoy día –entre nosotros– no se trata de ser soldados, pero sí de transformar la sociedad en que vivimos, en Chile y en América Latina. Y así como ellos le llevaban sus "Cruces de Hierro" a la Santísima Virgen, nosotros también deberíamos traer al Santuario condecoraciones invisibles de renovadores del orden social en América Latina.

P. Jacob Rem

El P. Kentenich trabajaba para la historia; no para la historia personal o de su pequeña comunidad de jóvenes, sino para la historia de la patria, del mundo y de la Iglesia, y los jóvenes lo sabían y se sentían también forjadores de la historia. El les comunicó esa fuerza y ellos querían plasmar todo un mundo nuevo. Todos los pueblos a los cuales llegue Schoenstatt deben hacer propias las palabras del Acta de Fundación. Lo que en ella se dice sobre Alemania vale analógicamente de las otras naciones. El P. Kentenich alude en diversas oportunidades a este hecho.

Cada pueblo –lo digo pensando ahora en nuestros cohermanos holandeses– debe tomar el Acta de Fundación de acuerdo a su propia receptividad. Cada palabra del Acta es como si fuese dicha para ellos mismos. La Madre y Reina tres veces

Admirable quiere formar y educar a aquellos que se entregan y consagran a ella, de tal modo que su propio pueblo llegue a estar a la cabeza del viejo mundo. En último término, a la cabeza del mundo, en relación a la perfección religioso-moral.

(*Plática a la Rama de hombres, 3 de septiembre de 1941*)

No me voy a referir ahora en detalle al desarrollo del Movimiento, pues lo que me interesa es más bien la actitud del Padre fundador.

Ilustración de San Vicente Pallotti entregando el Santuario al Padre Kentenich.

El P. Kentenich no sólo posee una gran sensibilidad para captar lo que Dios quiere y para transmitir, debido a eso, una fuerza inmensa, la fuerza divina creadora de historia que pasa a través suyo, sino que también se preocupa continuamente, con una preocupación casi escrupulosa, por asegurarse de que lo que él ha creído captar del plan divino, verdaderamente corresponda a este plan. Por eso, no sólo se esfuerza por descubrir el querer divino y por encauzar a los muchachos en esa dirección, sino también por comprobar que realmente Dios así lo quería.

Y ¿cómo lo prueba? Retirándose. Cuando él cree que Dios quiere algo, lanza la idea y después se retira, entonces saldrá adelante, tendrá fecundidad. Si era sólo idea humana, se derrumbará. Por ejemplo, en relación al 18 de Octubre, él da la plática y no vuelve a mencionarla. Los jóvenes no se dieron cuenta de la importancia de esa plática; la tomaron como una más. Algunos intuyeron que allí había algo nuevo. Por ejemplo, José Engling y otros empezaron a vivir en el sentido de la Alianza de Amor y del Capital de Gracias. Pero el Padre fundador no volvió a referirse a ella. La plática se publicó por primera vez en 1919, en la revista MTA que editaban los estudiantes, sin mayores comentarios. Y sólo alrededor de los años 1924-1925, el P. Kentenich relata, por vez primera, el Acta de Fundación, su génesis y la importancia que tuvo. Antes nadie se había dado cuenta de ello y se sigue hablando de la Congregación Mariana durante muchos años. No se tenía conciencia de que el 18 de Octubre de 1914 había nacido algo nuevo.

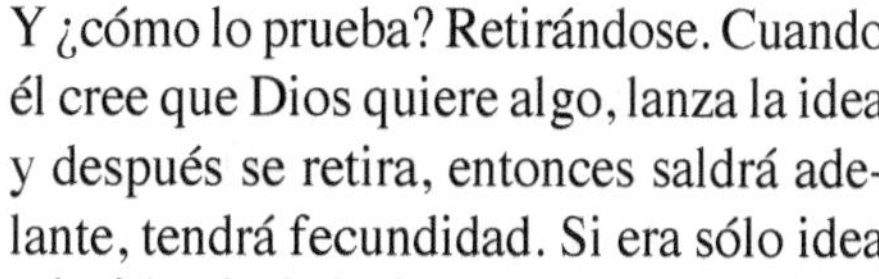

Revista MTA

Mater Ter Admirabilis

¿Cuándo contó todo esto el Padre fundador? Cuando la vida mostró que él no se había engañado. El sembró la semilla y dejó que creciera en el corazón de los jóvenes. Ahí fue palpando si él estaba o no en la "onda de Dios". Y, sobre todo, a través de lo que vio en José Engling, se dio cuenta de que todo lo que él pidió en esa plática, que todo lo que él propuso, realmente estaba en el plan de Dios. José Engling y otros lo habían ido viviendo y Dios los había bendecido con una inusitada fecundidad sobrenatural. Esa era la prueba. Este método del P. Kentenich para comprobar si él ha acertado o no al interpretar la "ley de la puerta abierta", es lo que él llama la "ley de la resultante creadora". Si hay fecundidad divina se prueba que hubo también un querer divino.

Altar del Santuario Original (1915).

3.3. Otros ejemplos

Otro ejemplo: *Hoerde*. En 1919 nace oficialmente el Movimiento, después de la guerra. Los congregantes que volvieron de la guerra y aquellos nuevos miembros que habían sido conquistados durante ella, se reúnen en Hoerde, un barrio de la ciudad de Dortmund y fundan el Movimiento, ya no como la Congregación Mariana de un colegio, de un Seminario Menor determinado, sino como un Movimiento a nivel nacional en Alemania. Se habían preparado bastante para este momento y el P. Kentenich conversó mucho con ellos. Ellos parten hacia Hoerde y lo esperan. El Padre ha prometido ir. Pero cuando están reunidos allá, llega un telegrama del Padre avisándoles que no va. Conscientemente él había tomado esta resolución. Había llegado un momento decisivo, él ya les había mostrado a los jóvenes la línea que pensaba que correspondía seguir, pero cuando llega el momento de tomar la decisión final y de organizar el Movimiento, dice: No voy. Quiero estar seguro de haber captado la *onda de Dios*. Les di mis ideas y ciertas orientaciones. Ahora, que ellos decidan. Si deciden en la misma línea, quiere decir que yo había captado el plan de Dios; si deciden distinto, entonces no... Así, el Padre siempre está dejando que sea Dios quien conduzca las cosas. Por eso es tan fecundo y creador de historia.

El 20 de Enero de 1942 se repite igual cosa. Toda la Familia está moviéndose para lograr que el Padre sea dispensado de ir al campo de concentración a causa de su mala salud. Pero él se niega a intervenir. Quiere que sea Dios quien dirija las cosas. Siempre está viva en él esta preocupación por asegurarse de que está en la "onda de Dios" y no guiarse por intervenciones humanas.

Lo mismo encontramos cuando su liberación final está a punto de realizarse. Durante 14 años, la Familia se ha esforzado en liberarlo. Pero él le pide a María que demuestre que su liberación no es obra humana, simple fruto de un esfuerzo diplomático humano, que quizás podría contrariar los planes de Dios. Por eso le pide que cuando sea liberado pruebe que esa liberación se realiza sólo por la fuerza suya, por la fuerza de Dios. Y sucedió entonces el episodio que muchos conocen, del telegrama misterioso cuyo origen nunca se ha podido explicar, y que motivó el viaje del Padre Kentenich a Roma, poniéndose en marcha todo el proceso de su liberación.

Página siguiente: Ilustración de MTA (1931).

El Padre Fundador siempre se esforzó en transmitir en la onda de Dios. Por eso es fecundo y es capaz de arriesgarse.

Mater ter
ad

Cuando en el desarrollo histórico del Movimiento se reconoce la inconfundible dirección de la mano paternal de Dios, se trabaja en esta gran obra con un coraje intrépido y con una firmeza inquebrantable.

(Plática en 1922)

J. Kentenich

3.4. La aprobación de la misión de Vicente Pallotti

En 1915, cuando ya se habían acumulado las protestas y críticas de los demás profesores contra los nuevos métodos de educación del P. Kentenich, el maestro de novicios de los Pallottinos empieza a recibir jóvenes formados en el espíritu del P. Kentenich, que siempre tienden hacia él y que traen una mentalidad diferente, se siente molesto y reclama por ello. Llega el Padre general de los Padres Pallottinos en visita al Seminario Menor y le solicita al P. Kentenich terminar con su "experimento". Le dice que se trata de algo demasiado nuevo y que él, como General, no puede responsabilizarse por eso ante Vicente Pallotti, su fundador. El P. Kentenich le contesta que él asume dicha responsabilidad.

Después contó que dijo esto sin tener ninguna idea concreta de cómo su obra se relacionaba con Vicente Pallotti, ya que se le conocía poco en ese momento, en la Sociedad de los Pallottinos. Pero el Padre fundador no dudó en contraer ese compromiso pues se decía: Durante estos tres años me he esforzado por seguir siempre la voluntad de Dios y no la mía. Dios no se contradice, y si él ha hecho surgir todo esto, que lleva tan claramente su sello y su espíritu, en la comunidad de los Pallottinos, es porque estará de acuerdo con el espíritu de Pallotti...

Fue en base a este acto de fe en la conducción de la Providencia –a la que siempre había tratado de ser fiel– por lo que se comprometió con el Padre General a hacerse responsable ante Pallotti de lo que hacía, aún sin saber en concreto en qué consistía esa relación. Y desde ese momento, ya que había dado su palabra arriesgándose en la fe, comenzó a investigar lo que quería Pallotti y empezó a darse cuenta de que Schoenstatt, de una manera independiente y enteramente original, estaba totalmente encauzado en la línea de lo que éste había propuesto.

Pallotti quería un tipo de hombre mariano y un tipo de hombre libre, ya que no dio votos a su comunidad, y quería que la magnanimidad y el idealismo fueran sus fuerzas impulsoras. Pero, en Pallotti el P. Kentenich descubre algo nuevo: Pallotti había soñado con una organización apostólica universal, con regalar a la Iglesia entera un nuevo tipo de estructura apostólica, que abarcara el mundo entero y que le ayudara a cumplir su tarea en los nuevos tiempos. Ante este descubrimiento, él se da cuenta de que Schoenstatt no sólo no contradice la línea de Pallotti, sino de que Dios lo ha hecho surgir, precisamente para que haga suya la idea de Pallotti y ayude a realizarla.

Esto sucedió en el año 1916, cuando Schoenstatt estaba constituido por un grupo de 40 muchachos, de entre 17 y 18 años, dispersos en la guerra. Y el P. Kentenich le escribe al prefecto de la Congregación, José Fischer, hablándole de la idea de Pallotti y expresándole su convencimiento de que, desde Schoenstatt, va a surgir esa "Confederación Apostólica Universal" con que soñó Pallotti. En esa época, contando sólo con ese grupo de adolescentes, es capaz de creer que de ellos surgirá una organización de carácter mundial, para ayudar a la Iglesia a cumplir su misión en estos tiempos.

Y también en esa época, apenas a dos años de sellada la Alianza de Amor, los jóvenes creen que no sólo van a renovar su patria –según el paralelo Ingolstadt–Schoenstatt– sino que tienen una misión para la Iglesia entera. El P. Kentenich se atreve a cultivar esas ideas "locas" en esos muchachos, porque está seguro de haber captado un plan de Dios. Se dice: Dios me ha comprobado que estoy en su onda, por lo tanto, de aquí va a surgir algo grande y no es locura humana.

3.5. La preocupación por "imitar a Dios"

Actuar a través de otros

La fecundidad del P. Kentenich –y esto es importante decirlo– no se manifiesta solamente en su fecundidad personal, sino que prueba también su autenticidad, en cuanto él, con su personalidad de jefe, forma otros jefes. Aquí se comprueba, una vez más, que él es padre y no "paternalista". El paternalismo quiere que sus súbditos permanezcan siempre niños, para poder ser él, siempre, la única cabeza. En él vemos todo lo contrario: él procura desaparecer, retirarse cuanto antes, poner el máximo de responsabilidades en los jóvenes y desarrollar sus iniciativas. En todo este tiempo, aparece como el gran jefe y formador de jefes; no como un jefe que sólo exige obediencia incondicional a su persona, sino que usa toda su personalidad de jefe, de padre, de hombre forjador de historia, para suscitar personalidades semejantes a la suya en los demás.

San Vicente Pallotti

Junto con los ejemplos que muestran cómo se esfuerza el P. Kentenich por comprobar si está o no en *la onda* de Dios –porque sabe que allí está la garantía de la fecundidad– es interesante observar también el respeto que él tiene frente a las demás personas. Ya vimos cómo deja solos a los muchachos en momentos decisivos y cómo se preocupa de no forzar la vida. Durante todo este tiempo, él tiene también, como principio, no llamar nunca a nadie a conversar con él. Les habla a los jóvenes cuando tienen reunión y cuando ellos –por propia iniciativa– van a hablar con él, cuando ellos le buscan.

Muchas veces, cuando José Engling era jefe de la Congregación, le hubiera gustado conversar con él pero nunca lo mandó llamar, porque no quería intervenir más allá de los deseos de Dios. Cuando se da cuenta de que era conveniente hablar con él, le reza al ángel de la guarda de José Engling para que se lo traiga, para que despierte en el corazón de José Engling el deseo de conversar con él. Si éste venía, quería decir que su oración fue escuchada y que estaba así en el plan de Dios. Pero nunca anduvo tras él, para obligarlo a sus ideas. El P. Kentenich es un hombre increíblemente respetuoso de la libertad de los otros y, cuando quiere mover a otros, trata de hacerlo por vías sobrenaturales, asegurándose así que ello corresponde al deseo de Dios, que va a ser fecundo en su trabajo porque lo realiza en conjunto con Dios y que no es él quien está inculcando a otros sus propias ideas.

José Engling

El P. Kentenich es tan fecundo en todo este tiempo no sólo porque trata de discernir el plan de Dios y de comprobar que realmente lo ha captado, sino también porque se esfuerza en emplear los mismos métodos de Dios. Tiene muy claro lo que dijimos en la primera charla, es decir, que Dios gobierna al mundo por causas segundas y transmite su vida divina a las criaturas por medio de las personas humanas. El sabe que Dios lo escogió como instrumento para transmitir vida, pero está consciente de que no será fecundo si no actúa como Dios actúa. Y por eso, así como Dios se sirve de él para guiar a los jóvenes, comprende que ha de imitar a Dios y guiar a los jóvenes sirviéndose de otros jóvenes. Copiando a Dios, imita la manera cómo Dios dirige al mundo y la aplica a la conducción de su comunidad o de su familia. De allí deduce el principio: *dirección o gobierno a través de jefes*. Porque ha visto que Dios actúa así, que Dios escoge a unos para dirigir a través de ellos a otros, él se preocupa especialmente de formar a sus jefes y de dejar que sean ellos quienes conduzcan a los demás. Esto es, también, una garantía para él de que no está imponiendo sus ideas, sino de que está surgiendo la vida que Dios quiere.

El P. Menningen cuenta, por ejemplo, que él, al darse cuenta de que en torno al Santuario sucedía algo especial, quiso averiguar el asunto. El era menor y por eso no había estado en la plática del 18 de Octubre. Pero comienza a darse cuenta de que los alumnos de los cursos superiores visitaban con mucha frecuencia la Capillita. Un día descubre una caja con papelitos y, cierta vez, habiéndose quedado solo, leyó todos esos papelitos. Allí ve que los jóvenes ofrecen sacrificios y otras cosas a la Virgen y todo eso le llama fuertemente la atención. Entonces, va donde el P. Kentenich y le pregunta qué es lo que está sucediendo y le cuenta lo que ha visto. El lo manda donde José Engling, pues no quiere ser él quien responda a sus preguntas. El tenía sus ideas bien claras, creía que Dios deseaba lo que estaba pasando, pero quería estar bien seguro de que no era una mera idea suya. Por eso lo remite a José Engling, para que él le explique.

El P. Menningen dice que para él esto significó una gran desilusión, porque José Engling era una persona muy poco atrayente: un hombre grandote, agachado, que tenía la "lengua torpe" para hablar, porque venía de una zona de Alemania conocida por su difícil pronunciación. Todos se reían de él porque no sólo hablaba como "campesino", sino porque no podía pronunciar bien algunas letras y palabras. También era poco ágil para correr y, en los juegos, por ejemplo en ése donde le tiran la pelota al otro y lo "queman", siempre era la víctima, por la torpeza de sus movimientos y su porte grande.

Alexander Menningen

Al P. Menningen le había impresionado mucho el P. Kentenich. Incluso se hizo pallottino por él. En efecto, siendo aún niño, en el año 1913, le escuchó una plática. El P. Kentenich había ido a su pueblo a predicar un Domingo de Cuaresma y había hablado de la necesidad de una cruzada mariana. Al terminar esta plática, la gente comenzó a comentar lo fogosa que había sido y decían: este padre tiene que ser jesuita por lo bien que predica. Seguramente es un "jesuita de incógnito". No lo dijo, pero debe serlo... Entonces, el P. Meninngen cuenta que él también quiso ser un "jesuita de incógnito". Quería ser sacerdote para ser igual al P. Kentenich. Después, al saber que era sacerdote pallottino y que vivía en Schoenstatt, pidió en su casa que lo llevaran allá y entró en esa comunidad, sólo por el P. Kentenich. Desde que llegó, toda su atención se concentró en buscar a "ese Padre" que había predicado en su parroquia. Cuando finalmente le preguntó a un compañero, que estaba repitiendo curso, quién era y qué trabajo tenía, supo que era el director espiritual y confesor. Justamente ese día se anunció que había confesión. Y cuenta el P. Menningen que, cuando le tocó su turno, su sorpresa fue grande cuando no vio ningún confesionario. El P. Kentenich entonces le hizo señas de que se acercara, diciéndole: "Ven, pequeño". Pero no comenzó con la confesión, sino que le preguntó cómo se llamaba, de dónde venía, etc. Cuando supo que venía de Hillscheid le dijo: "Ah, tú vives muy cerca, seguramente no tienes nostalgia". El P. Menningen reteniéndose, pero con lágrimas en los ojos, le contestó: "No, no tengo nostalgia". Y el P. Kentenich conociendo lo que sucedía en su interior, lo consoló y le hizo ver todo lo hermoso y lo grande que iba a aprender, lo que enseguida le haría olvidar toda nostalgia.

Después de esto, cuenta el P. Menningen, que su gran pensamiento era: cómo llegar otra vez donde ese padre espiritual. Nuevamente le preguntó a ese compañero repetidor y recibió como respuesta: al Padre espiritual se puede ir porque se siente nostalgia o por dudas de fe. Lo primero ya había sucedido, entonces, ¿cómo podría llegar a tener dudas de fe? Un día en la mesa, escuchó una conversación entre José Engling, Hans Wormer, Alfonso Hoffman y el P. Klement sobre la presencia de Cristo en la Eucaristía, y de ahí "sacó su duda de fe". Ese mismo día pidió permiso y fue a ver al P. Kentenich. El lo recibió cariñosamente, lo saludó y le preguntó qué tenía en el corazón. El P. Menningen le contestó: "Padre, tengo una duda de fe". –"¿Y qué duda de fe tienes? Ven, siéntate y cuéntame tu duda de fe". "¡Eso era justo lo que yo quería!", se dice el P. Menningen. Entonces él dijo: "Padre, la presencia de Cristo en la hostia va contra las leyes de la naturaleza". El P. Kentenich se sonrió y se dio cuenta de inmediato que su visita a él era porque se sentía solo, porque echaba de menos su casa, y le dijo: "Dime, ¿sabes tú qué es una ley de la naturaleza?". "No", le contestó el P. Menningen, "pero está en contra". Entonces el P. Kentenich le explicó con algunos ejemplos lo que era una ley de la naturaleza y cómo no tenía nada que ver con la presencia de Cristo en la Eucaristía. Y entonces, cuenta el P. Menningen, antes de que lo mandara afuera porque ya estaba solucionada su duda de fe, le preguntó por la cruzada de renovación del mundo que él había predicado en su parroquia. El P. Kentenich le dijo que justamente para eso tenía que aplicarse, estudiar los diferentes ramos, prepararse bien al sacerdocio y entonces, más tarde, él podría usarlo cuando comenzaran esa gran cruzada...

Bueno, el hecho es que el P. Menningen se había sentido siempre muy atraído por el P. Kentenich y cuando va a preguntarle lo que está pasando y él lo manda donde José Engling se siente inmensamente desilusionado. Tuvo deseos de no preguntarle nada a ese "lerdo grandote", pero obedeció y fue. Más tarde contó que esa conversación con José Engling fue una de las impresiones más grandes de su vida al sentir con qué amor le habló de la Virgen. Después, siempre le agradeció al Padre fundador que lo hubiera mandado donde José Engling. Y se propuso no permitir nunca más que alguien se riera en su presencia de su nuevo amigo.

El P. Kentenich siempre trataba de dirigir a través de los jefes, porque así lo hacía Dios y porque era la mejor garantía de que no estaba imponiendo su propia voluntad, ya que también estaban cooperando otras iniciativas. Además, así daba a los jóvenes oportunidad de madurar.

3.6. Su imagen de autoridad

Otro principio que el P. Kentenich copia de Dios es la *forma de ejercer la autoridad*. El advierte que Dios es una autoridad sumamente fuerte, un Dios que es omnipotente, que tiene todas las riendas del poder, de la conducción del universo en sus manos y que, sin embargo, no usa su autoridad para aplastar la libertad del hombre, sino precisamente para suscitarla y fecundarla. Todo el poder de Dios está dirigido a estimular, a suscitar la libertad de los hombres, valiéndose de múltiples estímulos y tensiones. Y se dice: ése debe ser también el papel de toda autoridad creada. A semejanza de la de Dios, toda otra autoridad tiene que ser fuerte; ha de tener poder, pero el poder no ha de usarlo para mandar y sofocar la libertad, sino para estimularla. Por eso, desde un comienzo, tiene claro que, si bien nuestro ideal es la libertad, nosotros no estamos por el "democratismo". El mundo tiene

una autoridad suprema: Dios. Y toda sociedad también tiene que tenerla. Todos los hombres han de aprender, libremente, a obedecer, para poder vivir en sociedad. La historia ha demostrado que no puede existir una sociedad organizada sin una autoridad fuerte, sin una autoridad concebida a imagen de la de Dios. Pero, para que esa autoridad sea fecunda y servidora de la vida, tiene que usar sus poderes y sus fuerzas en favor de la libertad.

Cuando se plantea la inquietud por la organización de una Congregación Mariana, el P. Kentenich conversa con los jóvenes, con los jefes. El sabe que el hombre que no aprende a obedecer libremente desde joven, no está preparado para enfrentar la vida, porque en ella siempre habrá alguna autoridad. Lo importante es captar el verdadero sentido de la autoridad y que ella sea lo que ha de ser; lo mismo se da respecto a la obediencia. Por eso les dice: "En la Congregación Mariana hemos de construir un tipo de organización tal, que pueda ser modelo de la sociedad del mañana; una organización que nos capacite para enfrentar y resolver todos los problemas que encontremos más tarde, en la sociedad afuera. Dios ha creado el mundo sujeto a una autoridad suprema, que es él mismo. En toda familia también hay una autoridad suprema. Y ningún grupo humano puede desarrollarse bien si no posee un centro que lo una, que lo coordine y trace líneas de acción común. La autoridad es necesaria. Pero nosotros tenemos que buscar un tipo de autoridad que pueda ser modelo para el mundo del mañana..."

Desde el comienzo el P. Kentenich plantea, dentro de este pequeño internado, una revolución que se proyectará a nivel mundial. Y en esa Congregación Mariana de 40 jóvenes adolescentes, él quiere construir un modelo vivo –aunque a escala reducida– de lo que ha de ser ese mundo del mañana con que él sueña.

Conversando con los jóvenes, el P. Kentenich les formula su principio básico de estructuración social. En esa época lo expresó así: *"máxima centralización para una máxima descentralización"*. Es decir, él quiere una autoridad fuerte, con derechos claros, que pueda mandar eficazmente –porque de otro modo vendría la anarquía– pero que use todo su poder para estimular la libertad y las iniciativas de los demás.

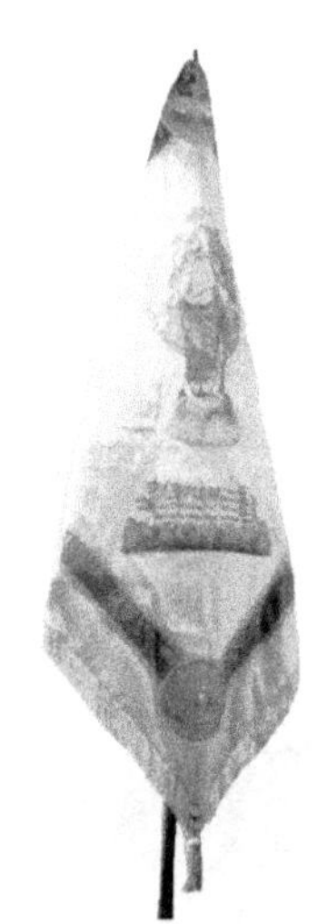

Cuando llega el momento de votar la aprobación o no de los Estatutos, el P. Kentenich se enferma y está lejos, en un hospital. Lo reemplaza el P. Kaufmann que queda provisoriamente como asesor. Es una excelente persona, pero desconoce por completo el desarrollo de la Congregación. Viene a una reunión y en ella se plantea la discusión de un punto de los estatutos: ¿quién decide la admisión o expulsión de los miembros? Uno de los jefes responde: El "Praesidium ", es decir, el cuerpo directivo de la Congregación. ¡No! –le rebaten otros– debe ser por mayoría de votos. Y así comienza la discusión. La "masa" quiere tener poder, quiere decidir y por eso quiere que ese tipo de resoluciones se tome por mayoría de votos. Los jefes no están de acuerdo y sostienen la opinión de que las decisiones importantes han de tomarlas los jefes y que la comunidad ha de aprender a confiar en ellos, porque los jefes no van a ser unos dictadores sino personas responsables, que necesitan de ciertos derechos que les ayuden a servir mejor a los demás. Pero se aprueba la moción primera, la de la línea democrática total.

Inmediatamente Fischer, el jefe responsable, va al hospital donde el P. Kentenich y le informa sobre el resultado. Entonces el P. Kentenich da su primer golpe de autoridad y dice que no lo acepta, porque significaría la destrucción de la Comunidad. Una Comunidad sin autoridad definida no prospera; sin sentido de obediencia no sale adelante. No lo acepta porque va en contra del actuar de Dios e interviene enérgicamente hasta que la comunidad se encauza por el verdadero camino. Luego les explica que no se están preparando para vivir sólo dos años en una Congregación Mariana, sino que en ella han de aprender a vivir como lo harán más tarde, en el mundo del mañana. Y les explica también que el verdadero concepto de autoridad es el de una autoridad clara, fuerte, con derechos definidos, pero siempre servidora, pues utiliza todas sus fuerzas para compartir responsabilidades, para estimular a los otros, para suscitar vida e iniciativas desde abajo.

Y esto se graba a sangre y fuego en el alma de todos los jóvenes y sobre todo después de esta discusión. Esos jóvenes de 15 y 16 años ya sabían claramente que una sociedad, que cualquier grupo humano, no puede crecer sano si no cuenta con una autoridad fuerte que emplee su poder para servir a la libertad de los demás.

Esto es importante para nosotros pues muchas veces, al escuchar que Schoenstatt quiere formar comunidades de tipo "familiar", podemos caer en el error de pensar que lo "familiar" significa algo "suelto", medio "al lote", "a lo amigo". Cuando el P. Kentenich habla de "familiar", supone también un ambiente de espontaneidad, pero no sólo eso. El quiere familias fuertes, fecundas, capaces de vencer y moldear la historia. Y para eso, estas comunidades familiares necesitan autoridades claras y con derechos definidos. Por eso, en Schoenstatt se exige que cada grupo tenga un jefe. De otro modo, una comunidad no se forma debidamente.

4. LA EXPERIENCIA QUE SUS HIJOS VAN TENIENDO DE SU PATERNIDAD

4.1. La actitud filial de los jóvenes

En todo este tiempo, el P. Kentenich se compromete con su gente y los jóvenes van descubriendo, por experiencia propia, la diferencia entre el P. Kentenich y otros sacerdotes. El, sin pensar que está siendo padre, ejerce su paternidad porque trata de ser fiel a Dios; y los muchachos se van convirtiendo en sus hijos, también sin darse cuenta.

Los primeros en descubrirlo son los que parten a la guerra, en concreto José Engling. José Engling estuvo un tiempo, acampando con su regimiento, en una zona donde había varios schoenstattianos quienes deciden tener una reunión con el párroco del lugar. Tratan de hacerla según el mismo estilo a que están acostumbrados en la Congregación Mariana, pero no lo consiguen en absoluto. En primer lugar, porque el párroco cree que tener una reunión significa que él debe dar una clase y no deja hablar a los jóvenes. Les imparte órdenes, les impone cosas que cree que les van a servir. Es un método totalmente diferente. Y entonces empiezan a darse cuenta de lo que es el P. Kentenich, de la forma tan original en que los trata y del estilo que se ha ido creando entre ellos y que no tiene nada que ver con lo que se practica en otras partes. Ahí van comprendiendo la originalidad del P. Kentenich.

José Engling es el primero en descubrirlo como padre. También es el primero que se entrega a él filialmente; no sólo como quien se entrega a un gran jefe, a un líder que lo guía, que lo respeta, que estimula su libertad, que le revela ideas grandiosas, que lo incita a actuar, sino también como a un padre que le acoge como hijo, también cuando él fracasa.

José Engling

Es conocido el episodio de la vida de José Engling cuando, después de haber estado en el frente ruso, su compañía viaja en tren durante muchas semanas y, allí, encerrado en los vagones del tren, sin tener nada que hacer, empieza a jugar a los naipes y lo coge la pasión por las cartas. Por ellas se olvida de su horario espiritual y de todos sus propósitos. Todas estas cosas habían sido asumidas libremente por José Engling. El P. Kentenich no las impuso. El no impuso el horario espiritual, ni el examen particular; tan sólo proponía diversas formas espirituales que fueron brotando en los mismos jóvenes. Sólo cuando él constató que todas estas cosas iban en la línea del hombre nuevo, que producían frutos provechosos y que se estaban probando en la vida de los jóvenes, entonces las fue proponiendo a otros. Pero el promotor y propulsor del horario espiritual no fue el P. Kentenich directamente sino José Engling bajo su conducción, quien empezó con algo así en el mes de Mayo de 1915, juntando contribuciones al Capital de Gracias bajo los símbolos de un

ramillete espiritual, ofrecido a la Madre tres veces Admirable. Todas las formas concretas de nuestra ascética fueron naciendo de los jóvenes y del P. Kentenich, en cuanto captaba lo que allí había de valioso, lo estimulaba y extendía.

Pero volvamos a José Engling y a sus naipes. A causa de ellos tiene un gran fracaso. Por entregarse apasionadamente a los naipes, siente la experiencia de su pequeñez humana, de su infidelidad a la Virgen y, arrepentido, le escribe una carta al P. Kentenich desde el pueblecito francés, Remonville. Es el primer documento en la historia de Schoenstatt donde se ve que alguien entrega su corazón al P. Kentenich como un verdadero hijo. José Engling no le habla en esa carta al gran jefe espiritual de la Congregación, sino a un padre a quien, con gran intimidad, pide perdón, como un hijo a su padre.

En toda esta época va surgiendo una historia muy hermosa y muy fecunda, que los jóvenes y el Padre fundador viven muy hondamente y que forjan en común. En el año 1935, al celebrar su bodas de plata sacerdotales, el P. Kentenich, refiriéndose a este tiempo, dirá:

> La obra que ha surgido aquí es, al mismo tiempo, obra de todos los que han colaborado conmigo. No se puede pensar en mí sin pensar en ustedes. La obra entera no se puede explicar sin su profunda ayuda y cooperación personal.(...)
>
> (Bodas de plata sacerdotales, 11.8.1935.)

Monumento recordatorio de José Engling (Cambrai)

Cuando el P. Kentenich quiere demostrar la divinidad de la Obra de Schoenstatt, es decir, que Schoenstatt responde a una iniciativa divina, siempre cita como argumento decisivo la pequeñez de los instrumentos que construyeron la Familia. Aquí uno puede preguntarse: ¿Podremos hablar realmente de "pequeñez humana" de los instrumentos viendo la personalidad excepcional de ese gran profeta que sacó ade-

Ayer en la tarde, uno de los antiguos, recordando el tiempo de la guerra, mencionaba que yo ya entonces debía haber tenido un corazón cálido, pues me preocupaba, sin hacerlo notar, de todo tipo de detalles: de un gorro, de un chaleco de lana, etc. Y es verdad; para la juventud de entonces, se despertó en mi corazón una gran calidez. Pero este desarrollo continuó, abarcando a todas las personas que Dios me ha confiado y que me han requerido.

(Bodas de plata sacerdotales, 11.8.1935)

J. Kentenich

1925, con la Federación de Mujeres

lante el Movimiento? Pero, al dar ese argumento, el P. Kentenich piensa especialmente en su propia historia personal y en los jóvenes, porque él no hubiera hecho nada sin ellos. La genialidad del P. Kentenich está en su capacidad para ir despertando vida a partir de los otros. Si él no tiene ante sí un "partner", un colaborador, no puede actuar. El necesita actuar en alianza con Dios y con los hombres. Por eso sintió muy hondamente que todo Schoenstatt había nacido de los jóvenes, que ellos eran realmente fundadores. Los jóvenes también lo sienten así, pero saben que es el P. Kentenich quien los ha ido guiando. Y, mutuamente, los jóvenes y él se van transformando en hijos y en padre respectivamente, ayudándose unos a otros.

En esta época, el P. Kentenich también pasa por pruebas grandes, por enfermedades graves. Estuvo al borde de la muerte, otra vez por causa de su bronquitis y del pulmón.

4.2. El trabajo con mujeres

Es interesante observar la actitud que el P. Kentenich toma en este tiempo frente a las mujeres. En su período de formación, él vio en algún lugar –no sabemos dónde– comportamientos de sacerdotes que no le agradaron. También puede ser que haya presenciado fracasos o caídas de sacerdotes. El hecho es que se dio cuenta de que el sacerdote no puede darse como camarada frente a la mujer, que lo estropea todo si se comporta como simple compañero frente a ella, situándose en un nivel horizontal, en un nivel que no le corresponde. El sacerdote tiene que ser un representante de Cristo, en el fondo, un padre. Por eso él se propuso no trabajar con mujeres hasta no estar firme en su personalidad paternal. Probablemente no lo formuló así, usando la palabra "paternal" pero ése era el sentido. Ya desde su tiempo de estudiante, él se había propuesto, de acuerdo a lo establecido en el Derecho Canónico, no trabajar directamente –excluidas las confesiones o cosas generales– como director espiritual de mujeres, hasta no cumplir los 35 años, es decir, hasta 1920. Buscaba así también un seguro humano que le diera la garantía de ser ya un hombre maduro, capaz de tener un trato paternal con las mujeres que se le acercaran. Y lo cumplió al pie de la letra.

Gertraud Gräfin von Bullion

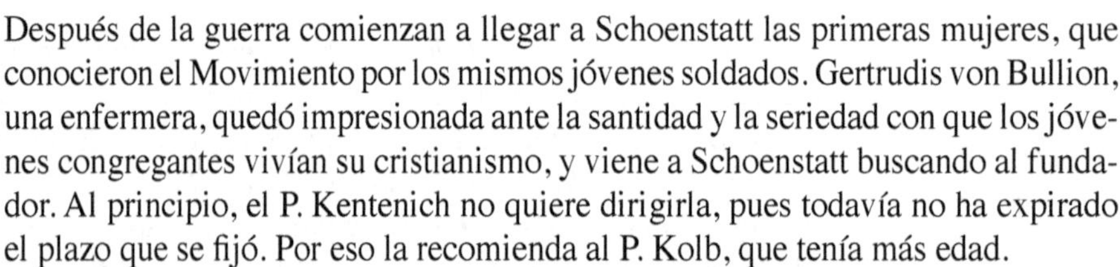

Después de la guerra comienzan a llegar a Schoenstatt las primeras mujeres, que conocieron el Movimiento por los mismos jóvenes soldados. Gertrudis von Bullion, una enfermera, quedó impresionada ante la santidad y la seriedad con que los jóvenes congregantes vivían su cristianismo, y viene a Schoenstatt buscando al fundador. Al principio, el P. Kentenich no quiere dirigirla, pues todavía no ha expirado el plazo que se fijó. Por eso la recomienda al P. Kolb, que tenía más edad.

Un poco después de 1920, se deja crecer barba y lo hace por un triple motivo: en primer lugar, porque en la comunidad de los Padres Pallottinos se usaba corrientemente la barba. Era una comunidad misionera y los padres que iban a África normalmente usaban barba. Esto no era algo extraordinario o exótico, sino muy corriente. Además, la barba le ofrecía cierta protección para su permanente bronquitis, al preservar su cuello del frío. Pero también, piensa que la barba puede darle una apariencia más madura, más paternal, lo que facilitará el trato con las mujeres, de manera que ellas lo sientan realmente como un transparente de Dios y no en primer lugar como un amigo o un compañero.

4.3. La identidad del Padre fundador con su Obra

Resumiendo, podemos decir que en este tiempo la paternidad del P. Kentenich se desarrolla espontáneamente, en el sentido de que no fue buscada por sí misma, sino que, más bien, se despliega como consecuencia de su fidelidad a Dios. También, en este tiempo, él va descubriendo con mucha mayor claridad su mundo interior, en la medida en que va entregándolo, en la medida en que va viendo cómo en los jóvenes se van haciendo vida los ideales que él lleva en el alma.

Entre 1919 y 1921 hubo una jornada con jóvenes que también para él fue muy importante. Les dio una charla sobre algunos puntos que veía como cosas evidentes –pues los había pensado desde niño– y tuvo un éxito inmenso. Esto significó para él una confirmación de que ese mundo que llevaba en su interior era la respuesta que anhelaban los hombres de hoy, especialmente los jóvenes.

El P. Kentenich fue tomando cada vez más conciencia de sí mismo. Y también los jóvenes fueron tomando conciencia de lo que era él. Y uno y otros van tomando conciencia de que Schoenstatt y el Padre fundador son inseparables. Sobre todo, él va sintiendo que Schoenstatt y todo lo que ha ido surgiendo desde 1912, son como una proyección interior de su propio yo.

Siento que, tarde o temprano, es mi deber descorrer el velo que cubre el misterio de mi alma. La Familia tiene derecho a ello, en tanto y en cuanto todo el Movimiento, en sus características y dimensiones espirituales propias, es una prolongación de mi propio yo. Debo agregar, por cierto, que esto fue así, sólo en tanto yo mismo constantemente acogí y elaboré creadoramente en mí el rostro interior y espiritual de mis colaboradores, de tal modo que aquí se puede constatar una singular biunidad espiritual.

(Carta al P. Köster, 17 de enero de 1955)

Recién en 1919 tomé conciencia de cuán original era el mundo que lentamente había surgido y se había formado en mí. Entonces dicté los primeros cursos de introducción a Schoenstatt para un puñado de estudiantes, particularmente de teología. Lo que expuse sin ninguna preparación especial -casi espontáneamente- lo encontraron tan extraordinariamente novedoso, en su contenido y forma, en la visión profunda y amplia, en su actualidad presente y su perspectiva futura, que efectivamente yo mismo por primera vez pude ver tan claro lo novedoso y poco común del mundo que vivía y actuaba en mí.(...)

(Estudio, 1960)

J. Kentenich

1922

Hay una anécdota que es de un tiempo posterior, pero que se refiere a esto. Fue en el año 1928, cuando ya se conocía la plática del 18 de Octubre como Acta de Fundación. Los Asesores del Movimiento vivían en la Casa de Ejercicios, en Schoenstatt, y se reunían a menudo con el P. Kentenich. Una vez, estando sentados a la mesa, el P. Menningen, que ya se había incorporado al grupo como asesor de los jóvenes y que era el menor de los allí presentes, le preguntó repentinamente cómo había llegado a descubrir el plan de Dios que le condujo al 18 de Octubre. Por primera vez, cuenta entonces el P. Kentenich los motivos que le llevaron a proponer a los jóvenes las ideas contenidas en esa plática. Después cuando se levantaron de la mesa y salieron, el P. Kolb –que era el más antiguo y a quien ya conocemos por haber ayudado al P. Kentenich para que fuera aceptado a la profesión en 1909– detuvo al P. Menningen y le llamó la atención por la ocurrencia de haber preguntado tal cosa al P. Kentenich. Razón de este reto era que él consideraba que todo lo que sucede en el alma de un hombre debe ser un secreto sagrado entre esa persona y Dios. Y él, el más joven de todos, se había tomado la atribución de preguntar públicamente al Padre fundador lo que pasó en su alma el 18 de Octubre. El P. Menningen se preocupó, pues había llegado recién a ese círculo, y el P. Kolb era una persona madura y venerable. Como tenía confianza con el P. Kentenich, fue donde él y le preguntó si realmente había sido irrespetuoso al hacerle esa pregunta en público. El P. Kentenich le contestó que de ninguna manera, que su alma no tenía secretos para la Familia, porque Schoenstatt y él eran una sola cosa.

Esto es lo que el Padre fundador va sintiendo ya en este primer tiempo; lo mismo sienten los jóvenes. Pero todavía no se ha dado un nombre a esta relación íntima entre el P. Kentenich y la incipiente Familia.

Es cierto, yo celebro mi jubileo con ustedes. Pienso en todos los que han trabajado conmigo durante estos veinticinco años. Sí, los he invitado a celebrar su jubileo. ¿No es cierto que con el tiempo se ha llegado a realizar lo que Dios había previsto desde toda eternidad? No sé si existe, en la época actual, otra comunidad como la nuestra en la cual el destino de sus dirigentes esté tan estrechamente vinculado con el destino del director de la Familia como sucede entre nosotros. Y lo que Dios ha unido no debe separarlo el hombre: Quod Deus iunxit homo non separet. (...)

La obra que ha surgido aquí es, al mismo tiempo, obra de todos los que han colaborado conmigo. No se puede pensar en mí sin pensar en ustedes. La obra entera no se puede explicar sin su profunda ayuda y cooperación personal.(...)

Pienso en todos los que, en el transcurso de estos 25 años, o en gran parte de ellos, han unido su destino con el mío. Lo repito una vez más: busquen ustedes en la actualidad una segunda comunidad donde ésta haya llegado a ser tanto espíritu del espíritu y carne de la carne de cada uno de sus miembros como entre nosotros. ¿O estoy exagerando? (...) No, ésta es mi convicción: toda la obra que ha surgido es, en igual forma, tanto obra de ustedes como mía.(...)

Para la gran mayoría sus destinos estuvieron, durante decenios, unidos al mío. Creo no equivocarme al afirmar que el llamado a Schoenstatt estuvo notoriamente vinculado a un primer encuentro personal. Les agradecería si luego confirmasen estas afirmaciones, porque me importa mucho que nos sintamos interiormente entrelazados unos con otros, tal como lo ha querido el Dios Uno y Trino desde la eternidad: Quod Deus iunxit homo non separet. Nuestra fidelidad recíproca se hará tanto más profunda y vigorosa cuanto más claramente percibamos la forma singular en que Dios ha entrelazado la vida y el destino de cada uno. Y bien, ¿dónde y cuándo ocurrieron esos encuentros? Sería una falta de tacto si tan públicamente se descorrieran los velos de tantos secretos. Si pienso en la primera generación, en todos los que actualmente, en forma inmediata, colaboran conmigo, es evidente que su entrega filial encontró una respuesta en mi vida y que toda su vida está unida con mi pensar y querer.(...) Toda la obra –a la que ahora contemplamos con admiración– creció a partir de este trabajo personal y comunitario, íntimamente solidario.(...)

Debo confesarles que ustedes mismos han ejercido una influencia extraordinariamente fuerte en mi propio desarrollo personal.(...) El libro que leo es el libro del tiempo, el libro de la vida y el libro de la santidad de sus almas. Si ustedes no me hubiesen abierto sus almas tan francamente, nunca se hubiera alcanzado la mayoría de nuestras conquistas espirituales. Esto no se aprende en libros, únicamente se puede aprender de la vida.(...)

Si quieren saber dónde se encuentra el secreto de esta sobreabundante fecundidad, puedo decirles que radica en esta profunda, íntima y mutua vinculación. Y a la pregunta que se hizo anteriormente, de dónde proviene esta riqueza del corazón y del espíritu, puedo responder lo siguiente: un hombre que ama, que en definitiva ha puesto su amor, profundamente, en el corazón de Dios, en cierto sentido toma parte de la inconmensurable riqueza de su amor. Y si hay algo que no empobrece es amar, regalar la calidez del corazón. Y ustedes pueden decirse a sí mismos, todos ustedes, los que me han requerido –ya sea abierta, ya calladamente– todos pueden decirse: Sin mí, él personalmente no hubiera llegado a ser lo que es hoy día.

(Bodas de Plata sacerdotales, 11.8.1935)

J. Kentenich

Cuanto más fuimos conducidos a la Santísima Virgen, tanto más fuertemente ella nos condujo a Cristo y, en Cristo, al Padre… ¿Qué necesita más la época actual que una corriente del Padre y una corriente de filialidad? … Desde un comienzo fue mi ideal conducir a todos ustedes a la Madre, y ella los tomó de la mano y los condujo al Padre. No olviden: el Padre es siempre lo último, lo más profundo; el Padre es el principio y el fin de toda la historia de salvación … En nuestra manera de pensar sencilla, que ve siempre naturaleza y gracia como un todo, vemos cómo Dios cuida de que en nuestro camino encontremos transparentes del Padre Dios. Si la Santísima Virgen quiere suscitar desde sus Santuarios una profunda renovación mundial, entonces tiene que preocuparse también de que los transparentes del Padre Dios, que el padre humano como reflejo del Padre Eterno, sea nuevamente el punto de reposo aquí en la tierra… Parece ser una de las tareas más esenciales de la Madre y Reina tres veces Admirable de Schoenstatt crear, desde sus Santuarios, esta doble corriente patrocéntrica. Desde hace años venimos diciendo que uno de los mensajes nucleares de Schoenstatt es el mensaje de Dios Padre, es el mensaje de su imagen terrena, del transparente de Dios, y éste como el medio más importante y vital para que se dé en forma viva y eficaz una profunda e íntima filialidad frente al Padre Dios…

Cristo declara ; "He manifestado tu Nombre a los míos…" ¿Saben qué nombre es? Es el nombre del Padre que hoy ya no suena más. ¡Cuántos millones de hombres ya no tienen padre! ¿Cómo suena hoy la palabra padre? Millones y millones de hombres no tienen idea de los rasgos paternales de Dios, porque nunca han percibido el reflejo de este Dios, estos rasgos paternales, en su padre humano. Ustedes saben cuán profundamente impulsado me he sentido a sacrificarlo todo para que se tornara realidad este orden salvífico de Dios. Como ustedes saben, esto sucedió incluso donde hubo que chocar con costumbres tradicionales y donde se tuvo que llegar a prácticas que no eran usuales … La Santísima Virgen

nos condujo al Padre. Ella nos enseñó a rezar "Padre nuestro, Padre, te agradezco que me hayas revelado esto a mí. Te agradezco porque lo has revelado a los pequeños. Te agradezco que nos hayas revelado a nosotros todo el mundo de la sencilla filialidad. Te agradecemos porque hemos encontrado al Padre...

(*Florencio Varela*, 19.3.52)

J. Kentenich

río, agua hacia el mar

desde la nieve descuelgas
tu fragancia transparente,
eres alegre como el corderillo que trisca
entre las primeras hierbas del año,
bajas y cantas como hijo y los pájaros aprenden de ti
más alegría, más levedad;
vienes recogiendo todos los flecos del agua
que la montaña de Dios
puso en tus manos abiertas,

vienes sumando luz y humedades fecundas,
vienes y eres un gran río
que despliega los almendros y los trigos,
vienes y te llevas nuestra barca
hacia el mar donde nacimos.

P. Joaquín Alliende L.

CAPÍTULO TERCERO

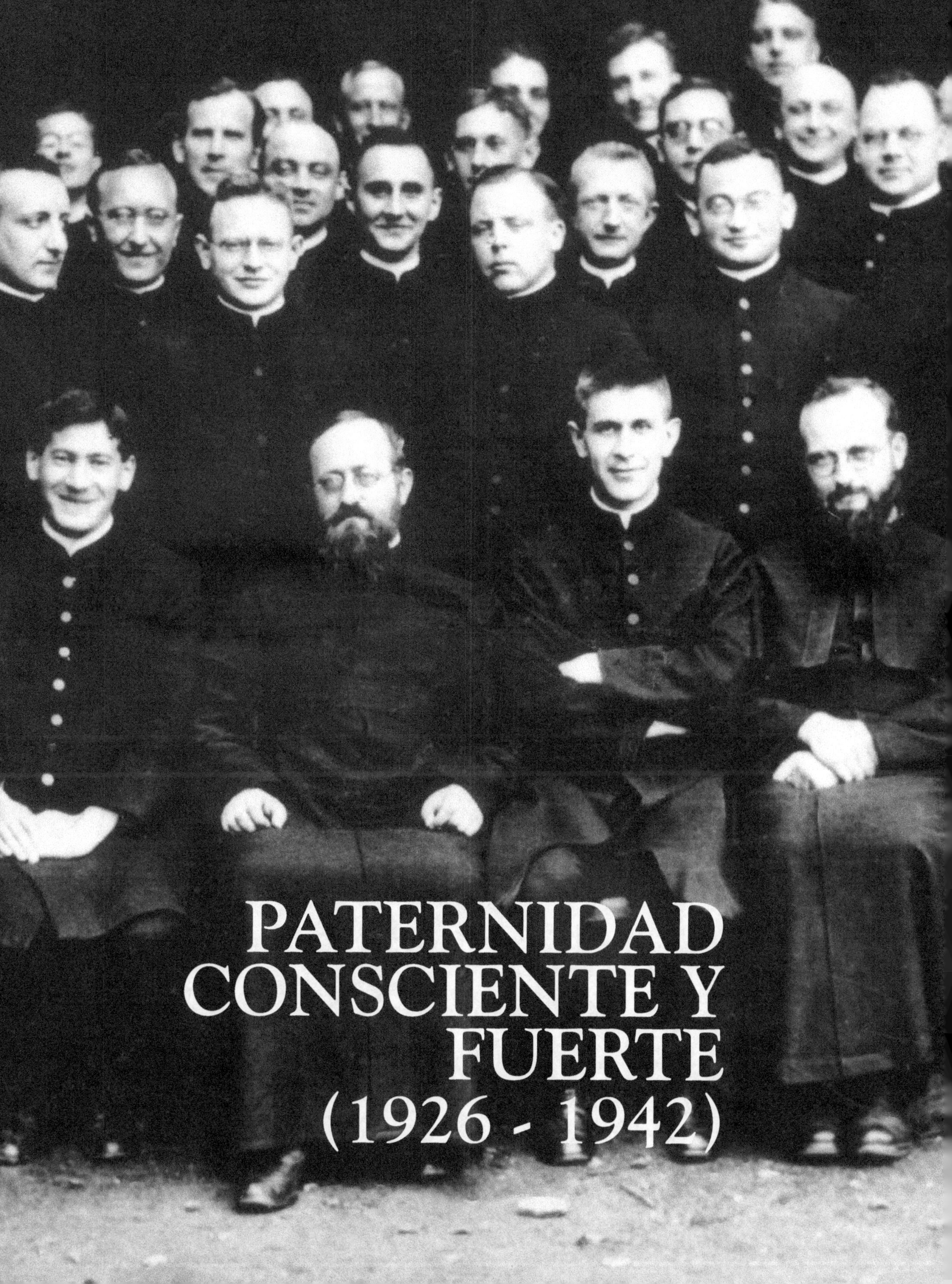

PATERNIDAD CONSCIENTE Y FUERTE (1926 - 1942)

TERCERA ETAPA

En 1926 se inicia la etapa que hemos llamado paternidad consciente y fuerte. Primero explicaremos por qué hablamos de paternidad "consciente".

1. UNA PATERNIDAD CONSCIENTE

1.1. Dos hechos decisivos

En 1926 suceden dos cosas importantes que ayudan al P. Kentenich a tomar conciencia reflexiva de su personalidad y de su misión paternal.

En primer lugar, él lee en una revista un artículo sobre el sacerdocio como paternidad y en el que se habla del sacerdote como transparente, como representante de la paternidad de Dios. En ese momento, se da cuenta que eso es lo que él ha estado experimentando y viviendo, que él ha estado siendo padre y que su ideal sacerdotal es un ideal de paternidad. Es decir, en ese momento descubre el nombre de lo que él ya ha vivido. Este artículo le mueve a reflexionar sobre su historia y sobre todas las experiencias sacerdotales que ha tenido y que ahora descubre como experiencias paternales. Esto también le ayuda decisivamente a descubrir el rostro de Dios como Padre. Se dice: Lo que yo he estado viviendo es paternidad. La relación de los jóvenes conmigo es una relación filial–paternal. Luego toda la actitud que ellos han tenido frente a mí –con su entrega y su confianza– es semejante a la que hemos de tener nosotros ante Dios. Pero todo esto también quiere decir que el corazón de Dios siente por nosotros un amor, una preocupación semejante a la que yo siento por mis jóvenes. Este momento es muy importante para el P. Kentenich, en su encuentro con Dios como Padre. Su paternidad ejercida y reconocida como tal es la que le abre el camino al corazón paternal de Dios.

Otro hecho importante, y que marca la culminación de todo este desarrollo, ocurre en la Navidad de 1926.

En Octubre, el P. Kentenich ha fundado el Instituto de las Hermanas Marianas. Forman un grupito pequeño. Viven juntas en una casa y recién comienza a plasmarse su comunidad. El P. Kentenich es por ese tiempo capellán de un convento de religiosas en un pueblo distante unos 8 kms. de Schoenstatt. Vive allá y vuelve a Schoenstatt cada vez que hay un retiro, una jornada o algo semejante.

El 24 de diciembre, en la vigilia de Navidad, vino donde las Hermanas, les deseó una feliz Nochebuena y les prometió visitarlas al día siguiente. Pero en la noche celebró la Misa en el convento donde era capellán. Cuando volvió al día siguiente, se encontró con que las Hermanas se quejan de que nunca se ha visto que un padre deje a sus hijos solos en la noche de Navidad.

Esto impresionó hondamente al Padre fundador, porque se dio cuenta que las Hermanas lo sentían no sólo como un representante del Padre Dios en el plano espiritual, sino también, de alguna manera, como un verdadero padre, humano y espiritual. Para ellas era evidente que tenían el derecho de pedir su presencia en la noche de Navidad. El P. Kentenich que durante todo este año ha estado reflexionando sobre la paternidad, se da cuenta que detrás de este incidente hay una voz divina y que Dios lo quiere más padre, no sólo en un plano sobrenatural, sino también más cercano humanamente.

La fundación del Instituto de las Hermanas de María fue muy importante para el Padre fundador, en cuanto al desarrollo de su paternidad. El ha dicho que el alma femenina es instintivamente filial, que vibra muy fuertemente con la filialidad. Por eso, gracias a su trato más íntimo con el alma femenina, a través del Instituto de las Hermanas recién fundado, el P. Kentenich capta con mayor claridad la necesidad de padre que tienen los hombres, y de un padre que no sólo los oriente hacia Dios, sino que, también se les entregue con cercanía humana.

El P. Kentenich siempre había estado cercano a los jóvenes y por eso los había atraído. Pero no había tenido conciencia de que eso fuera paternidad. Tampoco tenía tanta conciencia de la importancia del calor humano de esa paternidad. Todo eso se le hace más claro en el año 1926. Y empieza así a ejercer una paternidad cada vez más cercana, porque es más consciente y también más cálida.

1.2. Profundización de este desarrollo

Pero, aunque ha comprendido esto frente a la comunidad de las Hermanas, el P. Kentenich piensa todavía lo siguiente: Siempre he querido que cada comunidad se dirija a sí misma, por lo tanto he de dejarles la mayor autonomía posible y, de acuerdo a mi principio de suscitar jefes, a ellas, como mujeres, las voy a dirigir por medio de su Superiora General (recién nombrada). Ella será la madre de la Comunidad y yo permaneceré en segundo plano.

Pero el desarrollo entre los años 1926 y 1930 le demuestra que eso no basta. Las Hermanas formaban un núcleo más íntimo que las otras comunidades dirigidas por él hasta entonces. Los jóvenes y los sacerdotes nunca habían llegado a ser una comunidad tan estrecha y tan verdaderamente familiar como la de las Hermanas. El Padre fundador se va dando cuenta que a esta Comunidad, donde el espíritu de Schoenstatt está siendo vivido con una intensidad hasta ese momento no igualada por ninguna otra comunidad, no le bastaba con tener una madre, como representante de la Virgen o de Dios. Porque querían ser verdadera familia, necesitaban también

Emilie Engel

un padre, un padre sacerdotal; así como la familia humana está constituida por el padre y la madre. Por eso, él tenía que ser el padre en forma directa, estando mucho más cerca de las Hermanas, de lo que había creído necesario en un comienzo. Comprendió que él no podía ser suficientemente representado por la Superiora General y, que por eso, las Hermanas necesariamente lo buscaban. A través de todo esto, también advierte que el padre transmite algo que no puede dar la madre. La madre puede ser muy acogedora, pero el padre da una sensación de seguridad muy importante y posee una capacidad de conducir a Dios Padre, de representar sensiblemente ciertos rasgos suyos que la madre no tiene.

Todo este proceso va haciendo que el Padre fundador comprenda más plenamente el misterio de la paternidad sacerdotal y su importancia para la formación del hombre nuevo.

Gertraud Gräfin von Bullion

Paulatina y lentamente las Hermanas ven al P. Kentenich como un padre. El idioma alemán tiene en este sentido dos palabras, a diferencia del castellano que sólo posee una. Cuando nosotros nos dirigimos a un sacerdote le llamamos "padre", incluyendo en esta expresión su carácter de sacerdote y, también, su personalidad paternal. En Alemania al sacerdote se le dice "Pater" (término latino que significa padre), pero la palabra padre, en el sentido paternal, es otra: "Vater".

Al comienzo la Familia le dice al Padre: "Herr Pater" (lo que equivale más bien a "Reverendo Padre". Así se le llama públicamente. Sin embargo, hay documentos que atestiguan que, desde un comienzo, se lo va sintiendo interiormente como verdadero padre, como "Vater", aunque nada de ello salga al exterior. El padre –hacia afuera– sigue siendo "Herr Pater" en el sentido sacerdotal y la relación filial con él permanece mas bien oculta, expresándose fundamentalmente en la confesión.

Annette Nailis

Ya en esa época, el Padre fundador empieza a tratar a sus dirigidos en la confesión usando la palabra "Kind", que se traduce en primer lugar por "niño", aunque también se puede usar como "hijo". Existe también otra palabra alemana que significa hijo: "Sohn" y "Tochter", hija."Kind" es sólo para los hijos más pequeños. Pero ésta no tiene la intimidad, el calor humano, que encierra la palabra "Kind". En la confesión el Padre fundador emplea a menudo este término. Por ejemplo pregunta: ¿Qué le ha pasado al hijo o a la hija (Kind) en este tiempo? ¿Qué problemas tiene? Y las personas empiezan a sentirse muy acogidas por él en la dirección espiritual y en la confesión, pero de eso no se habla en público. Sienten al Padre fundador como verdadero padre, pero cada uno guarda esto en el silencio del corazón. Es algo que no sale a la luz pública; es algo que se va desarrollando en el interior.

Esta es una de las razones por qué no se habla de esta relación filial–paternal: porque es algo que los hijos e hijas del Padre van viviendo en su fuero más íntimo y

El estudio del Padre Menningen me trae nuevamente a la conciencia que no tengo derecho de ver y tratar mi historia espiritual como un secreto personal, sino que tengo el deber de considerarla como bien común de la Familia. La razón es que toda la historia de la Familia es, según se puede comprobar, una prolongación y repetición de mi propia historia espiritual (...)

Debe sostenerse como una especie de dogma que a lo largo de toda la historia de la Familia jamás aparezco solo. Por una parte, aparezco solamente en contacto muy vital con la Santísima Virgen, y por otra, en íntima y entrañabilísima vinculación con los míos. Por eso puedo decir con todo derecho: el "nada sin ti" se refiere en mi caso no sólo a la Santísima Virgen sino también a mis seguidores. En consecuencia, en el sentido indicado, todo lo que surgió es una obra común. No fue de manera casual o accidental, o por meros motivos tácticos, que utilicé la vida espiritual de mis seguidores como fuente de conocimiento y campo de cultivo. No, esto siempre ocurrió con plena conciencia de un plan divino. Tampoco se trata sólo, o ante todo, de una comunidad de trabajo o acción. El fundamento fue siempre una amplia comunidad espiritual: un único y peculiar estar espiritualmente el uno en el otro, con el otro, para el otro. Por lo tanto, un proceso vital de una extraordinaria fuerza creadora. Desde el inicio fue así. Por eso, lo que irrumpió en forma elemental en 1942 y a continuación, y buscó perpetuarse en el acto filial o de seguimiento, es tan sólo la culminación de una corriente que fue creciendo año tras año y al fin arrastró diques y represas. El ideal de Familia ya estaba vivo profundamente en nosotros mucho antes de anunciarlo reflexivamente. En suma: en la historia de la Familia no estoy como persona individual aislada sino siempre como cabeza de la Familia. Se podrían enumerar incontables pruebas de esta íntima comunión e identificación entre mi historia espiritual y la de la Familia.

(Bausteine, 1955)

J. Kentenich

personal. Pero también hay otra cosa: el mismo P. Kentenich no quiere ponerse en primer plano, sino reservarle ese lugar a Dios.

2. UNA PATERNIDAD FUERTE

Pero este hombre, que se va sintiendo y revelando a sus hijos cada vez más como una personalidad paternal, aparece también como un hombre con mucha fuerza interior. Fuera de este trato en la dirección espiritual o en la confesión, donde la gente lo siente como un padre verdaderamente cariñoso y acogedor, lo que más resplandece en él hacia afuera es la fuerza de su personalidad. El P. Kentenich es una personalidad muy potente, que aparece como un gran jefe, como un gran profeta, un gran educador. Es paternal, porque está consciente de que debe serlo, pero podríamos decir que, durante todo este tiempo, más bien es el jefe fuerte: paternal sí, pero más que nada "jefe". Lo "paternal" aparece más bien como adjetivo. A medida que va pasando el tiempo, sin embargo, irán invirtiéndose los términos. Poco a poco lo paternal dejará de ser adjetivo y empezará a ser sustantivo. Después del 20 de Enero, él ya no es más un "jefe paternal", sino un "padre que guía".

2.1. El jefe profético visionario

Veamos un poco esta personalidad del P. Kentenich como jefe paternal, como jefe profético y visionario.

El ha comenzado trabajando con jóvenes seminaristas. Después de la guerra llegan otros jóvenes y teólogos. En la década del 20 se dedica especialmente al Movimiento. Cuando éste se funda oficialmente, en 1919, como un Movimiento independiente del Seminario pallottino, el P. Kentenich deja el Seminario Menor, deja la fuente de la que nació el Movimiento. Otros

Como miembro de la Iglesia combatiente y al igual que ella, Schoenstatt es hijo de la guerra, nació en la guerra y creció en la guerra. Siempre estuvo sacudido por la lucha. Así será y deberá ser siempre, si quiere ser fiel a su misión original.(...)

De ahí en adelante, Dios habló más claramente a través de las circunstancias. Año a año su luz subió más y más alto. Su rostro brilló más claro y radiante en medio de la historia de la Familia y del tiempo actual.(...)

Así creció en nosotros una marcada conciencia histórica, es decir, la convicción de que Schoenstatt tiene una misión creadora de historia para la realización de una clara y definida visión de futuro, convicción que emana de una profunda interpretación providencialista de la historia. Así surgió Schoenstatt, así creció, así se pertrecha para nuevos trabajos, para nuevas luchas, para nuevas victorias. El hijo de la guerra es un hijo de la Providencia y quiere serlo para siempre. (...)

Dios, en su bondad y misericordia, llamó de esta manera a Schoenstatt y le ofreció, sin mérito alguno, esta misión tan grande. A través del acontecer del tiempo ha develado claramente su rostro y sus deseos. Y humilde, magnánimo y lleno de confianza, Schoenstatt le respondió: "ecce adsum, mitte me" (heme aquí, envíame).

(*Carta de Octubre*, 1949)

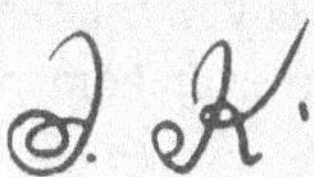

sacerdotes, formados en la escuela del Padre fundador, empiezan a ocuparse de los seminaristas y él se dedica por entero a trabajar con ese Movimiento que nace afuera, consagrando su tiempo especialmente a los teólogos, a los sacerdotes y a los profesores. Predica cursos que causan sensación y, poco a poco, se convierte en el predicador más grande de Alemania. (Me estoy refiriendo a todo el período entre los años 1926 y 1942). Centenas de sacerdotes pasan por los cursos del P. Kentenich en la década del 30. Prácticamente casi todo el clero alemán fue a Schoenstatt a escucharlo. Quien no lo había escuchado por esos años "no estaba en la onda".

Era el hombre de moda, y lo fue porque en sus retiros supo captar todo lo que inquietaba a los hombres de su tiempo.

2.1.1. El enfrentamiento con los problemas sociales

¿Cuál era uno de los grandes temas que predicaba el Padre fundador a fines de la década del 20 y comienzos de la del 30? Los temas sociales, esos mismos temas que tanto nos inquietan hoy; toda la problemática derivada de la construcción de una sociedad nueva. Entre los años 1928 y 1932, el P. Kentenich trata muy a fondo, por ejemplo, todos los problemas referentes al capitalismo y al marxismo. Conoce bien a Marx; conoce el marxismo y conoce el liberalismo económico y su historia; conoce la crisis social por la que está pasando Alemania. Enfoca, desde este punto de vista, el gran tema de su vida: el hombre nuevo en la nueva comunidad.

A fines de la década del 20 y principios de la del 30, Alemania pasa por una crisis económica y social muy aguda. En primer lugar, es un país que ha perdido una guerra. A fines de la Primera Guerra ya había habido una revolución socialista que falló. El partido socialista y el marxismo eran sumamente fuertes. La situación de los obreros era lastimosa. Además, al terminar la década del 20, viene una deflación a nivel mundial, que repercute fuertemente en Alemania. En 1931, hay en Alemania alrededor de cinco millones de obreros desocupados, de padres de familia sin trabajo. Hay hambre, cesantía y los obreros viven en condiciones inhumanas.

El P. Kentenich, como el gran profeta, trata de iluminar el sentido de lo que pasa y de abrir caminos para la renovación social del mundo, a la luz de su imagen del hombre nuevo y de la nueva comunidad y de la misión de María en la construcción de esa nueva sociedad. Sabemos en qué línea va el camino: educar un hombre personalizado, formar una comunidad unida sobre la base de una solidaridad verdaderamente interior como único medio para lograr lo anterior.

Lo que más impresiona al P. Kentenich es la situación de desarraigo en que vive el obrero moderno. El habla de la necesidad de "desproletarizar" al mundo moderno y a la Iglesia de hoy. Y ¿qué entiende por "desproletarizar"? Volver a personalizar. Ve que el obrero es un hombre sin vínculos, que las fábricas lo han arrancado de

su terruño, del campo que cultivaba; que le han hecho cortar con su tradición, que le imponen un ritmo de producción que le impide llevar una vida familiar sana y echar raíces. Es un nómada, un solitario dentro de la gran ciudad.

El P. Kentenich también se da cuenta que ese espíritu impersonal, que lleva a tratar al hombre como cosa, contagia también a la Iglesia y que es necesario construir –a partir de una renovación de la misma Iglesia– todo un mundo nuevo de hombres libres y hermanos, pero dentro de un ambiente de personalización y de una sociedad que sea verdadera familia.

Entre 1928 y 1931 habla sobre este importante tema. A comienzos de la década del 30, empiezan también sus grandes jornadas pedagógicas. En ellas muestra que el camino hacia la construcción de ese mundo nuevo, de ese hombre nuevo y de esa sociedad nueva que él propone, es fundamentalmente pedagógico: que es necesario trabajar en base a la educación, en base al cambio de los hombres, y da como principios orientadores para este trabajo lo que él mismo ha ido probando desde el comienzo de su labor de educador.

El aparece como un hombre dotado de una fuerza creadora extraordinaria, que trae ideas totalmente nuevas, que promueve una vida que renueva y que infunde esa vida y esas ideas nuevas no sólo al Movimiento sino también a toda la Iglesia alemana. Y a medida que va dando más y más de sí mismo, va comprendiendo mejor lo que Dios quiere de él y de Schoenstatt.

2.1.2. Las primeras dificultades con la Iglesia: las "ideas originales"

En los años 1934 y 1935 se producen las primeras dificultades con algunas autoridades de la Iglesia. ¿Cuál fue la causa? Por un lado, el Movimiento de Schoenstatt crece ampliamente, se extiende por Alemania y ejerce una evidente atracción.

Y, por otro lado, Schoenstatt es conocido en sus "ideas originales". Por eso, se criticaba a Schoenstatt que sus miembros decían haber sellado un "contrato bilateral" con la Virgen –todavía no se habla de Alianza de Amor en forma generalizada– y se suscita un escándalo porque los schoenstattianos "pretendían obligar a Dios mediante un contrato", del mismo modo como se establecen relaciones comerciales. Decían: el hombre no tiene derecho de exigir a Dios que le conceda gracias en base a un contrato...

Esta situación obliga al P. Kentenich a desarrollar y explicar el "misterio de Schoenstatt" profundizando la idea del contrato y poniendo muy en claro que se trata de un contrato *gratuito*, de un contrato que Dios mismo propuso por puro amor el 18 de Octubre de 1914. Dios ofreció libremente esta alianza, o contrato como se le llamaba entonces.

Nuestro movimiento se halla por el momento en un estadio en que puede tender hacia una cierta influencia mundial. Lo que pretendemos y cómo lo pretendemos, en cuanto organismo y en cuanto organización, tiene tal parecido con el mundo que se está gestando, que ahora debemos hacer un supremo esfuerzo para ver nuestra misión y llevar a la Iglesia la bendición tantas veces prometida desde aquí. Recuerde las palabras que estallaron con tanta fuerza un día: "A la sombra del Santuario..." (...)

Erija usted un segundo Schoenstatt en consonancia con las leyes y formas de aquí. Si usted penetra a fondo en toda la estructura íntima de nuestro movimiento, verá que aquí cristianizamos todas las corrientes modernas de la época y las bautizamos, incorporándolas en una síntesis orgánica propia, lo que constituye ya, aun solamente desde el punto de vista natural, todo un baluarte contra el espíritu enfermo de nuestro tiempo. Añada usted a todo esto un sólido arraigo sobrenatural y la intercesión de la Santísima Virgen, como Medianera de las gracias, y tendrá en sus manos un perfecto instrumento de ataque y defensa para nuestro tiempo y para nuestro mundo de hoy.

(Carta a Mons. Hennemann, Obispo de Ciudad del Cabo, Africa. Marzo de 1934)

J. Kentenich

Sobre este punto se inicia un vasto intercambio de cartas, de reflexiones y discusiones intelectuales con el Obispo de Limburgo, que ayudan mucho al crecimiento de la Familia, sobre todo porque la llevan a analizar a fondo el misterio de Schoenstatt, la presencia de la Santísima Virgen en el Santuario y la vinculación local de sus gracias al Santuario. Todo esto se somete a una elaboración reflexiva muy seria durante todo este tiempo. Pero estas divergencias culminarán años más tarde, en una prueba especial para la Obra: la visitación canónica.

La palabra "alianza" aparece más tarde. Parece que el P. Kastner –que fue un tiempo Director del Movimiento– la usó por los años 1936 y 1937, para explicar las ideas del Padre fundador. Este la tomó oficialmente alrededor de 1943, para definir el misterio central de Schoenstatt. Es interesante observar que en Schoenstatt siempre está primero la vida y que, recién después, se va poniendo nombre a las experiencias vitales. Ya lo vimos así también en relación a la paternidad del P. Kentenich.

2.2. El Padre fundador frente al nacionalsocialismo

Pero en este tiempo él no se limita a ser únicamente una extraordinaria fuente de ideas y de vida, sino que aparece como una antorcha que va a iluminar a la iglesia alemana en un momento muy álgido de su historia.

A comienzos de la década de 1930, lo más grave en Alemania no es la crisis económica, sino las consecuencias que traerá. La angustia y la situación de miseria en que vivían los obreros les apremiaban a aferrarse a cualquier esperanza, a cualquier liberador, a alguien que prometiera cambiar las cosas. Y cuando surge Hitler, depositan en él todas sus esperanzas y creen que él va a traer aquella Alemania nueva que todos anhelan y que Hitler mismo les promete. Incluso en los círculos católicos se des-

pierta esa gran esperanza. Creen que en ese anhelo de patria nueva, del que habla Hitler, que en ese anhelo por rescatar la dignidad del pueblo alemán, hay algo positivo. Hitler procura estimular la solidaridad, la dignidad del pueblo que se sentía humillado después de una guerra perdida, después de una gran crisis económica, y los envía a construir una patria nueva. Hitler trae espíritu nacional, despierta ánimo. La juventud se entusiasma, inventa cantos, banderas, se hacen campamentos de juventud, viene todo un proceso de efervescencia social. Y muchos católicos creen que allí hay valores grandes que ellos han de captar y bautizar.

El P. Kentenich, que desde un comienzo había recibido de Dios la misión de educar al hombre nuevo en una nueva comunidad, según el espíritu de María, a ese hombre y a esa comunidad que van a vencer al hombre colectivista, al hombre masa, al hombre sin vínculos, "huele" un alma colectivista detrás del nacionalsocialismo. Se da cuenta que el nazismo no va por buen camino, que allí hay algo desviado que no puede conducir a nada bueno: descubre una raíz de soberbia y un naturalismo que fatalmente conducirán al desastre. Y mientras el noventa por ciento de los jefes de la Iglesia alemana son engañados por las falsas palabras de Hitler, él es una de las pocas personas que levanta su voz en contra.

Hace poco se publicaron en Alemania dos tomos de documentos de esa época. Según ellos son escasísimas las personas que captaron lo que se le venía encima a Alemania. Y un detalle curioso: los más alertas fueron personas simples, algunos líderes obreros y campesinos quienes, por intuición o buen "olfato", se dieron cuenta que la cosa iba mal. La mayoría de la gente de ciudad, de los dirigentes de la juventud, de los sacerdotes, cayeron en la trampa. Muchas personas, incluso de la categoría del Obispo de Münster –más tarde apodado el "León de Münster" por su fuerte resistencia a Hitler– no vieron claro en un comienzo.

El Obispo de Münster tuvo una conversación muy importante con el P. Kentenich alrededor del año 1934; no recuerdo exactamente la fecha. Este Obispo, Mons. von Galen, está enterado de que el P. Kentenich no comparte el optimismo reinante y de que se muestra desconfiado ante el nuevo régimen. Por lo mismo le preguntó:

"¿No cree usted que detrás de todo este proceso hay una voz de Dios y que el nacionalsocialismo puede ser bautizado?". A lo que el P. Kentenich repuso: "Sinceramente no veo dónde se le podría dejar caer el agua bautismal".

El P. Kentenich se da cuenta de que vienen tiempos difíciles, tiempos durísimos, para los cuales es necesario prepararse. Hasta ahora los temas de sus retiros se habían centrado en dar orientaciones espirituales, sociales y pedagógicas, encaminadas a la construcción de ese mundo nuevo con que él sueña. Pero, a medida que

empiezan a agolparse nubes negras en el horizonte, comprende que no puede seguir por ese camino y que debe retomar lo esencial.

¿De qué empieza a hablar a partir de 1937? Da los grandes retiros sobre la filialidad. Comienza a darse cuenta de que lo que se viene encima es tan avasallador que no bastarán las hermosas ideas sociales ni los mejores métodos pedagógicos para hacerle frente, sino que sólo hombres profundamente anclados en el corazón de Dios y de la Santísima Virgen podrán oponerle resistencia. Y empieza entonces a predicar con insistencia sobre la filialidad. La forma como lo hace revela que se basa en experiencias personales. El rostro de Dios que él muestra en esos años a la Familia es extraordinario.

¿Cómo venció la Familia al nacionalsocialismo? No porque se sintiera una organización estupenda, poseedora de métodos humanos extraordinarios para luchar de igual a igual con el nacionalsocialismo y combatir sus ideas. ¡No! Ella venció al nacionalsocialismo porque se sintió una Familia profundamente cobijada en el corazón de Dios. El P. Kentenich muestra en sus retiros a un Dios Padre que ama con predilección a los pequeños y a los débiles; a un Dios que quiere glorificarse especialmente en los pequeños y que los escoge para realizar, a través de ellos, sus obras más grandes, justamente porque son pequeños.

Y puede hablar tan vitalmente de este Dios porque ésa es la imagen que Dios le ha revelado a través de su crisis de juventud. Se da cuenta que vienen horas de angustia, como las que él vivió en aquel tiempo, y sabe, por experiencia, que quien no se cobija en el corazón de Dios, a través de María como lo hizo él, no sobrevivirá a este cataclismo y la historia lo barrerá. Por eso comienza a trabajar en esa línea.

Una interesante constatación posterior. Muchos de los que participaron en sus retiros y que después no retornaron a Schoenstatt, fueron barridos por el vendaval y de ellos no quedó nada. La gente que quedó y con la cual renació Schoenstatt, durante y después de la guerra, fue la gente que siguió al P. Kentenich por el camino de la Alianza y del encuentro filial con Dios a través de María, fue la que captó esos retiros sobre la filialidad y sobre la Virgen, dados por él en los años que precedieron a su cautiverio.

1925

El P. Kentenich veía la necesidad de ambas cosas: sabía que su pedagogía podía ser muy efectiva, que su imagen de la nueva sociedad podía ser muy certera, pero sabía también que quien no captaba la Alianza de Amor como el origen de todo ello, y que quien no estaba dispuesto a dejarse educar filialmente en el corazón de María, iba a olvidar todos esos principios cuando llegara el momento de la lucha. Y así fue.

Debemos ser capaces de crear un mundo nuevo en la retaguardia y a partir de principios últimos. De suerte que para el caso en que se destruyan nuestras asociaciones y organizaciones, que son como nuestras realidades penúltimas, podamos crear un mundo nuevo y tener preparadas nuevas formas a partir de las realidades últimas. No podemos existir sin formas, y entonces nos preguntamos qué formas pueden ser destruidas y cómo se originan formas nuevas a partir de principios últimos y de fuerzas motrices últimas. (...)

Si llegara un tiempo en que todo se desmoronase, nosotros tenemos que estar ahí, tenemos que salvar la Iglesia para otros tiempos.

(Jornada sobre el misterio de Schoenstatt, 1933)

Queremos contribuir a crear un nuevo tipo de hombre, el hombre que necesita la Iglesia para superar interiormente las graves perturbaciones, y una familia de nuevo cuño, una comunidad santa. Nuestra obra tiene que hacer de nosotros hombres santos. ¡Ay de nosotros si somos superficiales, si los miembros de la Familia dejamos de ser portadores de Dios y comenzamos a ser charlatanes de Dios! Tenemos que luchar por una santidad real.

(Bodas de plata sacerdotales, 8 de julio de 1935)

La herejía de los siglos venideros es el bolchevismo. Pueden ustedes notar oscilaciones y vaivenes en este modelo, percibir diferencias en las diferentes naciones; pero el bolchevismo se desencadena como el gran peligro para la Iglesia en todos los países civilizados, sea que nos encontremos en Europa, Asia, en América o en cualquier otra parte del mundo. Por eso, el conocedor de esta época que quiera ayudar a la Iglesia, el que desee ser instrumento en manos de Dios, tiene que hacerse a la idea de cooperar a superar el espíritu bolchevique en sí mismo y en su derredor. Y, por consiguiente, quien pretenda trazar y presentar la imagen del hombre de hoy, ha de comenzar por conocer en concreto la imagen del hombre bolchevique.

(Ejercicios sobre "La perfecta alegría de la vida sacerdotal", 1934)

J. Kentenich

Por eso, al P. Kentenich le interesaba, en primer lugar, cavar hondo, vitalizar la Alianza de Amor e ir conduciendo a la Familia, en forma cada vez más intensa, hacia una auténtica vida de Alianza, al Poder en Blanco, a la Inscriptio.

Altar del Santuario, con la bandera de la Congregación Mariana.

Y tanto insistió en este ahondamiento de la alianza, que algunos –en especial entre los sacerdotes pallottinos– comienzan a protestar por esta exigencia de una vida espiritual tan intensa. Reclaman que todavía no han terminado de elaborar la corriente del Poder en Blanco cuando ya viene una nueva, la de la Inscriptio. El responde que no es culpa suya el que la historia del mundo y de Alemania se acelere con tal velocidad como lo está haciendo; y que si ellos, los schoenstattianos, no se preocupan también de acelerar proporcionalmente su vida interior, no podrán resistir la fuerza contraria.

Lo cierto es que disminuyeron los sacerdotes Pallottinos en Schoenstatt después de la guerra. Su Sociedad, como tal, no pudo seguir a Schoenstatt. Sólo permanecieron las personas que siguieron al P. Kentenich en la línea del Poder en Blanco y de la Inscriptio. Los que se entusiasmaron sólo con sus principios pedagógicos o con sus ideas acerca de la nueva sociedad no perduraron, porque no habían construido sobre roca.

Como un singular don de la gracia, tenemos que consignar el hecho de que, en el día del jubileo, la Familia en su totalidad ha llegado a tal madurez y ha arraigado tan hondamente en el espíritu del contrato fundacional y de la consagración, que se declara dispuesta a ofrendar a la Madre tres veces Admirable de Schoenstatt, no sólo todas las facultades del alma y del cuerpo, no sólo las propiedades y posesiones espirituales y terrenas, sino también la propia vida, siempre y por entero, en favor de su Obra.

Con este Poder en Blanco reiteramos, a nuestro modo, el "hágase" y el "he aquí la esclava del Señor" que pronunció la Santísima Virgen en la escena de la Anunciación. Con estas palabras ella se declaró dispuesta sin más a aceptar ciegamente todos los reveses del destino que estaban comprendidos en su maternidad, según la voluntad y la permisión de Dios... Su vida entera estuvo al servicio incondicional de Aquel que la había escogido para ser su Madre, Esposa y Compañera. ¿No es realmente algo grande y una maravillosa bendición verse elevado por la inescrutable bondad de Dios, mediante el Poder en Blanco, a semejante altura espiritual y a una tal misión para toda la vida?

(Segunda Acta de Fundación, 25 años de la Familia, 18 de octubre de 1939)

En este tiempo, el P. Kentenich se muestra como un profeta genial que no sólo ve lo que vendrá y hace que la Familia construya sus defensas sobre roca, sino que también sabe utilizar las mismas armas del enemigo para fortalecer su posición. La forma en que va mirando en estos años hacia el campo del nacionalsocialismo y aprovechando sus métodos –por ejemplo, el culto a los héroes, para despertar con mayor intensidad la vida de Alianza– es verdaderamente genial. El nacionalsocialismo habló mucho del heroísmo, del héroe alemán. En esos años –en 1934– se trae, a Schoenstatt los Congregantes Héroes, las Cruces Negras, que habían caído durante la guerra mundial. El los presenta como los "héroes schoenstattianos" oponiendo así un ideal de héroe bien definido a aquel que tenían los nazis.

1924

También los nazis comienzan a construir lugares donde se reúne la juventud, a semejanza de una antiquísima tradición de los pueblos germanos, que tenían dichos lugares especiales –llamados "Thingstätte"– donde se reunían los jóvenes. Esto sucedió siglos antes de que surgiera la Alemania medieval, en tiempos de los primitivos germanos. Ahora, grupos de jóvenes nacionalsocialistas, que querían revivir y exaltar el espíritu de su raza, comienzan a hacer lo mismo. Pues bien, también la Familia de Schoenstatt comienza a construir las primeras ermitas de la Virgen, como lugares donde igualmente se reúne la juventud. La Gestapo descubre pronto esta táctica, como consta en los documentos de sus archivos.

El P. Kentenich va captando así todas las fuerzas que surgen en el campo contrario para ir fortaleciendo a la Familia. Sus últimos retiros están enteramente dedicados a profundizar lo que es esencial. Habla sobre el hombre heroico, pero ¿a qué heroísmo se refirió? Al heroísmo de Cristo. También habla sobre el hombre redimido o liberado, porque Hitler se presentaba a sí mismo como liberador del pueblo alemán. Y plantea la pregunta: ¿Cuál es el hombre verdaderamente liberado? El hombre liberado por Cristo, el hombre que se ha hecho hijo de Dios, el que se ha liberado del pecado. Después predica a sacerdotes y les habla del "Sacerdote apocalíptico", preparándolos así para los tiempos que se avecinan. Y el tema de su último retiro es el "Sacerdote Mariano". A medida que el panorama se va poniendo más y mas oscuro, se da cuenta que cada vez debe insistir más en la Virgen. En esta línea nace una corriente de coronación. El está convencido de que el que no se afirma en la Virgen y no ha inscrito su corazón en el corazón de ella, por más ideas bonitas que tenga, por más intuiciones proféticas que revele, tarde o temprano, será arrastrado por la corriente opuesta.

2.3. El Padre fundador, un jefe comunitario

En toda esta época, el P. Kentenich no sólo se muestra como un gran jefe visionario sino, también, como un hombre profundamente comunitario.

En 1928 se inaugura en Schoenstatt la Casa de Ejercicios. El P. Kentenich empieza a vivir allí, rodeado de los asesores que dirigen las distintas ramas en que se ha ido dividiendo y articulando el Movimiento. Y forma con ellos lo que en broma llama "Los Caballeros del Rey Arturo". Cuenta la leyenda que el Rey Arturo se reunía con sus "caballeros de la mesa redonda". Así. los asesores constituían un grupo como el de los "caballeros", y "el Rey Arturo" sería el P. Kentenich, quien siempre bromeaba con esto. En torno a la gran mesa del comedor de la Casa de Ejercicios –que no era redonda– se conversaba de Schoenstatt y se iba planeando el desarrollo de la Obra.

El P. Kentenich comienza a vivir en una estrecha comunidad con los jefes a través de los cuales va dirigiendo a la Familia. Ante ellos aparece sobre todo como un hombre de una fuerza de trabajo impresionante. Por ejemplo, hasta en el almuerzo no perdía un minuto, siempre hablaba sobre temas trascendentales. El contaba algo, se reflexionaba sobre ello y luego él iba dando los principios. Para los más jóvenes –contaba el P. Menningen– el almuerzo era una especie de clase. El P. Kentenich desbordaba energías y hacía trabajar a su gente intensamente, hasta en las horas de comidas. Después se fue poniendo más "humano"; fue logrando un mayor equilibrio en su personalidad de jefe, la que, a veces, tendía a excederse en sus exigencias.

Siempre, hasta el final, el P. Kentenich tuvo que controlar su fuerza de trabajo para no aplastar a los otros. En un principio creía que los demás podían soportar su mismo ritmo de trabajo, pero, poco a poco, fue aprendiendo que no podía ser así.

En cierta ocasión, la secretaria que él tuvo el último tiempo en Milwaukee, escribió durante todo el día lo que le dictaba y luego siguió en la noche hasta muy tarde. Era ya medianoche y ella, que estaba trabajando desde las 9 de la mañana, no daba más. Le dijo al P. Kentenich: "Padre, ¿no cree que es mejor seguir mañana?". El le preguntó: "¿Está cansada?". "Sí", le respondió ella. El le dijo: "¿Y así cree que vamos a construir un mundo nuevo?". Ella tuvo que seguir adelante. Al día siguiente el P. Kentenich le pidió disculpas por haber sido muy duro y medir a veces a los otros con la misma vara con que se medía a sí mismo. Así pasó especialmente en el primer tiempo. Cuando se ponía a trabajar, como no estaba tan consciente de las fuerzas extraordinarias que poseía y de la fragilidad de los otros, exigía un ritmo de trabajo intensivo a la comunidad de sus jefes. Pero la experiencia le va enseñando a ser más medido, en un tiempo posterior.

Casa de Ejercicios en Schoenstatt

El P. Kentenich trabajaba en estrecha comunidad con los asesores del Movimiento y también con las Hermanas de María. En todos estos años va estructurando el Instituto de las Hermanas y, siguiendo su método usual, va orientando e iluminando lo que brota de la misma vida. Muchas de las formas y costumbres que tenemos ahora –por ejemplo, los ideales de grupo– nacen de la comunidad de las Hermanas, de los cursos. Un curso decide consagrarse a la Virgen como Inmaculada y empieza a girar en torno a esa idea. El P. Kentenich comienza a darse cuenta que esta iniciativa, la idea de ver a la Virgen bajo un aspecto concreto, despierta vida en el curso y se pregunta qué hay detrás de ello. Un tiempo después surge otro curso que ve a la Virgen de otra manera y así, poco a poco, van naciendo los ideales de Curso entre las Hermanas y se va estructurando toda la comunidad en base a Cursos con distintos ideales. El siempre fue orientando la vida que iba brotando de las personas y su genialidad consistió en saber estimularla y estructurarla viendo los principios que estaban detrás.

Donde se ve muy claro también cómo trabaja el P. Kentenich comunitariamente, es en la fundación del Instituto de Nuestra Señora de Schoenstatt. No cabe duda de que este Instituto fue fundado por él, pero lo fue de una manera originalísima. La idea surgió de un grupo de profesoras, quienes se dan cuenta que las Hermanas de María no podrían seguir trabajando tan libremente a causa del incesante avance y opresión del nacionalsocialismo. Las Hermanas de María en ese tiempo usaban hábito y vivían juntas. Este grupo de profesoras ve la necesidad de otros Institutos cuyos miembros no lleven hábito ni vivan juntas, de modo que los nazis no adviertan que son una comunidad apostólica. Así comienza una cierta tensión con el P. Kentenich, porque un Instituto de ese estilo rompía en cierta manera la organización que el Movimiento tenía hasta ese momento. Fue todo un "tira y afloja" entre el Padre fundador y este grupo de profesoras, hasta que surgió el Instituto. No cabe duda que el P. Kentenich fue el fundador y es también evidente que a ese grupo de profesoras le cupo una participación muy activa: el nuevo Instituto fue la obra de ambas partes.

Todo esto muestra muy claro que el P. Kentenich no organiza Schoenstatt desde su escritorio. Esa actitud de colaboración la tiene no solamente con los jefes sino también ante personas sencillas. Por ejemplo, era normal que, estando en dirección espiritual con alguien –fuese quien fuere– de repente le planteara un problema, pongamos por caso, acerca de la organización del Movimiento. El preguntaba: ¿Cómo lo haría usted? Con gran sorpresa el muchacho o la señora que tenía delante, se encuentra con que él quiere saber su opinión. O que estuviera hablando, por ejemplo, con una novicia y le preguntase: ¿Qué piensa usted sobre estas o aquellas atribuciones de una superiora? El Padre fundador siempre consultó así, hasta a los miembros más nuevos de la Familia o a los que ocupaban puestos más senci-

Debe sostenerse como una especie de dogma que a lo largo de toda la historia de la Familia jamás aparezco solo. Por una parte, aparezco solamente en contacto muy vital con la Santísima Virgen y, por otra, en íntima y entrañabilísima vinculación con los míos. Por eso puedo decir con todo derecho: el "nada sin ti" se refiere en mi caso no sólo a la Santísima Virgen sino también a mis seguidores. En consecuencia, en el sentido indicado, todo lo que surgió es una obra común. No fue de manera casual o accidental, o por meros motivos tácticos, que utilicé la vida espiritual de mis seguidores como fuente de conocimiento y campo de cultivo. No, esto siempre ocurrió con plena conciencia de un plan divino. Tampoco se trata sólo, o ante todo, de una comunidad de trabajo o acción. El fundamento fue siempre una amplia comunidad espiritual, un único y peculiar estar espiritualmente el uno en el otro, con el otro, para el otro. Por lo tanto, un proceso vital de una extraordinaria fuerza creadora. Desde el inicio fue así. Por eso, lo que irrumpió en forma elemental en 1942 y a continuación, y buscó perpetuarse en el acto filial o de seguimiento, es tan sólo la culminación de una corriente que fue creciendo año tras año y al fin arrastró diques y represas. El ideal de Familia ya estaba vivo profundamente en nosotros mucho antes de anunciarlo reflexivamente. En suma: en la historia de la Familia no estoy como persona individual aislada sino siempre como cabeza de la Familia. Se podrían enumerar incontables pruebas de esta íntima comunión e identificación entre mi historia espiritual y la de la Familia.

(*Bausteine*, 1955)

llos dentro de Schoenstatt. Las secretarias cuentan que a veces se sentían confundidas cuando el P. Kentenich, después de haber escrito una carta importantísima a algún Obispo o al Santo Oficio, les preguntaba: "¿Qué piensa usted?". La secretaria no era para él una máquina de escribir, que pasaba al papel lo que él dictaba. El también quería saber su opinión personal y por eso, muchas veces le preguntaba: "¿Cómo lo habría escrito usted? ¿Qué cosa encuentra mal expresada? ¿Qué párrafo no entiende?". El P. Kentenich fue siempre un hombre comunitario, que se dejaba complementar, que trabajaba en equipo.

2.4. El Padre fundador, un jefe recio

En este tiempo, detrás del profeta, del hombre visionario, del hombre comunitario, se siente en primer lugar el hombre fuerte. El era de temperamento colérico. Era un hombre de ideas claras, de una voluntad de acero y toda su crisis juvenil vino precisamente por haberse inclinado unilateralmente en ese sentido. Tenía una gran capacidad para captar la vida, una gran capacidad psicológica, pero no la desarrolló en su juventud. En todo este período del que estamos hablando, a pesar de que él ya ha logrado la armonía de su personalidad, de que es un jefe paternal, lo que predomina en él es todavía el aspecto colérico, el jefe.

Desde luego, se nota esto en su estilo de trabajo, como ya lo vimos. El P. Kentenich duerme cinco horas diarias. Se levanta a las cinco de la mañana y trabaja hasta medianoche y es muy exigente en el trabajo. Una vez tenía que dar una conferencia y encargó a su secretaria que, mientras tanto, le escribiera algo. Ella le pidió permiso para ir también a esa conferencia y escribirle después la carta. "Bien –le respondió el Padre– si usted quiere, vaya. Yo buscaré otra secretaria que tenga más espíritu de trabajo".

Era un hombre sumamente serio en el cumplimiento de su deber. También tenía una memoria extraordinaria. Era capaz de predicar tres retiros simultáneamente, cuando estaba en Schoenstatt, y cambiar de un tema a otro con una facilidad increíble. Predicaba al mismo tiempo a los jóvenes, a los sacerdotes, a las Hermanas y conservaba el hilo de cada tema. En general, no disponía de mucho tiempo para leer; normalmente hojeaba el índice de los libros y los títulos de los capítulos, leyéndolos más o menos en diagonal. Eso le bastaba para captar la idea central, y después, siempre se acordaba en qué libro y en qué capítulo estaban los temas que le interesaban. Utilizaba muchas citas en sus documentos y en sus charlas; siempre sabía de dónde las había sacado, en qué lugar había que buscarlas.

Respecto a las personas también tenía una memoria extraordinaria. No sólo no se olvidaba de ellas, sino que era capaz de acordarse de los problemas interiores que alguien había tenido muchos años atrás y preguntarle sobre ellos en una nueva con-

versación: ¿Se acuerda usted que hace 30 años me consultó este problema y yo le di tal solución? ¿Se da cuenta que sucedió justamente lo que entonces le dije?... Muchas veces ocurrió que encontraba a alguien después de mucho tiempo y recordaba perfectamente toda su trayectoria interior. No olvidaba jamás la vida interior de una persona, la historia de Schoenstatt, la historia de un curso, de un grupo. Parecía como si su memoria estuviera hecha para asimilar todos estos datos vitales.

Tenía también un dominio de sí mismo impresionante, un dominio total de su cuerpo. Por eso podía dormir muy poco, nunca se quejaba y no se podía saber cuándo se sentía mal. Sus secretarias contaban que si se les caía un lápiz, aún no había llegado al suelo cuando él ya lo había recogido. Tenía una prontitud para servir y para moverse, una agilidad física extraordinaria. Insistía siempre a los sacerdotes y a los jóvenes en un estilo de vida varonil, que él encarnó plenamente. Fue sumamente recio consigo mismo. Siempre, hasta el fin de su vida, se sentaba erguido. Nunca se le vio tomar posturas cómodas o lacias. Siempre mostró un control total de su cuerpo. En las casas en Schoenstatt, incluso al final de su vida, cuando tenía más de 80 años, subía y bajaba por las escaleras. Decía que tenía que hacer ejercicios físicos para mantenerse ágil y conservar su cuerpo obediente a su espíritu. Era una persona increíblemente dueña de sí misma.

Todo esto era expresión de su temperamento fuertemente colérico, el que a veces se le salía por los ojos. Era capaz de enojarse y echaba chispas por los ojos. Se le notaba cuando algo le había molestado: una especie de rayo pasaba por sus ojos y sólo porque se dominaba férreamente podía controlar esa excitación. El P. Kentenich no era "abuelo" e insistió mucho en ello. Por eso, cuando creía que era oportuno, dejaba salir afuera esos "rayos". Entonces podía hacer sufrir, hacer doler, incluso llorar, pero siempre lo hacía como educador. Decía: "Si yo, que soy el Padre de la Familia, no educo ¿quién va a educar?"

Pero es interesante señalar que se mostraba duro con las personas que necesitaban escuchar ciertas verdades, sólo cuando sabía que entre él y ellas existía un lazo tal de confianza que aseguraba que ese contacto educador no se cortaría con la reprimenda. Con personas que no le conocían, el P. Kentenich se preocupaba de acogerlas únicamente y no les llamaba la atención sobre los defectos que veía en ellos. Varias veces sucedió en Schoenstatt que advirtiera a un jefe: Conversé con tal persona. Es muy probable que después te diga que yo pienso de esta manera, porque él me expuso sus ideas en ese sentido y yo no se las rebatí. Pero yo no pienso de esa manera; si no lo contradije fue porque aún no existe la relación de confianza necesaria. Pero el no haberle contestado, no significa que esté de acuerdo. Te lo advierto por si él afirma tal cosa después... Se daba cuenta cuando existía una relación de confianza fuerte, como para que la persona no se quebrara cuando él le hiciera ver sus faltas, aun si para ello era necesario cierta dureza. Al afectado le doldría, pero porque venía de un padre a quien quería, meditaría esa corrección y no se cerraría.

En este sentido era bastante diferenciada la manera en que el P. Kentenich trataba a las personas. Esto se mantuvo hasta el final. El era un pozo de bondad, irradiaba bondad y misericordia, pero fue padre hasta el final. Cuando llegó a Schoenstatt precisó: "No crean que me he convertido en abuelo; sigo siendo padre y capaz de cantar verdades". Y las cantó fuertemente cada vez que fue necesario.

Un sacerdote tuvo una experiencia en este sentido, en Roma. Delante de él, una Hermana que hacía las veces de secretaria, hizo al P. Kentenich una pregunta que parecía muy inofensiva y que, sin embargo, fue causa de un duro reto de su parte. Esto hizo que a la Hermana se le llenaran los ojos de lágrimas. El sacerdote se dijo: parece que aquí el P. Kentenich perdió la paciencia y, simplemente "se le escapó el genio". Al día siguiente había otra Hermana de secretaria y volvió a pasar exactamente lo mismo, pero esta vez él no dijo nada; la trató con mucho cariño y siguieron trabajando. El sacerdote sacó por conclusión: "ahora sí que se controló". Pero cuando terminaron, el P. Kentenich lo llamó. Se había dado perfecta cuenta de lo que había pensado el otro sacerdote y le dijo: "Seguramente le ha llamado la atención que a una Hermana ayer la traté duro y la hice llorar y que hoy a la otra, que actuó de igual manera, la traté muy diferente. Pero no crea que ayer se me escapó el genio. Yo las conozco bien a las dos y sé que la de ayer necesitaba ese reto y que la de hoy, no. Las dos tienen un carácter muy distinto y yo las tengo que educar. Si no lo hago ¿quién las va a educar?..." Por lo general, las personas que él ha tratado duramente reconocen que eso era necesario y lo agradecen; agradecen haber tenido un padre capaz de ser duro en el momento oportuno y no un abuelo que, por debilidad, no fue capaz de cortar cuando había que hacerlo.

El Padre fundador supo recibir mucho cariño sin retraerse ante sus manifestaciones, incluso ante esa señora portorriqueña que le tomó la barba. En ese caso concreto, él se dio cuenta que la señora estaba uniéndose muy profundamente a Dios a través de ese encuentro con él y por eso la dejó que se le acercara. Pero cuando sentía que alguien se estaba apegando a él en forma meramente humana, buscando en él un consuelo humano egoísta, cuando veía que la persona no buscaba abrirse más allá y que, por lo mismo, él ya no era para esa persona un camino hacia el Padre Dios, entonces se mostraba bastante duro y hacía sufrir a esa persona. Cuando se daba cuenta, por ejemplo, que alguien estaba muy apegado a él y que no aprovechaba el apoyo que él le daba para crecer en santidad, sino que sólo buscaba ser consolado, entonces lo trataba duro durante uno o dos meses y no le permitía ha-

blar con él, a fin de que se diera cuenta que el sentido de su vinculación con él era llevarla a Dios y que, si no llegaba a Dios, él le hacía un mal al no educarla. Hasta el final, supo ser fuerte y firme. Pero en esta época de que hablamos, este rasgo estaba más acentuado: el Padre fundador era más bien el *"educador paternal"* y no el *"padre que educa"*, como fue mucho más claramente al final de su vida.

También se nota en él una gran reciedumbre ascética consigo mismo. Su lucha por la santidad fue sumamente seria. Por ejemplo, la forma como cumple su horario espiritual, su meditación, su Misa, o también el rezo del breviario. A veces, en la noche, cuando estaba conversando con alguien y no había terminado de rezar su breviario, al faltar 10 minutos para las doce le decía: "Perdón, espere un momento en la Capilla, yo voy a terminar mi breviario y después seguimos conversando".

Fue una persona que cumplió todas las obligaciones y propósitos contraídos en su esfuerzo por la santidad. Pudo exigir a otros porque primero se exigió a sí mismo, porque con una voluntad de hierro cumplió todo lo que se propuso.

Y, sin embargo, es padre y lo sienten padre. Siempre tuvo un lema que repitió con frecuencia: "Un padre tiene que tener el corazón duro como un diamante". Se sentía que el P. Kentenich era duro, que era un hombre que se trataba duro, con una fuerza impresionante, con una resistencia espiritual y física inmensa. Pero también se sentía que debajo de esa personalidad fuertísima había una gran ternura. Tal vez la encubría en parte su fuerza de jefe, pero se notaba que era muy afectuoso. Por ejemplo, cuando se ordenaron sacerdotes los primeros teólogos que él formó, –no los Pallottinos, sino los seminaristas seculares que conoció después de la guerra– después de su ordenación, el P. Kentenich se iba a la parroquia de cada uno de ellos y estaba una o dos semanas viviendo con ellos, apoyándolos, conversando sobre el sentido del sacerdocio, tratando de ayudarlos a comprender sus primeras experiencias, en una cercanía paternal impresionante. Cada uno de ellos sentía: "Es mi padre y por eso ha venido a vivir conmigo, para ayudarme a dar mis primeros pasos en mi vida sacerdotal". El P. Kentenich tenía un contacto muy cercano y muy estrecho con su gente. La "ternura maternal" de su corazón también se manifestó desde un comienzo.

A pesar de su carácter visionario y fuerte, fue siempre una persona muy alegre e ingeniosa. Continuamente estaba haciendo bromas, no bromas que molestaran, sino chistes amables, que hacían reír. Nunca fue un "seriote"; irradiaba jovialidad y buen humor.

Los Pallottinos, la comunidad a la cual pertenece, no se dan cuenta en este tiempo de lo que pasa entre el P. Kentenich y la Familia, de la relación íntima y vital que los une. Ven en él a un organizador, a un predicador genial, a un gran profeta, pero no advierten que lo que allí está naciendo no es un centro de ideas, ni una nueva organización apostólica, sino una Familia dentro de la cual se están tejiendo lazos personales profundísimos entre el P. Kentenich y cada uno de sus miembros, aun cuando nadie hable mucho de ello hacia afuera. La comunidad de los Pallottinos no se da cuenta de lo que está pasando. Ello aparece a la luz pública en la etapa siguiente, que coincide con el segundo hito de la Familia y que hemos llamado "la etapa de una *paternidad profunda*", título al que también podríamos agregar "y *pública*".

1929

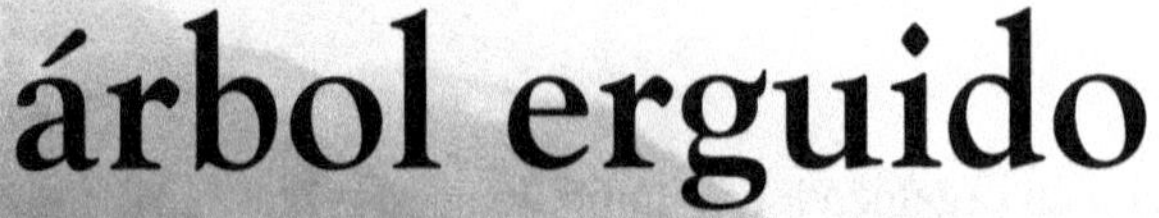

árbol erguido

de las más oscuras grutas
nutres el hilo de tus raíces,
pacientemente en los inviernos
atesoras la lentitud de la savia
y tu tronco se vuelve mástil
que emerge victorioso de la niebla,
ahí con tu capa de primavera
extiendes las ramas seguras,
en ti anidan sosegadas
todas las aves que vuelan huérfanas
orillando el norte
y los pájaros distantes.

P. Joaquín Alliende L.

CAPÍTULO CUARTO

UNA PATERNIDAD PROFUNDA (1942- 1949)

CUARTA ETAPA

1. EL COMIENZO DE LA GRAN PRUEBA

1.1. El P. Kentenich y la Familia se preparan

En esta etapa el P. Kentenich sigue mostrándose como un padre fuerte, tal vez incluso más fuerte que antes. En efecto, ya hemos visto cómo, en la medida en que el horizonte de Alemania se va cubriendo de nubes, el P. Kentenich va exigiendo cada vez más a la Familia. En el año 1939, el Seminario de los Pallottinos en Schoenstatt fue ocupado por los nazis. El 30 de Abril de 1939, la imagen de la Santísima Virgen en su frontis fue tapada con una bandera nazi. El mismo Padre fundador retiró el Santísimo desde el Seminario, que estaba en una colina, al Santuario. Al día siguiente, 1° de Mayo, comienza el Mes de María en Alemania: él empieza a predicar sobre el Poder en Blanco. Prevé la proximidad de la guerra y por eso empieza a orientar a la Familia hacia el único refugio antiaéreo seguro: el corazón de la Virgen. Comienza a hablar de la entrega en blanco, afirmando que sólo el hombre que se ha entregado sin condiciones a Dios va a resistir lo que vendrá.

Más adelante, la noche del 31 de Mayo de 1939, se realiza el "acto de la Capillita", en el cual un grupo de Hermanas rodea el Santuario, formando una cadena de fidelidad en torno a él y al Padre fundador, que está adentro, y ofrecen sus vidas para que no le suceda nada a la Obra durante los tiempos que se avecinan. Mientras tanto, los nazis han convertido el Seminario en una escuela nazista y las marchas nazis resuenan desde la colina en el valle de Schoenstatt. Es justamente en ese entonces cuando aparece el "Himno de la Familia" y los schoenstattianos cantan desde abajo: "Los tuyos no se hundirán".

Luego viene la coronación de la Santísima Virgen, el 10 de Diciembre de 1939 y, en 1941, el P. Kentenich lanza la corriente de la Inscriptio. Ya no basta la actitud de Poder en Blanco, hay que adelantarse a decir a Dios que estamos de acuerdo con las pruebas que nos va a mandar, e incluso se las pedimos.

El Padre fundador ya está preparado para enfrentar lo que se le viene encima. Desde hacía años había tomado como principio pedir a Dios que le enviara todo aquello que pudiera atemorizarle –si es que estaba en sus planes– de manera de encontrarse preparado de antemano para cuando llegaran las pruebas. Cuando veía que a alguien le sucedía algo, por ejemplo una enfermedad que le parecía terrible, inmediatamente pedía: "Señor, si tú quieres, te pido gustoso: mándamela".

Esa era su actitud permanente frente a todo dolor o problema. Apenas veía o captaba la posibilidad de algún dolor que sufría otra persona y que también podía acon-

¿Qué pasa si Dios no quiere sólo una larga prisión, sino que ésta sea para siempre? ¿Si Dios quiere además que no siga más en mis manos la dirección de la Obra por él fundada? ¿Si por la voluntad de Dios tuviese que renunciar absolutamente a seguir trabajando en el perfeccionamiento de su Obra?

No quisiera morir antes de que la Familia, en sus diversos miembros, vea claramente su ideal de Cristo y lo capte con toda el alma. Esta es una de mis más íntimas súplicas en el último, tiempo:

Querido Señor Jesús, si no me consideras capaz y digno de anunciarte a tus hijos predilectos, atiende a la intercesión de tu Madre y escoge otro instrumento para ello.

Quiero ofrecerte, entonces, al menos desde un segundo plano, mi salud, mi energía y mi vida por este regalo digno de Dios.

Haz que tu Familia no sea sacudida por violentas tempestades, antes de que ella te conozca mejor y te ame más. Yo no puedo permanecer junto a ellos. ¡La Madre cuidará! No dejes a los tuyos en alta mar.

Madre, por cierto, hasta ahora tú condujiste a tus hijos al Salvador, pero ahora, para continuar y consumar tu acción, exiges nuestra colaboración consciente y profunda en todo sentido.

No dejes a los tuyos en alta mar, hasta que ellos, a través de tus instrumentos, hayan acabado en cierta medida este trabajo. Para este fin estoy a tu disposición con todo lo que soy y tengo

¿Quieres mi trabajo? ¡Adsum! ¡Aquí estoy!

¿Quieres que todas las fuerzas de mi espíritu lentamente se desangren? ¡Adsum! ¡Aquí estoy!

¿Quieres mi muerte? ¡Adsum! ¡Aquí estoy!

Pero Tú cuida de que todos los que me has dado amen a Jesús y aprendan a vivir y a morir por El.

(*Nueva creatura en Cristo y en María, febrero 1942*)

Adsum.
J. Kentenich

tecerle a él, inmediatamente lo pedía a Dios dándole un "sí" interior. Ese era el medio que tenía para no sentir nunca miedo. Así, siempre estaba dispuesto pues ya había pedido aquello que le sobrevendría y había unido su voluntad a la de Dios.

En el año 1939, encarcelaron al primer sacerdote schoenstattiano. No bien lo supo, se dio cuenta que también podía ocurrirle eso a él, e inmediatamente dijo a Dios: "Si está en tus planes, acepto gustoso la cárcel". Se sentía así absolutamente libre y estaba dispuesto y preparado para cualquier cosa que Dios pudiera mandarle. Su hora llegó en septiembre del año 1941.

1.2. Fuerte y libre entre cadenas

El 14 de septiembre de 1941, la Gestapo lo va a buscar a Schoenstatt con la intención de aprehenderlo. Pero al día siguiente el P. Kentenich comenzaba un curso de retiro para sacerdotes. Por eso le explica al hombre de la Gestapo que si le llevaban preso ahora, esto se sabría en toda Alemania inmediatamente, porque al día siguente debían llegar a Schoenstatt 100 a 150 sacerdotes de todas las diócesis alemanas. Si el curso no se puede dar porque él está en la cárcel, ellos al volver a su diócesis, propagarán por todas partes que fue tomado prisionero. El P. Kentenich predica entonces su último retiro, cuya plática final es llamada su "canto del cisne".

Voy a cantar ahora mi canto del cisne, el último canto que entone en alabanza a María. Pensemos en el conocido ejemplo de aquel varón que debía someterse a una delicada operación. Deseaba que su última palabra fuera: ¡alabado sea Jesucristo! Así quisiera también hacerlo yo. Y si acaso no fuera éste el canto mío del cisne, entonces quisiera decir que mi último canto ha de ser una alabanza a María: toda alabanza a María es alabanza a Dios y a Cristo (...)

Quisiera expresar aquí todo lo que he experimentado durante años y volcarlo en las palabras: "Madre tres veces Admirable de Schoenstatt". En verdad es la expresión más querida, más importante, más grandiosa.(...)

¿Qué puedo ahora decir en particular en la cesura de dos épocas? "¡He aquí a tu Madre!" Cuando Cristo parte del mundo, regala lo último que tiene. Así debe ser. Eso queremos asumir para los tiempos venideros. En forma semejante lo ha hecho León XIII. También él hizo del testamento de Cristo su propio testamento. Es su canto del cisne: "¡He aquí a tu Madre!". Ambos se necesitan mutuamente: María y la Iglesia. La Iglesia debe cumplir sus deberes filiales. Por eso debe valer también para nosotros: "Y desde aquella hora el discípulo la recibió en su casa".

El juramento de fidelidad debe valer para siempre:

"Esta es la bandera que yo he escogido,
no la dejaré jamás, ¡se lo juro a María!"

Y la respuesta:

"Este es el instrumento que yo me he escogido,
no lo dejaré jamas, ¡se lo juro a Dios!"

Pensamos no sólo en cada uno, sino en toda la Familia.

Nuestra respuesta total debiera ser: "Ave Imperatrix, morituri te salutant!" (¡Salve, Reina, los que están dispuestos a morir, te saludan!).(...)

¿Qué queremos regalarle? Le hemos declarado: "Morituri te salutant". ¿Estamos dispuestos a la muerte? Desde hace

mucho estamos ya consagrados a la muerte: por el bautismo, por los sacramentos. ¿No son acaso una consagración a la muerte? Queremos profesar nuevamente nuestra fe en esa consagración a la muerte. ¿Pero no quisiéramos también realizarla? ¿0 esperaremos hasta que llegue el final? (...) Ahora debemos comprometernos en serio en la vida cotidiana: no jugar con palabras, sino demostrar con hechos que pertenecemos a ella totalmente, y que hemos muerto a nosotros mismos y al mundo. Hemos de ejercitarnos en el morir a través de la autodisciplina. No hay tiempo para discutir, hoy la consigna es actuar. De otro modo perdemos demasiado tiempo.

¿Y si el buen Dios quiere que yo también lleve exteriormente el signo de la muerte? Una obra, por la que doy toda mi vida, también puede costarme la sangre.

¿Y si perdemos todo? Tenemos que tener el sentimiento de ser forasteros en esta tierra, para poder estar plenamente arraigados en Dios.

Una palabra como legado: ¡Permanezcamos fieles a la Santísima Virgen!

Pensemos en el ejemplo maravilloso del Caballero de Buchen, de la Orden Teutónica de Caballeros. Se mantuvo firme y detuvo las filas de los enemigos hasta que terminó de pronunciar el Ave María y, herido mortalmente, cayó. También nosotros mantengámosnos firmemente: seguimos a la Santísima Virgen con valentía y firmeza, y vamos con valor a la lucha. Dejemos que en nuestros oídos resuenen siempre sus palabras:

"Este es el instrumento que yo me he escogido, no no lo dejaré jamás, ¡se lo juro a Dios!"

(Plática final del retiro "El sacerdote mariano,
Septiembre 1941)

J. Kentenich

El tema de este retiro fue "El sacerdote mariano". Durante el mismo, no dice ni una palabra de lo que sucede. Predica el retiro como si fuera uno más, igual a todos, sin comentar con nadie lo que ha sucedido. El sábado 20 de septiembre, en la mañana, parte solo a Coblenza. No acepta que nadie lo acompañe. Se va en un tranvía que corre por la orilla del Rhin y como está seguro que es la cárcel lo que le espera, aunque sólo lo han llamado a un comparendo, sin decirle que lo van a tomar preso, se ha puesto sus zapatos y su hábito más viejos, pero no comenta el asunto con nadie.

Oficinas de la Gestapo

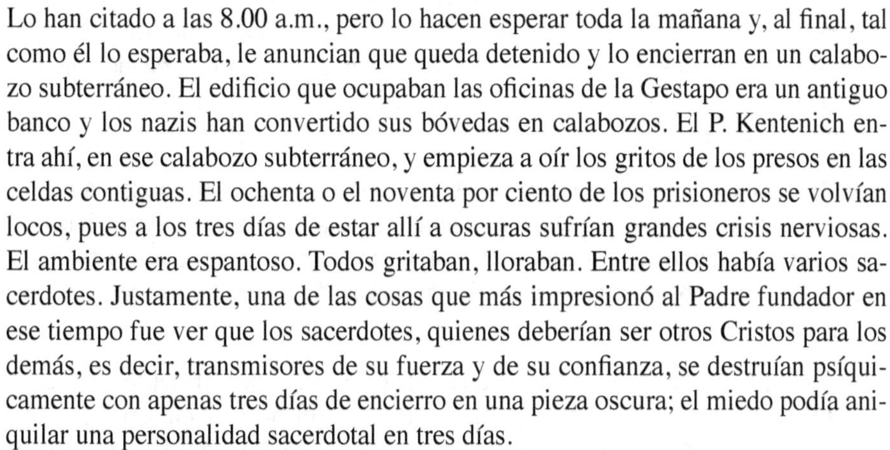

Lo han citado a las 8.00 a.m., pero lo hacen esperar toda la mañana y, al final, tal como él lo esperaba, le anuncian que queda detenido y lo encierran en un calabozo subterráneo. El edificio que ocupaban las oficinas de la Gestapo era un antiguo banco y los nazis han convertido sus bóvedas en calabozos. El P. Kentenich entra ahí, en ese calabozo subterráneo, y empieza a oír los gritos de los presos en las celdas contiguas. El ochenta o el noventa por ciento de los prisioneros se volvían locos, pues a los tres días de estar allí a oscuras sufrían grandes crisis nerviosas. El ambiente era espantoso. Todos gritaban, lloraban. Entre ellos había varios sacerdotes. Justamente, una de las cosas que más impresionó al Padre fundador en ese tiempo fue ver que los sacerdotes, quienes deberían ser otros Cristos para los demás, es decir, transmisores de su fuerza y de su confianza, se destruían psíquicamente con apenas tres días de encierro en una pieza oscura; el miedo podía aniquilar una personalidad sacerdotal en tres días.

El P. Kentenich, en su celda, se dedica a rezar en voz alta y a cantar fuertemente para transmitir energías y esperanzas a los demás. Quiere que ellos sientan: aquí por lo menos hay alguien que no tiene miedo. Al salir de allí, después de cuatro semanas, lo primero que comenta es: "¡Por fin tuve vacaciones!". Esto lo contó el mismo capellán de la cárcel que lo escuchó. Todos quedaron asombrados: lo habían metido allí para quebrar su personalidad y sale agradeciendo por las vacaciones que le dieron, después de tanto tiempo durante el cual había trabajado sin descanso. Comentando esta estadía en la cárcel dijo: "Durante muchos años he pasado el tiempo hablándole a los hombres de Dios. Es bueno tener ahora un tiempo largo en que pueda hablarle a Dios de los hombres y rezar en paz". Los que lo vieron dicen que salió con una frescura de ánimo y de cuerpo realmente impresionante, como si de verdad hubiera estado de vacaciones.

Prisión de Coblenza

Más tarde, una vez se le preguntó: "Padre, ¿cuál fue el momento más difícil de su estadía en la cárcel, en el calabozo subterráneo y después, en el campo de concentración? ¿Cuál fue la hora más difícil que pasó allá?". El respondió: "No hubo ni un segundo difícil". Y explicó el por qué de su excepcional resistencia señalando diversos motivos. En primer lugar, desde niño, él se ejercitó siempre en llevar

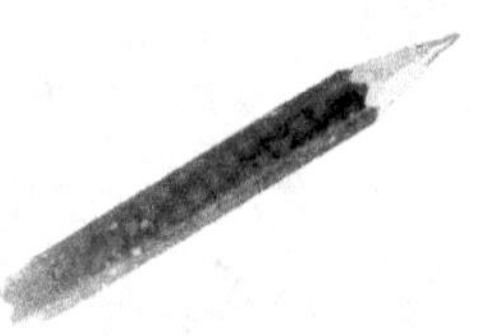

una vida recia y varonil, en dominar su cuerpo. Dormir en el suelo, estar a oscuras y comer poco, son cosas que no lo deshacen, que puede controlar perfectamente porque, en 1941, lleva ya 56 años ejercitándose en dominar su cuerpo. Todo eso no lo cogió de sorpresa ni física ni tampoco anímicamente, pues hacía ya muchos años que él vivía de la voluntad de Dios: Estoy cobijado allí, y en la cárcel me he sentido plenamente en el corazón de Dios –decía el Padre–. Quiero estar siempre donde él me quiere y me siento tan contento en un calabozo oscuro como en mi cama, o en la Casa de Ejercicios predicando retiros. Mi lugar es el lugar que me señale la voluntad de Dios. Por eso, mi sensación al llegar a la cárcel ha sido la de un peregrino que por fin llega a la tierra de sus anhelos. Hacía años que le estaba pidiendo a Dios todas las cruces que él quisiera enviarme. Por eso, cuando me llegaba una cruz, nunca me tomó de sorpresa: era lo que yo estaba pidiendo y para lo que me estaba preparando.

El Padre fundador sale de ese calabozo subterráneo el 18 de octubre. En la mañana tiene la sensación de que Dios le pregunta si está dispuesto a resistir hasta lo último. Inmediatamente responde: "Por supuesto, estoy dispuesto a resistir hasta lo último". Sin embargo, ese mismo día fue sacado de allí, pero para ser trasladado a la cárcel oficial.

La cárcel de Coblenza funcionaba en un antiguo convento de Carmelitas. Al llegar allí, el P. Kentenich se muestra, en primer lugar, como un hombre plenamente libre, a pesar de sus cadenas. No acepta ser tratado como cosa. Se niega a que le quiten la sotana, pues quiere seguir mostrándose como sacerdote; también exige una celda para él solo. Nadie le ha explicado por qué está preso. El piensa: "yo soy ciudadano alemán y tienen que tratarme con dignidad, no pueden tratarme como un animal. Soy sacerdote y exijo conservar mi ropa, tener una celda para mí solo y no acepto trabajar". Le han ordenado pegar cartuchos de papel, pero él no acepta: "Yo no soy esclavo de nadie y nadie puede imponerme cosas sin darme explicaciones. Yo soy un hombre libre". Así entra en la cárcel, después de haber dejado asombrados a todos por la forma en que salió del calabozo subterráneo.

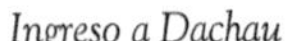

Ingreso a Dachau

1.3. Apóstol desde la prisión

El Padre permanecerá en la cárcel del Carmelo hasta marzo de 1942. Allí empieza a desplegar una actividad apostólica increíble. Después de un tiempo se da cuenta que puede tomar contacto con el exterior a través de los carceleros, a quienes conquista por su personalidad paternal. Entonces comprende que necesita papel y anuncia su deseo de empezar a trabajar pegando cartuchos. Lo hace con el único propósito de aprovechar el papel y envía así los primeros mensajes al exterior. Usa como correo a dos carceleros, pero sin que ninguno sepa del otro, de tal manera que cada uno sienta que es el único depositario de la confianza del P. Kentenich y

Cárcel de Coblenza junto a la Iglesia del Carmelo (1941)

para que así quede protegido el otro, en caso de ser descubierto uno de ellos. Por el mismo motivo, siempre los mandó separados. Cada uno se siente honrado en ser el enviado personal de un hombre como el P. Kentenich. Uno de ellos va al Hospital de las Hermanas en Coblenza, llevando los primeros mensajes. Cuando las Hermanas se dan cuenta de esta posibilidad de contacto, deciden tejer y mandarle un chaleco, en cuyos dobleces iban lápices chicos y que también podían servir para que él ocultara allí papelitos enrollados. Desde su celda, el Padre fundador escribió un sinnúmero de oraciones, cartas y escritos diferentes.

Torre de la Iglesia (1944)

El 20 de diciembre dos Hermanas rondan en torno a la cárcel, se hacen amigas del sacristán de la iglesia contigua, y descubren que, desde una ventana de la torre, se ve la celda del Padre fundador. Establecen entonces contacto por señas con él. Más tarde, él incluso se atreve a abrir la ventana y escucha así lo que le dicen sus visitantes desde la torre. Como él mismo lo comenta, su celda se convirtió en un púlpito desde el cual continúa predicando retiros a la Familia, como si aún estuviera totalmente libre.

2. EL SENTIDO DE LA PRUEBA: PROFUNDIZACIÓN DE SU PATERNIDAD

2.1. La fecundidad de la Cruz

El P. Kentenich comienza a preguntarse cuál es el sentido de lo que está pasando. Lo primero que se le hace claro es que ha llegado la hora de ahondar su paternidad "profunda". El comprende que ahora ha de ser padre desde la cruz y escribe a la Familia y al Movimiento: No se aflijan. Mi gran deseo ha sido siempre transmitir vida a la Familia, pero a semejanza de Cristo, el lugar desde donde mejor se transmite esta vida es desde la cruz. No crean que serían en primer lugar mis retiros, mis consejos o mis palabras, lo que más les podría ayudar ahora. Lo más fecundo que puedo hacer es mi entrega por ustedes en la cruz. Por eso, es en este momento de separación cuando estoy haciendo más que nunca por ustedes...

Recibe Señor, toda mi libertad, mi memoria, mi entendimiento, toda mi voluntad y todo mi corazón. Todo me lo has dado, todo te lo devuelvo sin reservas; haz de ello lo que quieras. Sólo concédeme una cosa: tu gracia, tu amor, tu fecundidad. Tu gracia, para que me doblegue gozosamente a tu voluntad y a tus deseos. Tu amor, para que me crea, me sepa y me sienta amado por ti como la niña de tus ojos. Tu fecundidad, para que en ti y en la Santísima Virgen sea realmente fecundo para nuestra obra común. Esta será toda mi riqueza y no deseo nada más."

J. Kentenich (Prisión, octubre 1941)

Mi alejamiento y mis cadenas son el precio de rescate por el cobijamiento y libertad de toda la Familia. Luchen por un verdadero arraigo y libertad en Dios, pero tengan en cuenta que somos libres para Dios en la medida en que nos hacemos libres de nosotros mismos, de toda voluntad y deseo propios.

Yo me esfuerzo para que ustedes puedan estar orgullosos de mí. Cuiden de que yo también pueda estarlo de ustedes.(...)

Visiten el Santuario diariamente por mí y pidan a la Santísima Virgen, en mi nombre, que ella permanezca fiel a la Familia y nos implore –para mí en primer lugar– un ardiente amor a la cruz y al Crucificado.

(Carta del Carmelo, comienzos de diciembre, 1941)

Básicamente no esquivo ninguna dificultad que presente la vida, al contrario, en todo quisiera crecer hacia arriba. Puedo decir con San Pablo (Flp 4,11-14), *que aprendí a estar satisfecho con las circunstancias en que me encuentro. Sé desenvolverme en situaciones apremiantes, como también en la abundancia. A todo y a cada cosa estoy preparado: a tener hambre y a estar saciado, a mendigar y a tener en abundancia. Todo lo puedo en Aquel que me conforta.(...)*

Nuestras Hermanas no deben intranquilizarse por mi prolongado alejamiento o el aparente fracaso de su oración y sacrificio. Mi destino está muy fuertemente anudado al de toda la Familia. La lucha conmigo y en torno mío, es la lucha del demonio contra la Familia. Piensen en Job. Por eso mí liberación significa también libertad de la Familia, Por otro lado, se cree que al encadenarme se encadena a la Familia. En el fondo –así tiene usted que imaginarse– se entabla una dura lucha entre la serpiente y la "Aplastadora de la serpiente". No hay ninguna duda sobre quien triunfará finalmente. Y que yo pueda ser escudo para detener los golpes, es un gran honor y así debe ser. Usted puede observar también de qué manera quiere aprovechar Dios esta prisión para el mayor bien de cada uno y de toda la Familia. Por eso tenemos que cuidar atentamente de no estorbar en lo más mínimo los planes de Dios. Por lo tanto, que las Hermanas no se preocupen tanto por mí, sino más bien del crecimiento del amor en sus almas y de la vida de la comunidad. Sus oraciones y sacrificios son escuchados plenamente, en gran parte ya fueron escuchados. De otro modo, no podría estar tan soberanamente por encima de la situación y hacer tanto bien en distintas direcciones.(...)

Cada día celebro la Santa Misa por la Familia.(...)

Usted sabe cómo me va personalmente. En ningún otro lugar podría haberme recuperado mejor que acá. Tengo paz. Otros hombres del Espíritu se retiraron a la soledad ante importantes etapas de su vida. A mí Dios me tuvo que obligar. Por eso no quiero salir hasta que él me saque. Usted verá, en el momento justo estaré nuevamente allí, pertrechado y listo para el combate, intacto en cuerpo y alma. Usted cuide de que también la Familia haya crecido entonces y pueda recorrer conmigo los caminos de Dios.

(Carta del Carmelo, 22 de diciembre de 1941)

¡Que nuestra Familia se convierta en foco y hoguera ardiente de un amor auténtico, creador, enaltecedor y universal! Por un bien tan grande ningún precio es demasiado alto, ni siquiera la pérdida de mi libertad y la renuncia a alegrías exteriores. ¡Gustoso pago este precio de rescate y cualquier otro que Dios desee y exija, con tal que nuestra Familia sea santa y fecunda hasta el fin de los tiempos!

(Carta del Carmelo,
24 de diciembre de 1941

J. Kentenich

La primera idea del Padre fue mostrar la fecundidad del sufrimiento y de la cruz y hacer que toda la Familia, en el espíritu de la Inscriptio, se esforzara como él por asemejarse a Cristo crucificado, para llegar así a gozar también de la fecundidad de su resurrección. Todos estos anhelos e inquietudes trata de despertarlos en la Familia a través de las cartas, oraciones y escritos que envía.

2.2. El fruto de la cruz: la corriente de solidaridad

2.2.1. Las cartas de Navidad y el "Jardín de María"

El 25 de diciembre comienza un desarrollo nuevo. A una Hermana muy joven del Hospital de Coblenza, la Hna. Mariengard, se le ocurre escribir una carta al Niño Jesús poco antes de Navidad. En ella pide al Niño Jesús que, como regalo de Navidad, realice un milagro de Nochebuena: la liberación del Padre fundador. La carta es muy bonita y sencilla. La Hermana se la regala a su Superiora, a fin de darle una alegría, y ésta, sin decir nada, la hace llegar al Padre fundador en la cárcel, quien la recibe el 24 de diciembre. Ese día el Padre fundador escribe dos cartas: una a la Familia en general y otra a la Hna. Mariengard, Coblenza. Pero las dos cartas contenían una idea nueva. El nombre de la Hna Mariengard, es un nombre que, con una pequeña variación significa "Jardín de María". El P. Kentenich le escribe a nombre del Niño Jesús una carta al parecer muy simple:

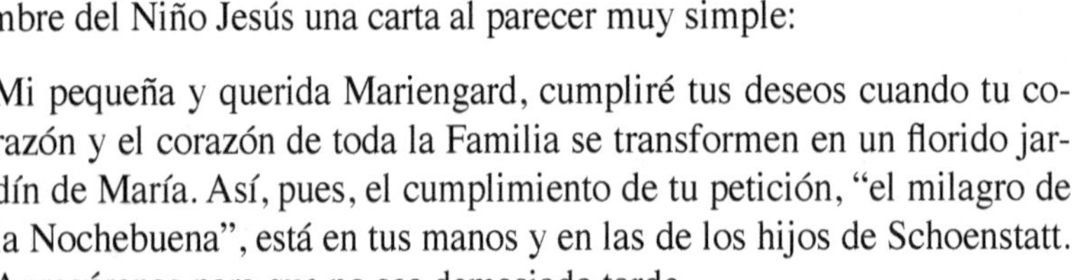

> Mi pequeña y querida Mariengard, cumpliré tus deseos cuando tu corazón y el corazón de toda la Familia se transformen en un florido jardín de María. Así, pues, el cumplimiento de tu petición, "el milagro de la Nochebuena", está en tus manos y en las de los hijos de Schoenstatt. Apresúrense para que no sea demasiado tarde…

¿Qué es lo nuevo en esta carta tan simple? El Padre fundador expresa, en una forma muy clara, la solidaridad de destinos que lo ata a él con la Familia; da a entender que su liberación física va a depender de la libertad interior que conquiste la Familia. Ese mismo día, en la otra carta que escribe a toda la Familia, expresa esto en forma más explícita.

¡Que nuestra familia se convierta en foco y hoguera ardiente de un amor auténtico, creador, enaltecedor y universal! Por un bien tan grande ningún precio es demasiado alto, ni siquiera la pérdida de mi libertad y la renuncia a alegrías exteriores. ¡Gustoso pago este precio de rescate y cualquier otro que Dios desee y exija, con tal que nuestra Familia sea santa y fecunda hasta el fin de los tiempos!

J. Kentenich

(*Carta del Carmelo*, 24.12.41)

De todo corazón dono gustoso al buen Dios la pérdida de mi libertad. Estoy dispuesto a soportarla en todas las formas posibles, hasta el fin de mi vida, si con ello pago el precio necesario para la perdurabilidad, la santidad y la fecundidad de ustedes y de toda la Familia, hasta el fin de los tiempos. Lo que aspiramos alcanzar con nuestra Familia y cómo lo queremos lograr, es algo tan excelso, que sólo es posible realizarlo con gracias extraordinariamente grandes. Esto no deben olvidarlo nunca. Quien ama a la Familia se considera feliz de poder darlo todo por ella. Lo más valioso que posee el hombre es su libertad. Con sincero y ardiente amor ofrezco esta libertad, para que el Dios lleno de bondad les regale, con abundancia y para todos los tiempos, el espíritu de libertad de los hijos de Dios que tan ardientemente he anhelado para ustedes. (...)

Mi estadía aquí es una prueba mayor para ustedes que para mí; así como mi destino es el destino de la Familia. Estoy aquí no por causa mía o por causa de alguna torpeza, sino por causa de la Familia, tanto de los más próximos como de los más lejanos. Por eso la Familia está prisionera conmigo y en mí. Por lo mismo, tienen que aprovechar la prisión como yo lo hago, como una suerte y un destino personal. Eso hacen si se consumen como hasta ahora por los ideales de la Familia, con inquebrantable fidelidad, aun cuando vengan nuevas pruebas. Espero y pido a Dios poder tomar y cargar solo muchos de los golpes previstos para la Familia. Pero, pero ..., del todo no lo podré. Por eso ustedes, a pertrecharse. En noble competencia tratemos de ser dignos unos de otros y de ser cada vez más dignos de Dios y de la Santísima Virgen, para que ellos puedan levantar con nosotros el gran edificio que quieren construir. En la práctica, no podemos hacer nada mejor que cultivar, amar y vivir el espíritu de Inscriptio (el amor a la cruz). Pidan para mí ese espíritu como yo lo pido para ustedes y para todas las generaciones futuras ... (...)

No deben ponerse tristes por causa mía, en primer lugar porque estoy allí donde Dios me quiere y eso es siempre lo mejor. Además, porque desde aquí puedo servirles y ayudarles mejor que estando fuera. Finalmente, no deben olvidar lo que tantas veces les dijera: no hay lugar más hermoso en el mundo que el corazón de un hombre noble y lleno de Dios. Vean ustedes cuánto me ha regalado Dios con lugares así. Preocúpense ustedes que su corazón llegue a ser cada vez más noble, más puro, más fuerte y más lleno de Dios. Así, entonces, preparan al buen Dios, y también a mí, un cálido terruño.

¿Y a quién le va mejor en el mundo que a mí? ¿Quién tiene un hogar más bello que el mío, a pesar de la prisión?

El Señor, al emprender el camino de su pasión, rezó: "Nadie me quita la vida, yo mismo la doy porque quiero". Así lo hago también yo: Nadie me quita la libertad, yo la doy libremente, esto es, porque yo lo quiero así. Más exactamente: porque así lo desea Dios. Y mi alimento y mi tarea predilecta es hacer la voluntad de Aquél que me ha enviado.

(Cartas del Carmelo, Navidad de 1941)

J. K.

Ahora saben por qué, desde el 20 de enero, estoy interiormente en espera de la libertad, aunque esté también dispuesto a lo contrario. (...) Dios nos quiere a todos enteramente para sí, por medio del heroísmo de las virtudes teologales tal como debe encarnarlas el "hombre nuevo". Y en la actual situación tenemos que aprenderlas muy concretamente. Mi destino y el de ustedes están unidos indisolublemente desde hace años.(...) Ustedes deben crecer a través mío y el crecimiento de ustedes, esta vez, es el precio de rescate por mi libertad. Aparentemente estoy yo en primer plano, pero, visto más exactamente, son ustedes y su crecimiento a lo que apunta Dios. Por cierto su crecimiento es mi alegría y mi orgullo. Somos inseparables en nuestra vida y en nuestro destino. Esto se manifiesta muy particularmente ahora ya que, esta vez más que nunca, pueden considerar mi persona como símbolo de toda la Familia. Estoy aquí por la Familia y mi libertad es libertad para toda la Familia.

J. K. (Carta del Carmelo, 9 de febrero de 1942)

En estas cartas expone por primera vez esa ley de que hablamos en la primera parte: la ley de la dependencia membral. El Padre fundador se da cuenta con mayor claridad que nunca, porque siempre lo había sentido así, de lo siguiente: Yo no soy sólo un jefe, soy padre. Dios quiso que fuera padre y de mí dependen los demás. Dios ha dispuesto que la vida de Schoenstatt dependiera de mi vida y por eso quiere que en mí se juegue el destino de la Familia. Yo he de pagar el precio por la Familia, porque la Familia depende de mí, porque yo soy su cabeza, ellos son como mis miembros y yo me arriesgo y me entrego por ellos como cabeza...

A partir de ese día el Padre fundador empieza a insistir en esa idea: Yo estoy preso por ustedes, con la entrega de mi libertad exterior estoy pagando la libertad interior de ustedes; y ustedes van a tener que pagar mi liberación exterior con su libertad interior, es decir, luchando por hacerse hombres interiormente libres, en el espíritu de la Inscriptio; hombres libres, enteramente dispuestos a aceptar todo lo que Dios quiera en cualquier momento. Así ustedes, con su libertad interior, van a conquistar la mía, mientras que yo, por mis cadenas físicas, voy a conquistar la libertad de ustedes...

Poco a poco empieza a crecer en la Familia esta conciencia: Somos una red de solidaridad, estamos atados unos con otros, tenemos un solo destino... En la vida del Padre fundador se juega la nuestra y en la nuestra se juega la de él... Esto se hace especialmente vivo en Coblenza, en el Hospital donde vive la Hermana Mariengard. Allí, ese anhelo de esforzarse por llegar a ser un "Jardín de María", por crecer como un Jardín de María para merecer la libertad del Padre, se va convirtiendo en una corriente de vida sumamente fuerte y llegará a ser, después de la guerra, el símbolo a través del cual toda la comunidad de las Hermanas va a expresar su unión de amor con el Padre fundador, símbolo que más tarde se extenderá a toda la rama femenina de la Familia y a la Familia entera. Lo importante de esta imagen es que va ayudando a hacer vida la realidad de esta interdependencia de destinos que existe entre el Padre fundador y la Familia.

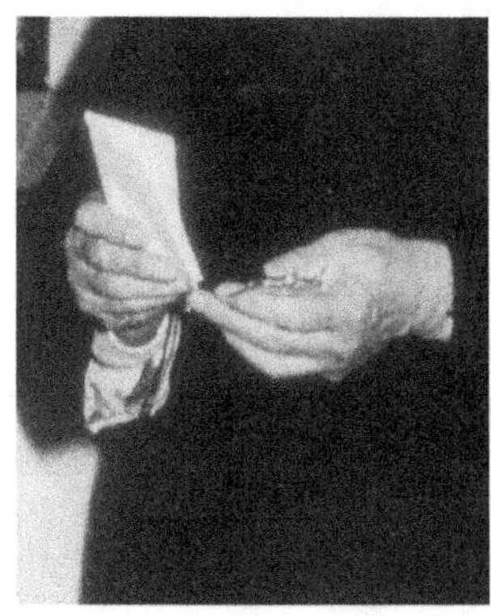

2.2.2. Schoenstatt se reconoce a sí mismo como Familia

Es entonces cuando la Familia comienza a sentirse "reflexivamente" como Familia y cuando empieza también a notarse quienes pertenecen y quienes no pertenecen interiormente a ella. La gente que va a continuar en Schoenstatt –como ya dijimos– no fue la que sólo siguió al P. Kentenich en sus retiros sobre temas sociales o pedagógicos, sino aquella que en estos años logra captar que Schoenstatt es una Familia, que el Padre fundador se está jugando por ellos y que ellos se tienen que jugar por él.

Es lo mismo que le sucedió a Cristo. Multitudes lo aclamaron en su tiempo por sus ideas, por sus discursos, pero cuando llegó el momento de la cruz, se separaron de él; encontraron hermosas las ideas, y seguramente no las olvidarían con facilidad, pero no se sintieron atados a su persona. ¿Y quiénes formaron la Iglesia? Los que a la muerte de Cristo sintieron precisamente que estaban atados a su persona –también en esos momentos– porque constituían con él una comunidad de vida que se había unido intensamente y que ni siquiera entonces pudo romperse.

Lo mismo pasó en Schoenstatt. Muchas personas giraron en torno al Padre fundador por sus ideas, pero no todos lo sintieron como su padre, como un hombre al cual estaban unidos en la vida por una solidaridad, por una fidelidad real. En este momento de cruz, se prueba quienes sienten que el P. Kentenich es realmente su padre, quienes han comprendido que Schoenstatt es una Familia y quienes están dispuestos, por lo tanto, a jugarse por el Padre fundador, así como él se juega por ellos.

3. EL 20 DE ENERO DE 1942: UNA FECHA CUMBRE

3.1. La decisión del "Buen Pastor"

En todo este tiempo el P. Kentenich se hace continuamente la siguiente pregunta: ¿Qué tengo que hacer para que crezca aún más esta solidaridad de destinos, que de pronto ha comenzado a hacerse tan consciente, para que juntos conquistemos la plena libertad física e interior? Y el 20 de enero de 1942, el Padre, en la fe, llega a la siguiente conclusión: Dios quiere que yo ofrezca mi vida por la Familia, como el Buen Pastor... En concreto, esto significaba que el P. Kentenich decide libremente a ir al campo de concentración.

Y es increíble cómo se movió la Familia –especialmente las Hermanas– durante todo ese mes de enero. Las Hermanas habían sido las primeras que siguieron la línea de José Engling y que habían descubierto al P. Kentenich como padre; por lo mismo, son las primeras también que en este tiempo toman en serio su afirmación de que somos Familia, de que nos estamos jugando los unos por los otros. Por eso

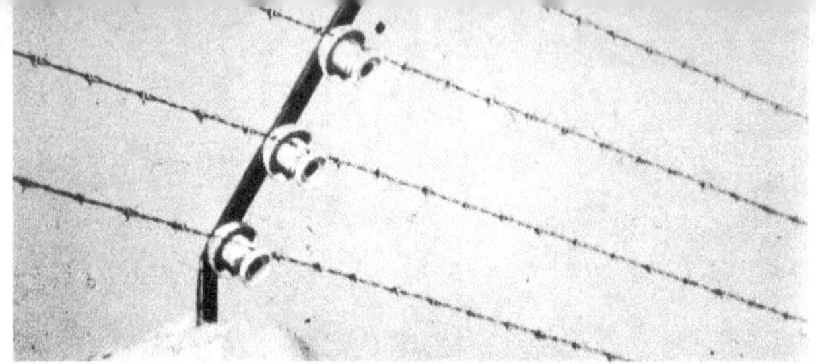

se dicen: si el P. Kentenich aceptó la cárcel por nosotras, nosotras tenemos que darnos enteras por él. Junto con las Hermanas, son un grupo pequeño de sacerdotes Pallottinos y de sacerdotes diocesanos los que habían llegado ya a sentirse una verdadera Familia en torno al Padre (por lo menos a nivel de asesores).

Todos ellos se juegan por entero tratando de buscar una salida a la situación. Han conseguido que el médico de la cárcel se muestre dispuesto a declarar al Padre fundador "no apto para el campo de concentración", en atención a una deficiencia pulmonar de la que sufre, siempre que él requiera sus servicios, se declare enfermo y solicite ser eximido por incapacidad física. La Familia está feliz por haber encontrado esta solución. El plazo para que el P. Kentenich eleve esta solicitud vence el 20 de enero a las cinco de la tarde.

Pero, en el Padre fundador, poco a poco, se ha ido gestando la convicción de que él tiene que imitar a Cristo, el Buen Pastor, de que él no va a engendrar vida en la Familia, en primer lugar, recobrando su libertad y volviendo a predicar, sino que su tarea principal es engendrar vida mediante la cruz; que su paternidad ha de ser como la de Cristo y que, por eso, debe entregarse arriesgando la propia vida. Pasa toda la noche del 19 al 20 de enero rezando.

Mientras tanto le ha llegado una cantidad de cartas. La Familia está intranquila porque se da cuenta que él no se muestra muy entusiasmado con la idea de ser eximido por el médico y quieren insistirle. Ese día el Padre escribe tres cartas. En una de ellas dice: "Me llegan cartas que me martirizan". Pero él nunca ha temido por sí mismo; desde que está preso su única preocupación era: ¿Será tan fuerte la Familia como para resistir este golpe? ¿Qué estará pasando entre las Hermanas? ¿Se habrán derrumbado con mi prisión? ¿Habrán sabido reaccionar a la luz de la Inscriptio? ¿Estará trayéndole vida a la Familia mi encarcelamiento?... Apenas se le presenta la posibilidad de escribir, la aprovecha y muestra el sentido de desafío que tiene su prisión, señalando a la Familia en qué forma Dios pide que la tomen para que pueda convertirse realmente en fuente de vida para todos. Y cuando está por tomar la decisión de ir libremente al campo de concentración, su angustia es la misma: no es por él, sino por la Familia: ¿Irán a comprender mi proceder si yo doy este paso y rechazo todo lo que han hecho por salvarme? ¿Tendrán la fuerza de salir adelante?...

El Padre fundador pasa toda la noche en oración y, en la mañana de ese día 20, durante la Misa –celebra Misa con una patena que es la tapa de un reloj y un cáliz que es una de esas copitas para comer huevos que le han enviado las Hermanas– toma la decisión de no firmar la solicitud y acepta ir a Dachau. Luego escribe una carta muy importante al P. Menningen en la cual le dice: **"Por favor, trata de comprenderme a la luz de la Alianza de Amor y de nuestra solidaridad de destinos".**

(Nos debe impulsar) un amor sin límites y apasionado, una entrega fuerte y sacrificada, que nos consuma totalmente, por nuestra Familia y su misión. Y aunque tenga en sus diversas ramas tantas arrugas, defectos, debilidades y miserias. Para nosotros sólo puede haber un ceterum censeo, que repetimos siempre con unilateralidad orgánica y con energía elemental: ¡nuestra Familia! En el horizonte se vislumbran –lenta, pero claramente– las grandes líneas estructurales de un nuevo orden mundial. Un mundo antiguo está en llamas. Vemos todo esto y lo ponderamos a la luz de nuestro ceterum censeo. Aunque nuestra fe, esperanza y amor pasen por las pruebas más difíciles, aunque se sometan cuerpo y alma a duras torturas, para nosotros sólo vale una cosa, nuestro ceterum censeo. Mientras tanto, millones de hombres, de nuestra generación y las venideras, tienden sus manos hacia nuestra arca.(…) Para quien es verdaderamente enviado en una época tan difícil y decisiva sólo hay y puede haber una cosa: nuestra misión, nuestra Familia, nuestro ceterum censeo.

(Carta del Carmelo, 1 de enero de 1942)

Seguramente que están esperando hace tiempo la primera carta desde mi nuevo hogar. Por eso aprovecho esta primera ocasión para satisfacer sus deseos. ¿Que cómo me va? San Pablo hubiera respondido: "Todo lo puedo en Aquel que me reconforta". Así pues, me va bien. ¿Qué más? Por lo demás, estoy constantemente presente en espíritu entre los míos y espero poder servirles más y mejor que hasta ahora. Cuando el "segundo pecado orginal" se hizo realidad y el Salvador, optó, según el deseo del Padre, por el sufrimiento y la agonía, dijo aquella memorable sentencia: "El grano de trigo tiene primero que hundirse en tierra y morir para dar fruto abundante". Lo mismo pienso yo. Y ustedes, la Familia entera, deben esforzarse todos y tomar en serio la donación total.

(Carta desde Dachau, 22 de marzo de 1942)

J. Kentenich

3.2. El valor de esa decisión

3.2.1. Una genialidad de fe

Esto fue para la Familia un golpe inmenso, también para el P. Menningen. Ellos se esfuerzan en comprender lo que significan las palabras del Padre fundador, quien se muestra seguro de que ése es un momento de gracias. Más tarde el P. Kentenich dirá: La genialidad del 20 de Enero no estuvo en que yo aceptara libremente ir al campo de concentración, por más heroica que pudiera parecer esta decisión. Humanamente visto, significaba mi muerte porque allá mandaban a la cámara de gas o asesinaban de cualquier manera a la gente de edad. Lo genial del 20 de Enero fue que la Familia –guiada por la fe práctica en la Divina Providencia– comprendió lo que Dios le pedía en ese momento. Yo sentí que Dios quería derramar muchas gracias sobre nosotros y lo importante era descubrir cuál era la condición requerida. Esa condición fue no firmar la solicitud...

Lo más importante del 20 de Enero no fue, por lo tanto, el acto heroico de un hombre que se decide a ir al campo de concentración, sino el haber captado la "onda" de Dios. Si en ese momento Dios me hubiera dicho –comentaba después el Padre fundador– que para poder dar a la Familia todo ese torrente de vida que brotó del 20 de Enero, yo no tenía más que mover el pulgar de mi mano, yo lo hubiera hecho, y el fruto habría sido el mismo. Es decir, la fecundidad lograda no fue consecuencia de un heroísmo mío, de un heroísmo humano, sino consecuencia del cumplimiento de la condición pedida por Dios, de haber descubierto lo que Dios exigía para darnos todas esas gracias. Esa condición fue la entrega del Padre fundador y la aceptación de ella por parte de la Familia a la luz de la fe en la realidad de la Alianza de Amor.

1942

Lo que Dios quería con todo esto era que la Familia quedara convencida de que su gran fuerza es la Alianza de Amor; Dios quería mostrarle que la Alianza de Amor no sólo puede liberarnos interiormente de nuestras debilidades morales, sino que es también una fuerza plasmadora de historia, capaz de cortar las cadenas del Padre fundador, de vencer la guerra, de superar un campo de concentración. Por eso lo primero que el P. Kentenich pide a la Familia desde su prisión es creer también en la realidad de esa solidaridad misteriosa que les ata a la Alianza de la Amor. Es decir, que la Alianza no sólo es una Alianza entre los hombres y Dios sino también una Alianza entre el Padre y sus hijos, una Alianza en el sentido horizontal. El P. Kentenich siente que Dios pide tomar muy en serio esa Alianza hacia arriba y hacia los lados, viviendo la solidaridad humana, y que, a cambio de eso, él les regalará la libertad física y la integridad de Schoenstatt, cuidando que nada sea destruido; también siente que todo esto traerá un inmenso crecimiento interior para los que crean. Y la Familia junto con el Padre fundador cree.

3.2.2. Un triunfo del hombre nuevo y de la nueva comunidad

Por eso, para el P. Kentenich, el 20 de Enero es el símbolo del triunfo de la Alianza de Amor y un triunfo –en la fuerza de esa Alianza– del hombre nuevo y de la nueva comunidad.

El 20 de Enero es un triunfo del hombre nuevo porque es un triunfo de la libertad: porque la Familia cree que Dios es el gran Liberador y que, de parte del hombre, la más alta libertad consiste en la total entrega del corazón al plan divino, en saber hacerse enteramente libre para seguir lo que Dios pide por más arriesgado que eso pueda ser. Si uno entrega libremente y con confianza de hijo el propio corazón, Dios regalará también la liberación exterior. En la Inscriptio, en la confianza en Dios en medio de la cruz, se conquista la raíz de toda verdadera libertad, la fuente de toda liberación. Por eso, para el Padre fundador, este momento significa un triunfo del hombre nuevo, de ese hombre que es libre a partir de lo más hondo de su ser.

Pero también el 20 de Enero significa un triunfo de la comunidad nueva: porque la Familia toma conciencia, como nunca antes, de la íntima dependencia mutua de unos con otros. En este momento se empieza a vivir en su plenitud el ideal de la nueva comunidad anhelada desde siempre por el Padre fundador. El siempre había dicho: La sociedad moderna, la sociedad colectivista –capitalista o marxista– es una sociedad donde los hombres están atados casi exclusivamente por vínculos exteriores, por razones de eficacia política o económica. La solidaridad que se da en ella es la del equipo de trabajo o la del militante del partido político, pero es una solidaridad fría y utilitarista. Los hombres se atan unos a otros en la medida en que puedan sacar provecho el uno del otro. Esta actitud engendra un mundo en que los hombres viven los unos *al lado* de los otros. La verdadera comunidad nueva, en cambio, es una comunidad de corazones, una comunidad atada por lazos interiores, donde los hombres viven los unos *en los otros*. Pues bien, esa comunidad nueva comienza a ser una realidad vigorosa en Schoenstatt, a partir del 20 de Enero.

Es en este momento cuando la Familia toma conciencia reflexiva y pública de todo lo que, en este sentido, había vivido durante los años anteriores, y cada schoenstattiano descubre y proclama con mucha lucidez: el Padre es mi padre. El no es simplemente el dirigente de una gran obra. El está personalmente atado al destino de cada uno de sus hijos. Cada uno lo había sentido siempre así, pero ahora esa conciencia se vuelve más clara, y se afirma en público que el Padre es de todos, que se está entregando por todos y que también nosotros debemos entregarnos por él. Ese amor paternal que cada uno había sentido siempre en su contacto privado con él, él lo está mostrando ahora públicamente, al precio de su vida. El Padre fundador es el "buen pastor" que se da por nosotros y nosotros queremos darnos también por él. Entre él y nosotros hay una unión indisoluble. Tenemos que "jugarnos" el

uno por el otro. Sus cadenas son nuestras cadenas. Nosotros hemos de conquistar su libertad y nuestra libertad la está conquistando él. Así comienza a vivirse una comunidad con un grado de intimidad y de solidaridad no conocido hasta entonces. Schoenstatt se hace Familia, ciento por ciento, y con esto se inicia una increíble irrupción de gracias. Pero serán sólo aquéllos que han dado el paso con el Padre fundador los que captarán esta irrupción; aquéllos que han comprendido que Schoenstatt es Familia y han dado el sí a esta solidaridad del Movimiento con él, como su padre y su cabeza.

4. LOS FRUTOS DEL 20 DE ENERO

4.1. El crecimiento de la personalidad del Padre fundador

4.1.1. Su fortaleza paternal

Esta irrupción de gracias se manifiesta de múltiples maneras. No vamos a analizar aquí todo lo que sucedió en Dachau, pues es conocido.

En primer lugar, llama la atención la fortaleza y la fecundidad del P. Kentenich en todo este tiempo. El se hace más padre que nunca. La Familia lo siente cercano como nunca antes, y siente que él la ama con un amor muy semejante al del Buen Pastor. Así se produce esa intimidad de la que hemos hablado. Pero en esta entrega por su Familia, él se hace todavía más fuerte de lo que se mostró en la cárcel de Coblenza. Todo lo jefe que había sido antes, es pálido reflejo en comparación a lo que él alcanza en este tiempo, a la forma como resiste el campo de concentración.

A pesar de su mala salud, de su bronquitis crónica, de sus resfríos, ha de andar con zuecos de madera en pleno invierno. Tiene poquísimo abrigo y, sin embargo, se mantiene sano. En el campo de concentración brotan epidemias de disentería, de tifus exantemático. La gente muere de hambre y el P. Kentenich, que tenía una salud muy frágil, sale adelante, perdiendo –eso sí– muchísimos kilos y habiendo estado a punto de caer en el tiempo de la gran hambruna. Hubo períodos en que él casi no podía caminar de debilidad, pero sale adelante. Dios protege su vida en forma increíble. Varias veces estuvo también a punto de ser destinado a unos transportes donde se enviaba a la muerte a aquellas personas que los nazis querían eliminar. Pero la Virgen lo salva una y otra vez.

Más interesante aún es la forma como conserva su fuerza interior en este tiempo. El campo de concentración estaba planeado para destrozar a las personas. Los hombres eran tratados como un simple número y todo estaba científicamente concebido para despersonalizar, a partir desde el mismo tratamiento inicial, donde los rapaban y les echaban insecticidas como si fueran animales, haciéndoles sentir que ya habían perdido toda su dignidad humana de ciudadanos.

El P. Kentenich llega a ese ambiente y al entrar se encuentra con un jefe de la Gestapo que lo insulta y le grita ser traidor a la patria. La Gestapo había catalogado a Schoenstatt como enemigo número uno del nacionalsocialismo, porque se daba cuenta que los schoenstattianos estaban tan convencidos de sus ideas que era muy difícil hacerles un lavado cerebral. Este hombre trata al P. Kentenich en una forma grosera, violenta, según era costumbre entre los jefes nazis. El no le responde nada. Al día siguiente lo vuelven a llamar y lo conducen donde este mismo jefe que le había tratado tan violentamente. El P. Kentenich le dice muy tranquilamente: "Quisiera saber qué motivos tuvo usted para gritarme ayer como lo hizo". Esto fue tan inesperado para el otro, que terminó contándole toda la historia de su vida y se le abrió como si fuera un niño.

También ese primer día, al salir de las oficinas de recepción, el P. Kentenich se encuentra con un prisionero comunista que hace de jefe del bloque de entrada. Este decide burlarse del cura que llega y le dice que todavía nadie ha visto a Dios en Dachau. Lo único que responde él es: "Pero seguramente han visto al diablo". Este jefe va enseguida al bloque de entrada y allí les cuenta a todos que llegó un prisionero singular, que acaba de pasar por los trámites de entrada, que allí le gritaron, lo raparon, se burlaron de él y que, sin embargo, tiene todavía el ánimo de hacer chistes, sin demostrar miedo alguno. Por todo el campo de concentración se corre la noticia: "Ha llegado un hombre que no tiene miedo, ha llegado un hombre que es capaz de bromear". Con la misma rapidez se conoce también la situación habida con el jefe de la Gestapo. A través de todo eso, el P. Kentenich adquiere, desde el primer momento, un enorme ascendiente moral en el campo de concentración.

Un dato interesante es que las primeras personas que en público lo llaman "padre" fueron los comunistas. La Familia –como hemos dicho– lo había experimentado siempre como "padre", pero esta vivencia había permanecido como algo personal, privado. Por la nueva situación que ha traído el 20 de Enero, los schoenstattianos reconocen públicamente: él es nuestro padre y nuestras vidas están íntimamente unidas a la de él. Pero lo siguen llamando "Herr Pater" (título sacerdotal); no le dicen *"Vater"* (padre, papá). En el campo de concentración, algunos comunistas fueron los primeros en llamar en público al P. Kentenich "papá", porque realmente lo sentían así.

Sus grandes amigos en Dachau, los que muchas veces le salvaron la vida, fueron comunistas. El P. Kentenich despliega con ellos una relación de paternidad expresada humanamente, muy honda y auténtica. Ellos se sentían atraídos por su acogimiento, por su respeto. Frente a un hombre como él, todos sentían la necesidad de abrirse. El P. Kentenich ayudó mucho y conversó mucho, durante varios años, con uno de esos jefes comunistas; fue muy paternal con él y, sin embargo, nunca

le habló de religión. Lo servía en lo que el otro necesitaba, a partir de las inquietudes que tenía. Sólo al final, cuando llegó el momento de separarse –pues tocaba a su fin el campo de concentración– el P. Kentenich le dijo: "Le voy a pedir una sola cosa como signo de la amistad de todos estos años: que cuando usted vuelva a su casa, alguna vez lea la Biblia en recuerdo mío y trate de ver si lo que ahí se dice le interesa". Como éste, tuvo muchos amigos comunistas o protestantes. Todos se sentían atraídos hacia él por la fuerza de su personalidad, independientemente de sus convicciones religiosas.

4.1.2. Su fecundidad apostólica

Pero, evidentemente, el P. Kentenich desplegó su paternidad con una fuerza aún mucho más extraordinaria frente a la gente que le estaba mas cerca. Entre los sacerdotes y los católicos del campo de concentración y frente a la Familia desarrolló un apostolado increíble en esos años, apostolado no sólo personal, sino que también epistolar. El sistema de las cartas ocultas siguió. Las Hermanas fueron muy ingeniosas para buscar caminos de contacto: le mandaban alimentos con cartas adentro, se vestían de civil e iban a comprar flores en el campo de concentración para hacerle llegar cartas y noticias, y así, a través de toda una cadena de "contactos", fueron descubriendo diferentes canales para que fueran y volvieran los mensajes.

El Padre fundador escribió varios libros en el campo de concentración, por ejemplo, "La piedad instrumental mariana". Para las Hermanas escribió un libro que se llama "Imagen del Pastor", donde les detalla instrucciones en relación a su espiritualidad, a las formas de organización de su comunidad, al funcionamiento del noviciado, etc. Y para que la Gestapo no se diera cuenta de qué se trataba, escribió todo esto en versos. El libro tiene en total casi seis mil estrofas. Había días en que dictaba más de cien estrofas diarias. ¡Y los versos son todos con rima! Elaborar el material y después ir vertiéndolo en versos exige un esfuerzo mental enorme. Todo esto lo hacía mientras un grupo trabajaba zurciendo sacos, aunque normalmente él no zurcía sino que dictaba y otro de los zurcidores –a escondidas por supuesto– estaba todo el día escribiendo.

Los mismos jefes comunistas le ayudaban. Por reglamento no se podía permanecer durante el día dentro de los galpones. Pero, a veces, los jefes –simulando estar enojados– lo llamaban para que fuera a limpiar las ventanas. En el fondo lo hacían para darle oportunidad y tiempo para escribir. También lo ayudaban a pasar a la enfermería para ir a dar la comunión a los enfermos. Así realizaba todo un trabajo subterráneo impresionante. Durante mucho tiempo, daba también meditaciones todas las tardes en el bloque de los sacerdotes. El era allí la persona que mantenía el espíritu en alto.

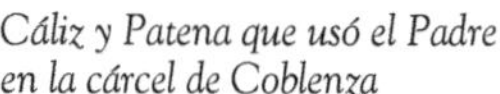

Cáliz y Patena que usó el Padre en la cárcel de Coblenza

Asimismo, el "Hacia el Padre" lo escribió en Dachau. El texto alemán también es en versos rimados. Es increíble pensar que el P. Kentenich haya podido dictar oraciones tan hermosas y puras como el "Cántico al terruño", donde se habla del ideal de la tierra nueva, del hombre nuevo, de la nueva comunidad, en medio de un ambiente bestial y demoníaco, sistemáticamente planeado para rebajar a los hombres. El contraste entre uno y otro mundo es abismante.

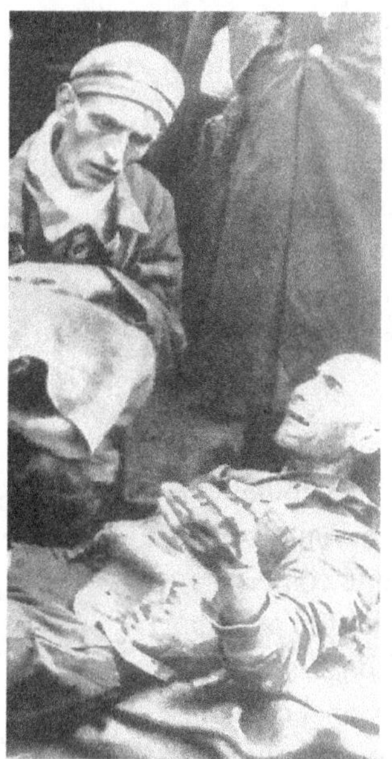

En Dachau la comida estaba calculada al justo para que un hombre alcanzara el máximo de rentabilidad, es decir, para que, comiendo un mínimo, no se muriera y pudiera trabajar. Para eso se calculaba lo estrictamente necesario para que la persona viviera y para que pudiera, con su mismo trabajo, costearse su mantención. En el aporte a la propia mantención hecha por el reo, estaba calculado hasta el precio de venta de sus cabellos, de sus huesos, el día que muriera y lo que podrían rendir sus cenizas, si es que se le cremaba. ¡Hasta eso estaba calculado!

Y en este ambiente redacta el P. Kentenich un libro como el "Hacia el Padre". En medio de ese infierno logra mantener todo el ambiente virginal propio de la Virgen. Por ejemplo, conscientemente, nunca trató a nadie de "tú" en Dachau. Apenas llegaban al campo de concentración los trataban de "tú", pero con ese "tú" con que se trata a los perros, no con un "tú" de amistad y respeto. El P. Kentenich siempre quiso tratar a los demás de "usted", para hacerles sentir y recordar su dignidad y el respeto que se les debía. En Dachau la gente se iba acostumbrando a ser tratada como perros, se peleaban la comida, se robaban el pan unos a otros, se tiraban encima de los platos como animales. Y el Padre fundador, en ese ambiente, trata de "usted" y predica sobre la actitud digna del hombre frente a la comida. El siempre fue libre frente a esto. Siempre repartió su comida, daba lo que recibía de regalo e, incluso, repartía de su propia ración de hambre. Era un hombre que se mantenía por encima de estas cosas y que irradiaba paz y dignidad humana.

Ein echter Dachauer ist ein ausgesprochen naiver Mensch, der sich in allen Lagen des Lebens vaterge: öffnet, vaterverfügbar, vaterselig und vatertreu zeigt?

J.K.

Un auténtico hombre de Dachau se caracteriza por una ingenuidad, que ante todas las circunstancias de la vida lo abre para el Padre, lo dispone para el Padre, le permite ser feliz en el Padre y fiel al Padre.

4.2. El sello divino sobre la Familia

Pero, ¿cuál fue el significado de la experiencia en Dachau, globalmente considerada? Hemos dicho que Schoenstatt, en primer lugar, se hace Familia. Se hace una Familia que encarna el ideal del hombre nuevo y de la nueva comunidad; de una comunidad de corazones como no se había vivido hasta ese momento. La Familia crece en libertad interior y en solidaridad de corazones, y el tiempo de la guerra demuestra que la fuerza de esa libertad y de esa solidaridad es a prueba de bombas, a prueba de campo de concentración, a prueba de brutalidad colectivista.

El P. Kentenich se da cuenta que el espíritu que Dios le ha regalado a la Familia es un espíritu capaz de superar todos los problemas que se avecinan al mundo del mañana. El se dio cuenta que esta oleada de brutalidad colectivista que significó el nacionalsocialismo, era apenas un anticipo de lo que va a venir sobre el mundo en el futuro, y que si Schoenstatt fue capaz de vencerlo, la causa está en su carácter de Familia: fue eso lo que les dio las fuerzas para superar todas las dificultades de este tiempo. Por eso, cuando sale de Dachau, el Padre fundador considera esos años y toda la historia vivida en ellos como el sello definitivo de la Providencia Divina en la vida de la Familia, como la gran confirmación de Dios sobre la misión de Schoenstatt frente a la Iglesia y al mundo del futuro.

Ennabeuren
11 Mayo de 1945

Esos años hicieron de Schoenstatt una verdadera Familia y mostraron que ese espíritu de familia y esa solidaridad mutua eran capaces de vencer a cualquier enemigo. Fue esa solidaridad lo que les dio la fuerza; la solidaridad en sentido vertical con María, y la solidaridad horizontal entre ellos, especialmente con el Padre de la Familia, porque la Familia llegó a vivir una entrega heroica no sólo por amor a la Santísima Virgen, sino también, al ver la entrega del Padre fundador y por fidelidad a él. El P. Kentenich, en lo que toca a él, también dice que en el campo de concentración él pudo mantener su actitud no sólo en base a su espíritu sobrenatural, sino además, porque en cada instante recordaba a las muchas personas que se estaban ofreciendo por él y se decía: "Tengo que vivir aquí como un padre digno de mis hijos y de mis hijas". Así en todo este tiempo está haciendo cada vez más hijos a sus hijos, y los hijos, con su respuesta de fidelidad, están desafiándole a que se haga cada vez más padre.

El P. Kentenich, al reflexionar sobre todo esto, se da cuenta que Schoenstatt viviendo a fondo su solidaridad de Familia, no sólo ha despertado una fuerza inmensa dentro de sí, sino que, también, ha encarnado de esa manera el verdadero ideal de la Iglesia. En efecto, ¿qué es la Iglesia, considerada como Cuerpo Místico? ¿Qué

Regreso a Schoenstatt
20 de Mayo de 1945

significa esa palabra tan rara que decimos todos al final del Credo y que nunca hemos tomado bien en serio: "creo en la comunión de los santos?" Significa que la Iglesia es una especie de red en la cual nuestros destinos están entretejidos en profunda solidaridad mutua, no sólo con Cristo, que es la cabeza de la Iglesia, sino también entre nosotros. Pero, ¿quién vive de verdad esa solidaridad? Si los cristianos la hubiésemos vivido ¿existiría un mundo con tanto individualismo e injusticias como tenemos hoy? Esto no se ha tomado en serio.

Sin embargo, después de la guerra, el P. Kentenich se da cuenta que la Familia, que renace por el 20 de Enero y por Dachau, es una familia que vive plenamente esta ley de la solidaridad, que encarna lo que debe ser la Iglesia: una profunda comunión de amor entre todos los miembros que la componen. Sólo quien encarne esta solidaridad podrá ser alma de un mundo verdaderamente solidario. Por ello, la Iglesia tiene que poseer un espíritu nuevo, tiene que encarnar en sí misma al hombre nuevo y la nueva comunidad. Para el P. Kentenich, Dachau demostró que Schoenstatt –en cuanto miembro vivo de la Iglesia– posee ya ese espíritu capaz de engendrar un mundo más solidario, y sale de Dachau sintiendo la reponsabilidad de tener que anunciar a todos, especialmente a las autoridades de la Iglesia, lo que ha descubierto.

El se da cuenta de que la Iglesia, para convertirse en alma de un mundo nuevo, debe llegar a vivir ese mismo espíritu de familia que él y la Familia de Schoenstatt han vivido; que cada Obispo o párroco tiene que llegar a ser un verdadero padre para sus feligreses y colaboradores, tal como él lo ha sido para la Familia; que hay que llegar a vivir un tal grado de solidaridad que haga que todos los cristianos se sientan verdaderos hermanos y responsables los unos de los otros. De lo contrario, la Iglesia no será capaz de superar el colectivismo.

Llevado de la convicción de que Dios le pide anunciar, ahora en voz alta, el mensaje de Schoenstatt, el Padre fundador publica el "Hacia el Padre", el que despertará mucha reacción en círculos eclesiales alemanes. También empieza sus grandes viajes internacionales para difundir y predicar Schoenstatt por todos los continentes. Durante todo este tiempo, –cinco años y tres meses, que van desde marzo de 1947 a junio de 1952, cuando parte desterrado a Milwaukee– el Padre estuvo apenas un año y medio en Schoenstatt, (entre 1947 y 1950, su estadía total en Schoenstatt fue sólo de 8 días); en el resto de Europa –Austria, Suiza y Roma, donde se compromete ante el Santo Padre por el futuro de los Institutos Seculares– pasó 6 meses; 3 meses en Norteamérica, 3 meses en África y *dos años y medio en América Latina*. En nuestro continente estuvo todo el año 1949, la mitad de los años 1947, 1948 y 1952 y algunos meses de los años 1950 y 1951. Esto prueba el interés y cariño especial que nos dedicó. En Chile estuvo en total 256 días, repartido en 9 estadías.

¿Qué les diré para comenzar? Laetatus sum!... Es evidente que un padre se alegra cuando vuelve a ver a sus hijos, en especial cuando ha ofrecido su vida por ellos y ha debido temer, a cada instante, que la ofrenda fuese aceptada.(...)

Aunque todavía no puedo hablar su idioma, existe una lengua que todos pueden hablar, el idioma del amor, del amor a nuestra Madre y Reina tres veces Admirable de Schoenstatt. Y este amor nos une a todos esta noche. Nadie debiera superarnos en este amor.(...)

Al verme ahora, ustedes no podrán creer que pasé casi cuatro años en Dachau. Y debo decirles que me siento más fresco y más sano que nunca. Tal vez ustedes piensen que padecí menos que otros en Dachau. No fue así. Pero fue como si siempre hubiese estado entre ustedes, y no en el infierno del campo de concentración. ¡Aquí se esconde un misterio! La Madre y Reina tres veces Admirable obró el milagro que me mantuvo sano, permitiéndome estar hoy entre ustedes.

(Nueva Helvecia, 9.5.47)

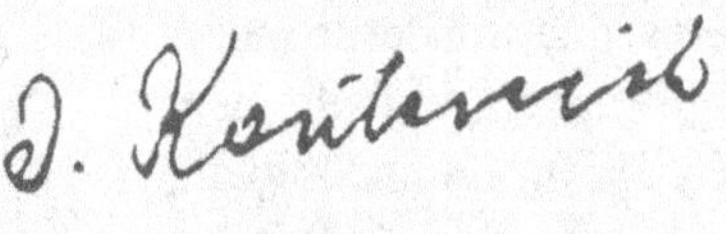

5. SE PREPARAN NUEVAS PRUEBAS

5.1. Las razones de un cambio

Toda esa época es extraordinariamente fecunda, pero también traerá grandes problemas. El demonio se ha dado cuenta que esta pequeña Familia es un David que puede vencer al gigante Goliat del colectivismo por quien él vela. Entonces él también empieza a montar su maquinaria de ataque. El demonio capta que Schoenstatt es importante y que lo más peligroso es el nuevo tipo de comunidad que allí ha surgido. El comprende que ese tipo de comunidad solidaria, de comunidad familiar, donde el jefe no es una autoridad meramente jurídica sino un verdadero padre, que hace a los demás verdaderos hijos y hermanos, es algo muy peligroso para él, ya que puede trastocar todos sus planes de enfriamiento del mundo. Sabemos que el Señor dice que al final de los tiempos va a enfriarse la caridad, el amor. Al demonio le interesa un mundo frío como el mundo colectivista, y se da cuenta que la calidez de la vida comunitaria y familiar que ha surgido en Schoenstatt, desde el momento en que la Familia reconoció públicamente que el P. Kentenich era su padre, es peligrosísimo. Por eso decide concentrar su ataque en ese punto.

La lucha comienza en la comunidad de los Padres Pallottinos. Estos se sorprenden al ver la nueva posición que el Padre Kentenich ocupa en Schoenstatt a su vuelta de Dachau. Se dan cuenta que la paternidad del Padre fundador, después de Dachau, es totalmente diferente. El ahora es "padre" en primer lugar; el "jefe" pasó a segundo plano. Es un padre que guía, es un padre que educa, pero, en primer lugar, *padre*. Y también es padre en público. Todos proclaman que es el Padre de la Familia. Este ya no es un titulo que se le da sólo en la confesión o en las conversaciones privadas de dirección espiritual.

Y, ¿por qué se ha producido este cambio? ¿Por qué el Padre fundador aparece ahora públicamente en el centro, como nunca lo había hecho antes? En primer lugar, porque todo esto ha sido el fruto de un proceso vital que venía gestándose desde el comienzo mismo de Schoenstatt, pero que se reveló a la luz pública en tiempos de Dachau con la entrega del Padre por la Familia y con el hecho de sentir la Familia la necesidad de entregarse a él. Allí se mostró que existía entre el Padre y sus hijos una red de destinos, una red que los ataba indisolublemente. Esto siempre había existido como realidad oculta, pero ahora culminó, salió a la luz y se convirtió en algo tan manifiesto que ya nadie podría acallar. Sí, la Familia tomó conciencia de su paternidad, por sobre los tiempos, de su posición como Padre y Fundador, como "cabeza supratemporal" de Schoenstatt.

Además influyeron varias otras cosas. En todo este tiempo, el Padre fundador ha madurado mucho como hombre. En el campo de concentración ve mucha miseria humana; ve hasta dónde puede llegar el hombre en su debilidad y desvalimiento y eso le hace crecer en misericordia, en compasión, en bondad. Todo lo que él había sentido en la Familia durante los años anteriores, lo siente mucho más hondamente en el campo de concentración y comprende hasta qué punto todos los hombres necesitan de un padre, que se pueda experimentar visiblemente como tal.

Por otro lado, el P. Kentenich ve que la Familia ha hecho tanto y se ha sacrificado en tal forma por él, que se siente personalmente obligado a darle mucho más cariño que antes. Sus hijos se han ganado ese derecho. Por otra parte, durante todos estos años, la Familia aprendió a ver en su Padre fundador la imagen de Cristo que se entrega por los demás y descubre así, con mucha claridad, la dimensión sobrenatural de su paternidad, de modo que ya no existe el peligro de que la entrega filial a él se quede en una entrega meramente humana. El Padre fundador se ha convertido en un símbolo de Cristo, del Buen Pastor que se da por los demás. Por todo esto, llega de Dachau con una actitud totalmente distinta y toda la gente lo siente cambiado.

Una señora muy simpática y expresiva, que trabajó mucho con el P. Kentenich desde la fundación de la juventud femenina, me decía: Fue un cambio radical, como del Antiguo al Nuevo Testamento. En el Antiguo Testamento, Dios se presenta como un Dios de amor y misericordia y así lo anuncian todos los profetas, pero era un Dios que trataba duro y el pueblo judío sabía que tenía que obedecerle sin réplica. Después, es el mismo Dios de amor el que se manifiesta a través del rostro de Cristo, pero lo hace ahora con una bondad, con una luz impresionante. Con el P. Kentenich sucede algo así. Pero no sólo llega mucho más cálido y humanamente mucho más cercano, sino que, además, se deja poner en el centro. Por ejemplo, antes nunca había aceptado que hubiera fotos de él y ahora empieza a permitirlo.

En consecuencia, estrictamente ya no puedo ni debo hablar más de 'mis' secretos. Mi secretos son, en lo más profundo, los secretos de la Familia. Es por eso que ella tiene derecho a saberlos reflexivamente y a profundizarlos espiritualmente.

Creo que soy tan libre ante mi propia persona que, sin más, puedo hacer ambas cosas ya sea ponerla en la sombra, o bien sacarla o permitir que sea sacada a la luz. Lo primero se dio cuidadosamente hasta Dachau. En un principio no permití fotografías o, cuando no se podía evitar, que se hicieran copias y que circularan. El motivo de esta actitud es similar a lo que ocurre en la historia de la devoción mariana: la obra de Dios debía ser puesta, como corresponde, claramente en primer plano, independientemente del instrumento usado.

Después de Dachau tuvo lugar un cambio, que no sólo se dio por sí mismo, sino promovido conscientemente. Las razones de este cambio ya fueron expuestas en otro lugar. Se trata de las dimensiones gigantescas de la obra total, de su contínuo crecimiento y pleno desarrollo, cuya existencia y fecundidad exigían necesariamente, junto a otros elementos importantes, un centro personal cultivado conscientemente. Asimismo, la manifiesta voluntad de Dios, de insertar e incorporar orgánica y jurídicamente a la Familia como acies bene ordinata (ejército bien ordenado) en la estructura general de la Iglesia, y de conducirla en medio de la lucha espiritual de esta época marcada por la transformación radical del mundo y de la Iglesia.(...)

Desde Dachau, sobre todo desde 1947, fue evidente para mí que el desarrollo debía darse esencialmente tal como luego ocurrió históricamente. Por eso, la aceptación de los actos de fidelidad no significó para mí en absoluto una satisfacción personal. Para mí, equivalía a decir el sí a un Via Crucis que debía llevarse a cabo en sus catorce estaciones. Sucedió todo de tal manera que nada me sorprendió, sino que, por el contrario, me alegraba de los clavos, los golpes de lanza y las espinas que me alcanzaban.

(Carta al Padre Köster, 17.1.55)

J. Kentenich

Permite también que se hable mucho de él. ¿Por qué? El tiene el propósito de viajar a otros países para extender Schoenstatt y ya no permanecerá físicamente junto a los suyos. Además, la Familia en Alemania ha crecido mucho. Por todo esto, él ya no podrá tener contacto directo, de padre a hijo, con cada uno. Por eso capta la importancia de que en *el ambiente* en que vive la Familia flote la idea: tenemos un padre, él es nuestro padre.

Chile (1948)

Esto será decisivo para que puedan seguir sintiéndose Familia, a pesar de las distancias o del número. Por eso es importante que se hable de él, para que él permanezca cerca, para que los que no pudieron dirigirse espiritualmente con él, también lo sientan como su padre. El ha comprobado que esto da insospechadas fuerzas, que la Familia llegó al heroísmo porque lo sentía verdaderamente como su padre, que confiaron en Dios porque lo sintieron cercano en él. De ahí la importancia de que las personas, que no tendrán dirección espiritual directa con él, aprendan también a conocerlo como padre. Por eso permite que se hable mucho de él.

¿Por qué se ha producido este cambio? ¿Por qué el P. Kentenich aparece públicamente al centro como nunca lo había hecho antes? El mismo da, posteriormente, todas las razones de este cambio, algunas de las cuales hemos analizado más extensamente. El explica que se hacía necesaria una descentralización en la Familia. Luego de las pruebas, la Familia estaba madura y estructurada interiormente en una buena medida. Además, había crecido exteriormente, de tal modo que estaba en capacidad de gobernarse a sí misma. Esta descentralización requería una reorientación en su posición personal como Padre y Fundador. Hasta entonces, se había dedicado fuertemente a la atención personal, tal como lo hemos visto. Fue necesario para la transmisión exacta, de persona a persona, de todo su mundo de valores. Ante el crecimiento interior, en espíritu, y el crecimiento exterior, en número, y la imposibilidad de una atención personal exhaustiva, ésta pasa a un plano posterior. En primer plano aparece el P. Kentenich fuertemente como el Fundador y Padre de todos.

De este modo, la organización familiar no se ve conmovida sino que es asegurada por la presencia permanente del padre en la conciencia colectiva familiar. Se adquiere progresivamente la conciencia de su paternidad sobre toda la Familia y sobre cada uno de sus miembros. Esto se va desarrollando en los años y dificultades posteriores hasta constituirse la vinculación al Padre y Fundador en uno de los llamados "puntos de contacto" de la Obra de Schoenstatt, y hasta constituirse la persona del Fundador en la "cabeza supratemporal" de la Familia.

Esta descentralización y reorientación en la Familia se originó –como todo en Schoenstatt– por el camino y pedagogía de la movilización de los valores. Como ya lo dijimos anteriormente, fue madurando y expresándose, desde arriba, toda una

Chile, con Mons. Guido Beck (1947)

USA (1948)

corriente de paternidad profunda y pública con pleno ejercicio de la autoridad paternal del P. Kentenich. Y desde abajo, en la Familia, fueron brotando y movilizándose todos los valores contenidos en las corrientes de filialidad y de membralidad. Se expresaba así la dependencia y participación de la persona del Fundador, a la vez que, hacia afuera, organizativamente se manifestaba plenamente la tendencia instintiva de reconocer a una única cabeza visible en la Familia.

5.2. El centro de las dificultades

Los Pallottinos advierten este cambio, pero los que no habían seguido todo este desarrollo vital, los que no se habían jugado por él en esos años porque no lo sentían a él como su padre, ni a Schoenstatt como su Familia, empiezan a desconcertarse. Este hombre, a quien hasta entonces sólo habían considerado como el organizador, como el Jefe del Movimiento, parece que comienza a ser el centro de todo. Ellos siempre habían pensado que, cuando el P. Kentenich no pudiese continuar en su puesto, vendría a reemplazarle otro sacerdote, con tanta inteligencia y capacidad como él y que el Movimiento seguiría así adelante. Pero de pronto captan que la cosa no es así; que el P. Kentenich no es simplemente un jefe que dirige el Movimiento por un período determinado y que sería reemplazable por cualquier otro sacerdote de sus mismas condiciones. El P. Kentenich es el padre de Schoenstatt y la Familia siente que lo es para siempre. Entre el Padre fundador y la Familia existe una unión mucho más profunda que la que se da en una simple organización.

Muchos Pallottinos no pueden explicarse esto y entre ellos se difunde el comentario de que el P. Kentenich se ha trastornado. Dicen: "Antes era una persona sencilla, humilde y, ahora, siempre está en el centro; todos hablan de él, él se deja tomar fotos y éstas circulan en todas direcciones. Sencillamente parece que le vino delirio de grandeza y se siente un héroe o se cree un ser excepcional porque venció en el campo de concentración"...

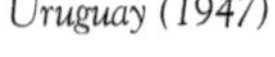

Uruguay (1947)

Pero el P. Kentenich dice: ¡No! Lo que sucede es que ellos no vivieron este proceso interior. Ellos siempre me tomaron como un ideólogo, como un jefe, y no experimentaron nunca esa unión de hijos conmigo. Yo siempre fui padre de mis hijos, yo siempre tuve un vínculo vital e íntimo con cada uno, pero eso permaneció oculto. Ahora que ha aparecido a plena luz, porque las circunstancias obligaron a que se mostrara, yo lo permito y cultivo, porque veo que es necesario así y porque la guerra probó que esto no es blandura ni sentimentalismo, sino que es un amor que le ha dado fuerzas a la Familia para llegar hasta la cruz y vencer lo que muy pocos pudieron vencer. Ninguno de los que me siguieron únicamente por mis ideas quedó fiel; todos ellos fueron quebrados en el campo de concentración o por las dificultades de la guerra, perdieron la fe en Schoenstatt y se dispersaron. Pero éstos, los que me tuvieron de verdad como padre, éstos resistieron y vencieron.

Con padres palotinos (Chile, 1948)

Ahora, simplemente, está apareciendo todo esto a la luz pública. Aquello que estaba oculto creció y se ha revelado.

Todo lo anterior ha de suscitar muchas envidias y rivalidades frente al P. Kentenich, y marcará el inicio de un nuevo período en la historia de su vida. Esta nueva etapa será la etapa de su lucha por extender su paternidad a la Iglesia y al mundo entero. En todos estos años, que giraron en torno al 20 de Enero, el P. Kentenich comprendió que ese espíritu de Familia que vivió Schoenstatt y que la Iglesia y el mundo del mañana tanto necesitan, fue fruto de su paternidad, a través de la cual se mostró la paternidad misma de Dios. Por eso, el sentido de sus viajes fue ya de "universalizar" su paternidad. Pero esto se acentúa en el período siguiente al que hemos llamado "la etapa de la paternidad universalizada". El quiere mostrar a la Iglesia hasta qué punto se necesita un espíritu de filialidad y de paternidad como el que se ha vivido en la Familia y, además, quiere proclamar que la forma como él ha encarnado la autoridad paternal, será lo que salvará a la sociedad y a la Iglesia, del mañana. Por eso, será en este punto donde se centrarán todas las luchas.

Los Pallottinos no comprenden la posición del P. Kentenich ni el cariño que le tienen sus hijos. Toda la lucha con la Iglesia va a girar también en torno a este punto, es decir, respecto de la forma en que el Padre fundador ha ejercido su paternidad frente a la Familia. Lo que se estaba jugando en el 31 de Mayo era justamente eso. En la carta que el P. Kentenich puso sobre el altar de Bellavista explica que la forma como él y la Familia vivieron la solidaridad mutua, la filialidad y la paternidad, será el espíritu que salve a la Iglesia y al mundo del mañana.

Estaba previsto en los designios de Dios que ustedes y yo nos perteneciésemos con una profundidad singular. En los planes de Dios nunca debo haber existido sin ustedes, ni ustedes sin mí. Desde la eternidad, Dios nos pensó en una Alianza de Amor.

Si Dios lo pensó así, si no me vio nunca sin ustedes, ni a ustedes sin mí, si él no quiere que cumpla mi misión sin ustedes –como tampoco vio a María separada de Jesús– si él las pensó, desde toda la eternidad, como mis colaboradoras permanentes en el cumplimiento de mi misión, (...) entonces comprenderán cuán agradecido estoy para con ustedes que han consentido con estos planes.

(Nueva Helvecia, agosto 1947)

No debemos considerar como algo opuesto la íntima filialidad y la recia y vigorosa disciplina. Mi principio –aún en las situaciones más difíciles– es no esquivar nunca una dificultad. De lo contrario, me sentiría mentiroso, falso y no me atrevería a presentarme ante ustedes para alentarlas a aspirar hacia lo más alto. Si el hijo quiere pertenecer al Padre, entonces no sólo debe imitarlo en su intimidad, sino también en la reciedumbre y entrega total.

Fue un acierto extraordinario de la Providencia: estuve constantemente alejado y, sin embargo, siempre estuve con la Familia.(...) Una obra grande no puede existir sin abundante derramamiento de sangre, tanto en sentido espiritual como real. Haber recibido una gran misión de Dios es, sin duda, un acto de alentadora confianza, pero, también un llamado, un compromiso a un constante morir, místico o real. Semejante vocación no es solamente una alegría sino también una carga divina.

Estas recias acciones –del Padre y de los hijos– expresaron un íntimo entrelazamiento de destinos y nos unieron cada vez más profundamente.

(Nueva Helvecia, 27.12.48)

El segundo 'dogma schoenstattiano': En Schoenstatt absolutamente nada se gestó sólo por mí. No deben tomar esto como una frase hueca sino como una 'profesión de fe'. Es realmente algo increíble cómo nuestros corazones laten uno en el otro. Ya se trate del corazón de un hombre, un niño, una niña, una mujer o un obispo, es sólo un mismo corazón. En el fondo muchos corazones pero, al fin y al cabo, un solo latido.(...) Cuando mencionan mi nombre, también ustedes son nombrados. Cuando pronuncio o escucho su nombre, el de ustedes, pronuncio o escucho mi nombre. Creo que es simplemente así: todo lo realizado en Schoenstatt es una obra hecha en común.

(Roma, 16 de noviembre de 1965)

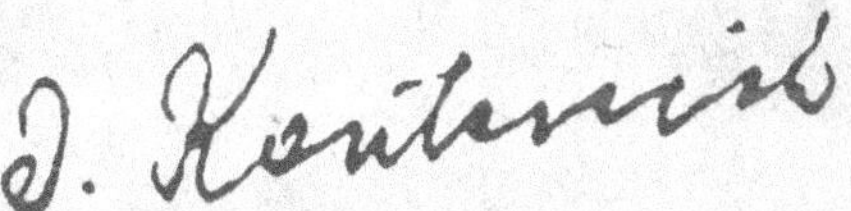

¡qué explosión de pétalos!
¡qué danza del polen inicial!
¡cuán abierto el cáliz
para que muriendo tanta flor de flores
quedara tu gota de vida entre la tarde
y creciera como sorpresa al mundo!
¡cuántos siglos de primavera en la Iglesia
para el verano de tu vida!
fruto de María Inmaculada,
hermano del fruto bendito del
/vientre virginal,
gozoso fruto para la inauguración de esta
/vendimia nueva.

P. Joaquín Alliende L.

CAPÍTULO QUINTO

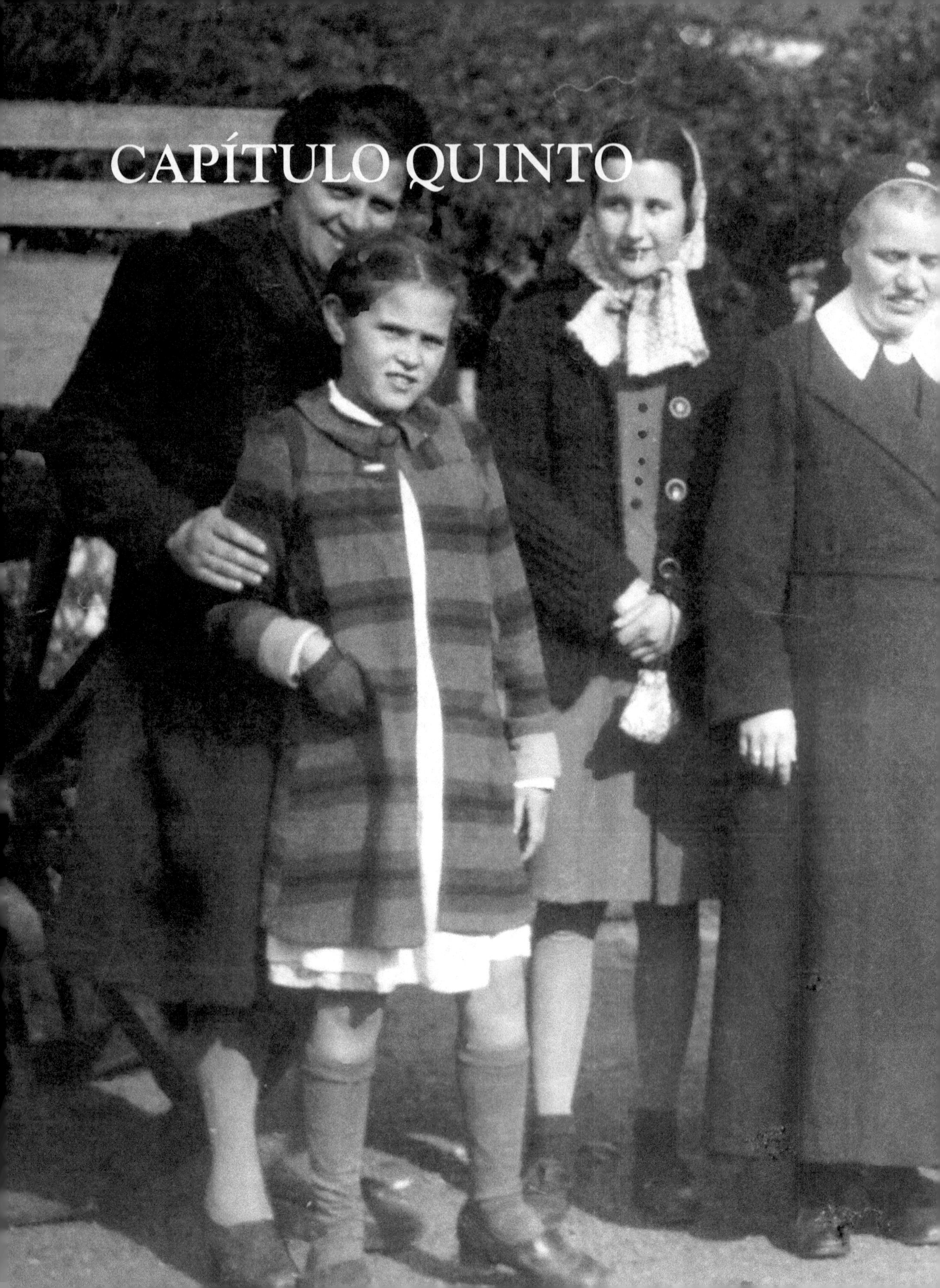

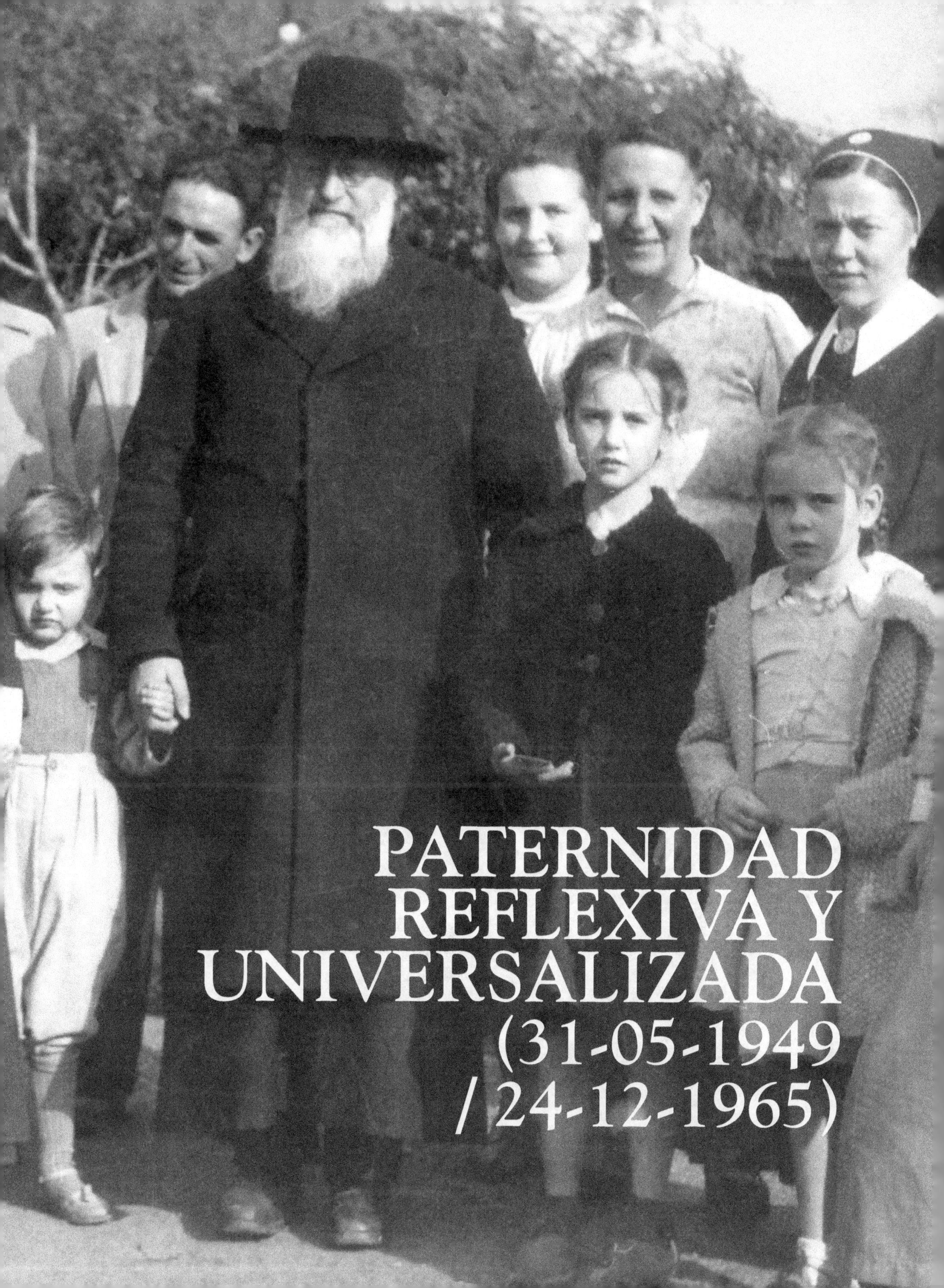

PATERNIDAD REFLEXIVA Y UNIVERSALIZADA (31-05-1949 / 24-12-1965)

QUINTA ETAPA

Esta época coincide con el tercer hito de la historia de la Familia y va desde el 31 de Mayo de 1949 hasta el regreso del P. Kentenich a Schoenstatt, el 24 de Diciembre de 1965. El P. Kentenich comienza a aparecer como el "Padre de la Iglesia en las nuevas playas" y, también, como "Padre del futuro Occidente". Es la época en que él se compromete, en forma oficial, en una lucha en la cual se siente paternalmente responsable por el futuro de toda la Iglesia y del mundo.

Por otra parte, en todo este tiempo, el P. Kentenich empieza a reflexionar con mucha profundidad sobre lo que ha sido su historia con la Familia, sobre lo que ha sido su paternidad y lo que ha sido su propia persona. Lo hace para defender a la Familia y aquellos aspectos de Schoenstatt que son atacados. Es aquí donde él nos entrega su gran visión de Schoenstatt, podríamos decir, la elaboración científica de todo lo que él ha vivido y del valor que su paternidad tiene como luz para la Iglesia y el futuro. Y si en Dachau escribió mucho, en Milwaukee escribió mucho más todavía. En esos 14 años, escribió el equivalente a un libro grueso por mes. En estos escritos él analiza y revisa la historia de Schoenstatt, las fuerzas de Schoenstatt y todo aquello que culminó en esa unión de Familia, en esa paternidad y filialidad vividas tan intensamente en torno al 20 de Enero de 1942.

Ya en la época anterior, cuando acepta ponerse públicamente al centro de la Familia, es interesante observar cómo, cuando habla de sí mismo –por ejemplo, de la importancia que tuvo su acto del 20 de Enero– lo hace como quien estuviera analizando un coleóptero que tiene en la mano, es decir, con una objetividad total. En esta etapa que ahora comienza, el P. Kentenich penetra con mayor profundidad aún en la historia de Schoenstatt y en la suya personal, y se enfoca a sí mismo con una frialdad y una objetividad increíbles. Pareciera como si se considerase otra persona, a quien él ha de estudiar, para comprender el por qué de esa poderosísima irrupción de vida que ha surgido en Schoenstatt.

1. HACIA LAS NUEVAS PLAYAS DE LA IGLESIA

1.1. Un anhelo de siempre

Sabemos que, desde un comienzo, el Padre fundador se sentía responsable por la Iglesia entera. Desde un comienzo él anhelaba un tipo de hombre nuevo, un tipo de comunidad nueva para la Iglesia, para el mundo. En 1916, este anhelo general se concretiza cuando hace suya la idea de Vicente Pallotti de formar una Confederación Apostólica Universal. Se da cuenta que, en la Iglesia, cada vez se va haciendo mas necesaria una coordinación general de todas las fuerzas apostólicas –lo que hoy llamaríamos pastoral de conjunto– y que Schoenstatt debería ser

En Uruguay (1948)

Con el Nuncio Apostólico, Mons. Zanín (1952)

el alma de ese proceso de solidaridad dentro de la Iglesia. Por lo mismo, desde un comienzo, trata de estructurar a Schoenstatt no sólo como alma de esa Iglesia renovada, sino también, como su modelo. El ve que en la Iglesia no es posible una solidaridad y una coordinación de todas las fuerzas apostólicas en base a una autoridad centralizadora. Es difícil montar una maquinaria dirigida desde un solo centro. Tampoco el Papa ejerce su autoridad universal en ese sentido. Sin embargo, el P. Kentenich cree que Schoenstatt tiene una gran tarea en el sentido de la unidad de toda la Iglesia, pero una tarea de unidad a través de la animación. Para eso, él piensa que Schoenstatt tiene que ser una Familia llena de espíritu, capaz de unir a la Iglesia entera a través de la fuerza de su espíritu, pero sin tener derechos sobre nadie, sin aspirar a una influencia jurídica sobre otros grupos. Por eso, el P. Kentenich estructura la Familia en base a núcleos jurídicamente independientes.

Todos los Institutos de Schoenstatt son jurídicamente independientes los unos de los otros; nadie puede mandar sobre otros. Así, por ejemplo, los Padres no tienen ningún derecho sobre el Instituto de las Hermanas, y el mismo Movimiento, en su forma plena, madura, tal como existe ya en Alemania, es un Movimiento diocesano, reconocido por los Obispos y que solicita libremente la asesoría de los miembros de los Institutos –de los Padres, de los Sacerdotes Seculares, de las Hermanas, del Instituto de Nuestra Señora de Schoenstatt o de los Hermanos Marianos– en la medida en que esas personas sean idóneas para servirlo. Pero los Institutos no tienen ningún derecho frente al Movimiento. El Movimiento es un Movimiento diocesano y se deja inspirar por los miembros de los Institutos en la medida en que éstos realmente lo sirvan. Todo Schoenstatt está construido en base a un sistema de "tensiones entre distintas comunidades", que son libres e independientes las unas frente a las otras y que permanecen cohesionadas por un espíritu común y la voluntad de servicio mutuo.

El P. Kentenich pensaba que así debería ser también la Iglesia del mañana: una Iglesia donde todos los cristianos unan sus fuerzas, no porque haya una comunidad o un grupo que dé órdenes a los otros, sino porque se unen en un mismo espíritu. Para eso ha de haber una comunidad o una Familia que se sienta responsable de propagar ese espíritu común y que sea capaz también de animar un trabajo en común. Desde un comienzo, desde 1916, el P. Kentenich va formando a Schoenstatt para que sea alma y modelo de esa Iglesia del mañana, de esa Iglesia que, a su vez, tiene que ser alma y modelo de una sociedad humana verdaderamente justa, renovada, fraternal.

Bellavista, Chile (1951)

En Roma, beatificación de Vicente Pallotti (1950)

En el año 1929, el P. Kentenich expresa en forma muy clara y audaz esta conciencia de su responsabilidad por los destinos de la Iglesia al pronunciar aquella frase célebre:

> A la sombra de este Santuario se ayudará a decidir esencialmente y para siglos, los destinos de la Iglesia. Palabras serias son éstas, palabras significativas e importantes. Casi suenan a locura y desvarío. Y, sin embargo, repito e insisto: A la sombra del Santuario se decidirán esencialmente en los próximos siglos en Alemania y más allá de Alemania, los destinos de la Iglesia.

1.2. La promesa al Santo Padre

Después de la segunda guerra mundial, una vez que el P. Kentenich se da cuenta de que en Dachau ya han sido probadas las fuerzas vitales de Schoenstatt, su capacidad para vencer al colectivismo y para salir adelante en las peores catástrofes históricas, como lo había sido la guerra mundial, entonces siente que ha llegado el momento de anunciar oficialmente a la Iglesia: Aquí en Schoenstatt, Dios ha regalado las fuerzas que ayudarán a construir la Iglesia del mañana.

El ve estas fuerzas resumidas en la Alianza de Amor que permite vivir plenamente el organismo de vinculaciones. ¿Por qué logró Schoenstatt vencer la guerra y el nazismo? Porque vivió plenamente el organismo natural y sobrenatural de las vinculaciones, porque, a través de la Alianza de Amor vivida a la altura de la Inscriptio, estuvo enteramente cobijado en el corazón de Dios y de la Santísima Virgen y de ahí sacó fuerzas para resistir las peores persecuciones; pero también porque, a través de la fuerza de esa Alianza de Amor vivida horizontalmente, el P. Kentenich se inscribió en el corazón de sus hijos y los hijos en su corazón con una solidaridad humana tan profunda que, unida a esa otra solidaridad sobrenatural, demostró ser una fuerza indestructible.

En sus viajes internacionales, el P. Kentenich comienza a anunciar este mensaje de la Virgen, de la Alianza de Amor, del hombre nuevo y de la nueva comunidad, tal como lo ha vivido Schoenstatt, especialmente a partir del 20 de Enero de 1942.

Al iniciar estos viajes, tuvo una entrevista histórica con el Papa Pío XII, el 14 de Marzo de 1947. Acababa de ser aprobada la Constitución Apostólica "*Provida Mater Ecclesia*", por la cual Pio XII concedía derecho de ciudadanía dentro de la Iglesia a un nuevo tipo de comunidades: los Institutos Seculares. Ese nuevo tipo de comunidad existía en Schoenstatt desde hacía ya 21 años en el Instituto de las Hermanas Marianas. Además, había varios otros Institutos que, si bien no habían alcanzado el desarrollo de las Hermanas, al menos ya estaban germinando. Así,

Chile (1947)

estaban fundados ya el Instituto de Nuestra Señora de Schoenstatt, los Hermanos Marianos y los Sacerdotes Seculares.

El P. Kentenich habló con el Papa y le agradeció esta Constitución que venía a sancionar justamente ese tipo de hombre nuevo que Schoenstatt aspiraba a formar: el tipo de hombre magnánimo, sin votos. Hasta entonces, este tipo de hombre nuevo, de comunidad nueva, tal como lo quería el P. Kentenich –con el grado de libertad que él le concedió y con el grado de cercanía al mundo que él deseaba– era todavía un experimento privado de Schoenstatt, pues ni las Hermanas Marianas, ni ningún otro Instituto schoenstattiano habían sido reconocidos oficialmente.

Por eso el P. Kentenich va a agradecer al Papa esta puerta jurídica que abría a Schoenstatt y se compromete solemnemente a cuidar de que en Schoenstatt se viva ese nuevo ideal de comunidad –el de los Institutos Seculares– de manera tan preclara que se asegure la fecundidad de este nuevo tipo de comunidad para toda la Iglesia.

1.3. Recorriendo la Iglesia y el mundo

Después de esta promesa solemne ante el Papa –en la que, por primera vez y en forma pública, el P. Kentenich pone Schoenstatt al servicio de la Iglesia universal, para animarla e impulsarla en sus nuevos caminos– emprende sus largos viajes internacionales.

La responsabilidad por la misión de María apura sus latidos y sus pasos. El P. Kentenich se sentía urgido. Como San Vicente Pallotti también él se identificó plenamente con la 'urgencia' de San Pablo: 'caritas Christi urget nos'. Esta conciencia de misión motivó permanentemente sus viajes internacionales.

¿Por qué he venido? Es una pregunta ociosa. Pertenecemos mutuamente a una misma Familia. No sólo el afecto natural me hizo venir aquí. También he venido para experimentar las magnificencias de la Madre y Reina tres veces Admirable de Schoenstatt. En primer lugar, quisiera ver en qué forma ella se ha glorificado. Según lo que han dicho ustedes, también aquí la Santísima Virgen se ha glorificado grandemente. Esa es la fidelidad a la Alianza de la Santísima Virgen para con Schoenstatt y nosotros. Con ustedes, quisiera reflexionar cómo podemos preparar y difundir, aún más, las glorias de la Santísima Virgen, cómo podríamos continuar preparando su marcha victoriosa.

(Santa María, 18.02.47, a su llegada)

Vivimos en un tiempo en que los espíritus combaten en una lucha sin precedentes. No deben pensar que esta poderosa lucha se da sólo en Alemania –donde mañana, pasado mañana, será aún más encarnizada. También va a irrumpir aquí, en estas tierras. Creo que avanzamos hacia un tiempo terrible, y debo confesarles que éste es uno de los motivos que me ha traído hasta ustedes. Considero esta visita como un momento de pausa y mi tarea consiste en organizar y animar más aún a toda la Familia, a fin de que luego esté preparada para atravesar los tiempos de lucha.(...)

Para mí lo más importante es saberlas más íntimamente unidas. Entonces podría ir, con gran tranquilidad, una vez más a Siberia. "Antes de morir, he anhelado tener esta cena de amor" (cf. Lc 22,15). Pueden imaginarse que mantengo la misma disposición de morir por la Familia; y de la cual he dado pruebas ante Dios. Los peligros para mí no están aún, ni remotamente, superados. La lucha de mi vida es contra el colectivismo.

(Nueva Helvecia, 19.6.47)

Si miro hacia atrás y contemplo todo lo que han traído los años pasados, previsto en los planes de Dios, vienen a mi mente las palabras del profeta Jeremías: "Irás adonde te envíe, harás las obras que te encomiende, dirás las palabras que te dicte. No temas, seré tu protector". Esta es la clave que explica mi presencia aquí. Ustedes no sospechan cuán grandiosa es la marcha de victoria que la Santísima Virgen ha emprendido en Schoenstatt.

(Santiago, 23.6.47, a su llegada)

Estaré aquí por poco tiempo y partiré de nuevo al mundo. Así soy yo: ¡Conocida la meta, con fuerza a su conquista! Lo que a mí me orienta es lo que el Padre Dios realizó en Dachau. Allí fue fundada la "Internacional". Y porque Dios quiere la "Internacional", y porque aquí me he tornado superfluo, y ningún otro recibe un pasaporte, me dedico entonces a la "Internacional". Me parece que puedo hacerlo bastante bien. Cada día me siento más joven.

(Schoenstatt, 11.10.47)

A menudo estoy tentado de imitar a San Francisco Javier. Cuando en su época percibió las grandes necesidades de los pueblos de la India, y se acordaba de los muchos jóvenes universitarios que no sabían darle un sentido pleno a sus vidas, escribió fogosos llamamientos a las universidades. Así también quisiera yo, por momentos, sacudir a nuestra juventud de Schoenstatt, llamando su atención hacia estos países, y hacia la abundante cosecha que podríamos recoger aquí.

(Informe Argentina/Uruguay, 1947)

La Madre tres veces Admirable estuvo en el centro de todas mis conferencias. Donde se dio la posibilidad, me esforcé por construir un Santuario.(...)

La corriente de gracias, de vida, de amor, de misión y de victoria que surgió con plenitud poco común a partir del 20 de enero de 1942, ahora quiere irrumpir en todo el mundo. Quisiera encontrar un cauce también aquí en el Africa. Así lo exige la Internacional que pesa sobre mis hombros como una santa misión, que me hace sobrevolar, sin descanso, mares y países, a fin de arraigar Manresa (seudónimo de Schoenstatt, utilizado por precaución en Dachau, y por eso también algunas veces en años posteriores) *en todas partes como un movimiento de gracias y de peregrinación. Ante todo allí donde los mensajeros de la MTA trabajan desde hace tiempo. Por eso mi empeño para que se construyan Santuarios filiales de Manresa en todos los países.*

(Informe de Sudáfrica, 1948)

Estoy viajando de país en país tan sólo para prepararle a la Santísima Virgen una marcha triunfal. Casi podría decir que soy el canciller de la Santísima Virgen. En todas partes, donde llego, preparo el camino para los Santuarios.

(Nueva Helvecia, 175.48)

J. Kentenich

En una carta al entonces superior de los Padres Pallotinos en Chile, explica detalladamente la importancia de la unidad de Schoenstatt en América Latina, para mayor complementación de la mentalidad germana, y en definitiva para servir a la causa de María contra la amenaza del colectivismo.

Personalmente me interesa ayudarle a poner su mirada más allá de los límites de su propia Región y que abarque el conjunto de los territorios sudamericanos. Como usted bien lo sabe, desde hace años me preocupa la unidad espiritual de estos territorios para que formen un bloque.(...)

En esta perspectiva, por supuesto no pasamos por alto nuestra misión mariana en pro de la superación de una mentalidad bolchevista como el gran peligro mundial, que nosotros, en Europa y especialmente en Alemania, malamente podremos realizar, si no es vencido el modo de pensar mecanicista que ya ha alcanzado amplios círculos.(...)

Estas reflexiones inspiraron en gran medida mis viajes internacionales desde el retorno de Dachau. Nuestra misión mariana nunca me dejó tranquilo, y me ha dado la fuerza y el coraje para recorrer el mundo buscando aliados para la plena realización de esta misión. Este es también el telón de fondo de la historia del 31 de mayo de 1949.

(Carta al P. Carlos Sehr, 16.12.53)

En esos viajes, lo que más llama la atención es la responsabilidad paternal del P. Kentenich por la Iglesia y por el mundo. El aparece a los ojos de todos como un hombre cuya paternidad no se agota en una Familia determinada, en un grupo reducido de personas. Después de Dachau, su corazón es para toda la Iglesia y para todo el mundo. El se ha dado cuenta que la fuerza paternal que Dios puso en su corazón es para servir a la Iglesia y al mundo entero. Por eso, dondequiera que va, no sólo se preocupa de fundar el Movimiento, de construir nuevos Santuarios, sino que busca un contacto extraordinario con la vida de los pueblos y de las distintas Iglesias nacionales que visita.

Es impresionante constatar, a través de sus relatos y crónicas, cómo se preocupa de detectar la realidad eclesial y social, cómo dialoga con todos los Obispos, cómo conversa con todas las comunidades religiosas que encuentra y les pregunta por su historia y por sus problemas. Si una comunidad se ha dividido en distintas ramas, le interesa saber cuál fue la causa. También pregunta qué dificultades tienen para vivir la pobreza, para vivir el espíritu de obediencia. En una palabra, se siente responsable por la Iglesia entera y por eso está permanentemente preguntando y averiguando los problemas que ésta tiene. Su gran anhelo es construir en Schoenstatt una Familia que dé respuesta a todo aquello.

El Instituto de las Hermanas de María fue reconocido oficialmente por la Iglesia en 1948, al año siguiente de la promulgación de la *"Provida Mater Ecclesia"*. La gran preocupación del P. Kentenich, en este tiempo, es ver qué problemas enfrentan otras comunidades para descubrir lo que le dice Dios a través de esos problemas y lo que

ha de hacer él, de manera que las Hermanas y los demás Institutos de Schoenstatt puedan superar esas mismas dificultades, convertirse así en la coronación de toda la Obra de Schoenstatt y llevarla adelante como parte motriz del conjunto.

Pero el P. Kentenich también se preocupa de todos los problemas del mundo. Por ejemplo, cuando está en Estados Unidos, no sólo se interesa por la situación del Movimiento o por la situación de la Iglesia norteamericana, sino que se muestra muy preocupado por la realidad social y humana de Estados Unidos, por discernir hacia dónde van las cosas, hacia dónde va el desarrollo del mundo. Especialmente se muestra muy preocupado por la posibilidad de una guerra.

En la segunda mitad de la década del 40, inmediatamente después del armisticio, vinieron los duros años de la guerra fría, y el P. Kentenich teme que pueda estallar, en cualquier momento, una tercera guerra mundial. Por eso piensa que debe aprovechar muy bien esos años de paz para dar la voz de alerta y ayudar a la Iglesia y al mundo a ponerse en guardia.

2. LA GRAN DECISIÓN DEL 31 DE MAYO DE 1949

2.1. Un estudio solicitado se convierte en visitación canónica

Todo lo que hemos visto es anterior al año 1949. El 31 de Mayo de 1949 marca el momento en que el P. Kentenich asume en forma solemne –y sabiendo plenamente a qué se arriesga– esa responsabilidad por construir la Iglesia y el mundo del mañana. ¿En qué consistió el 31 de Mayo y su riesgo?

El P. Kentenich quiere dar a conocer Schoenstatt. Por eso comenzó sus viajes y publicó el "Hacia el Padre". Con ese fin pidió también al Obispo Auxiliar de Tréveris, la diócesis a la cual pertenece Schoenstatt, que hiciera un estudio científico sobre Schoenstatt. Este Obispo era un hombre muy preparado, muy culto, doctor en Teología, y había participado en retiros del P. Kentenich. Después de la guerra había estado bastante enfermo. El P. Kentenich lo invita entonces a reponerse en una de las casas de las Hermanas Marianas; se crea así un lazo de amistad más estrecha entre ambos. En ese clima de confianza mutua, le propone hacer el estudio científico mencionado. Pero este estudio solicitado se transformó en una visitación canónica, es decir, en una inspección de la Obra de Schoenstatt en sus aspectos doctrinales, pastorales, pedagógicos y prácticos, hecho por la autoridad diocesana respectiva.

¿Cómo se llegó a esta situación, que no era exactamente lo querido por el P. Kentenich ni por el Obispado de Tréveris?

Diversos factores confluyen al mismo punto. Desde la década del 30, según dijimos, los Obispos alemanes comenzaron a preocuparse de Schoenstatt y de sus "ideas originales". Esta preocupación continuó aún durante la guerra, y diversos Obispos cuestionaron algunos puntos de Schoenstatt. El crecimiento en intensidad y en extensión que experimentó la Obra de Schoenstatt preocupó también a los círculos eclesiásticos, en el sentido de averiguar qué había detrás de ello. Schoenstatt era observado y analizado con ojos no siempre benevolentes.

Dr. Bernhard Stein, Obispo Auxiliar de Tréveris

Más aún, la misma actitud del P. Kentenich provocaba estupor. No se comprendía por qué decidía ir libremente al campo de concentración, rechazando la posibilidad de rehuirlo, lo que habría parecido mas normal. Además de lo que ya dijimos, su decisión de publicar las oraciones del "Hacia el Padre" –que tienen un denso contenido dogmático, bíblico, patrístico y pedagógico, pero revestido en una forma de verso poco atrayente, especialmente en alemán– encontró muy diversos ecos; muchos, sencillamente desfavorables. Además, la posición que el P. Kentenich adquirió paulatinamente dentro de la Familia, desde la guerra, no agradaba a algunos observadores. Para ellos, mientras se tratara de cosas, de ideas, estaba bien. Se entendía bien a Schoenstatt con la cabeza, pero comprometer el corazón era otra cosa.

Esto se notó especialmente entre los Padres Pallottinos alemanes. La Congregación como tal no conocía a Schoenstatt. Las provincias italiana, polaca, irlandesa, eran ajenas al desarrollo de la Obra de Schoenstatt. En cambio, las dos Provincias alemanas estaban vivamente interesadas en lo que consideraban, sobre todo, un renacer de la Obra de Vicente Pallotti. Un grupo de pallottinos sí había captado plenamente la nueva iniciativa divina en Schoenstatt y formaban un núcleo de sacerdotes muy fieles al P. Kentenich. Otro grupo había captado a Schoenstatt sólo con la cabeza, pero no con el corazón. Y el resto seguía simplemente lo que se les indicaba. En el segundo grupo se destacaba, sobre los demás, el Padre provincial, que estuvo en Dachau con el P. Kentenich. Después de la guerra, luchó incluso intelectualmente dentro de la Sociedad de los Padres Pallottinos para que Schoenstatt fuera reconocido como la Obra externa de la gran obra de Apostolado Católico de Vicente Pallotti. Pero no tenía vinculación de corazón al Padre fundador y, ante el desarrollo de la paternidad del Padre, comienza a tomar distancia.

No faltaron voces que criticaron la decisión del P. Kentenich de ir a Dachau, calificándolo como que tenía "las tejas corridas" (juego de palabra alemán: Dachschaden); criticaron asimismo su actitud franca frente a la Iglesia, calificándola de arrogante; criticaron también la relación de los Institutos y del Movimiento a su persona, sobre todo después de la guerra. Y aún se le criticaba que no era fiel a Vicente Pallotti y que no quería a los Pallottinos en Schoenstatt, al dar tanta autonomía a los diferentes Institutos. Todos estos rumores y críticas llegan a oídos de los Obispos y aumentan su preocupación por la Obra de Schoenstatt.

Bellavista, Chile (1952)

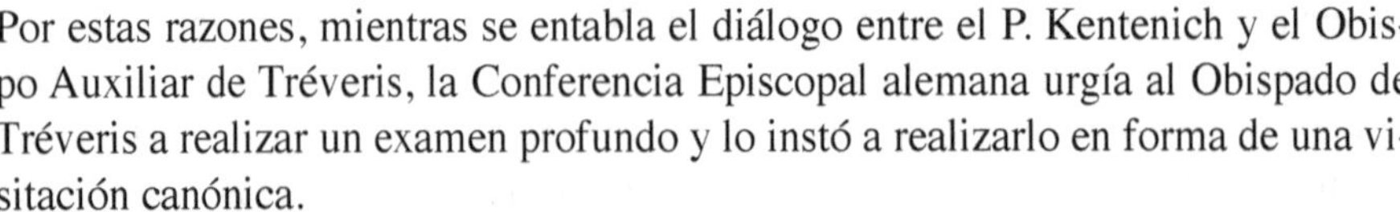

Por estas razones, mientras se entabla el diálogo entre el P. Kentenich y el Obispo Auxiliar de Tréveris, la Conferencia Episcopal alemana urgía al Obispado de Tréveris a realizar un examen profundo y lo instó a realizarlo en forma de una visitación canónica.

2.2. *Las corrientes de la fidelidad al Padre*

Pero antes de ver cómo se desarrollaron los conflictos que causaron y rodearon esta visitación, es necesario explicar otros desarrollos que se producen en este tiempo al interior de la Familia, tanto entre los Institutos Femeninos (especialmente el de las Hermanas) como entre los sacerdotes.

Del mismo modo como el P. Kentenich reflexiona sobre la historia pasada, a las Hermanas se les plantea, después de Dachau, la pregunta: ¿Qué fue lo que hizo posible que pudiéramos pasar victoriosas por todo lo que nos sobrevino? ¿Qué fue lo que hizo posible que en esos años de guerra tan duros, nuestra comunidad creciera de tal manera? ¿Por qué el cariño al Padre fundador, la fidelidad a él, despertó en nosotras tanto espíritu sobrenatural como para que por él fuésemos capaces de llegar hasta la Inscriptio? ¿Cómo nos condujo el Padre fundador, que logró sumergirnos tan honda y profundamente en el amor de Dios y de la Virgen?...

Las mismas reflexiones se plantea el grupo de sacerdotes más fieles al Padre fundador, que habían trabajado con él en la Central de los Asesores del Movimiento en los últimos años. Algunos de ellos son Pallottinos y otros, dirigentes de los sacerdotes diocesanos. También ellos se preguntan: ¿Cómo fue que recibimos tantas gracias durante estos años? Y en uno y otro lado –entre las Hermanas y los sacerdotes y también entre algunos jefes de los laicos– se va analizando esa misma historia de los años recién pasados que ya analizó el Padre fundador. Y así va surgiendo la conciencia de que el regalo de ese tiempo fue haber vivido la Alianza de Amor en el grado de la Inscriptio, no sólo con el cielo, sino que también con el Padre fundador. La Familia se da cuenta que él es un don y una fuente de gracias para Schoenstatt y para la Iglesia. Los distintos grupos constatan que, en la medida en que se han incorporado a la misión que Dios le diera al Padre fundador, sintiéndose plenamente solidarios con él, han ido recibiendo también la gracia de ser como él: la gracia de sentirse hondamente cobijados y seguros en Dios como él, y de ser –también como él y con él– fecundos forjadores de historia.

De 1945 a 1949, la Familia va reflexionando sobre la historia de gracias que ha vivido y descubre lo que hay detrás de ella: que, a través de esa solidaridad interna que ha crecido en la Familia, ha vivido de manera muy original el ideal de la Iglesia, el ideal de la comunión (o comunidad) de los santos, la realidad del Cuerpo Místico.

Entre las Hermanas, todo esto sucede en una forma muy vital. El mismo Padre fundador se encarga de dar a conocer la historia del "Jardín de María", esa historia de fidelidad que habían vivido las Hermanas de la Casa de Coblenza, explicando lo que había sido ese ideal. Ellas se habían propuesto convertir su comunidad en un Jardín de pequeñas Marías, como precio de rescate para que el Padre fundador saliera libre de Dachau. Y eso les había dado una vida extraordinaria. La Comunidad de las Hermanas se da cuenta entonces que, en ese símbolo, se resume de manera muy clara y hermosa algo que todas ellas habían vivido, lo que a todas les trajo fuerzas en esos años de prueba. Así, a la luz de ese símbolo elaborado por una casa particular, todas redescubrieron su comunidad como una comunidad plantada por el Padre fundador para convertirse en el jardín de las nuevas Marías. La unión vital a él aparece así como un elemento esencial de su vida de comunidad; ellas constatan que se han hecho fecundas en la medida de esta unión al Padre fundador –a ese Padre jardinero que Dios les regaló– y que la comunidad se ha enriquecido en la medida en que todas han tomado conciencia de que son sus hijas.

Brasil

Otro tanto ocurre entre los sacerdotes, aunque sus descubrimientos en este campo se elaboran en una forma más teológica: analizan lo que se ha vivido a la luz de la realidad del Cuerpo Místico, de la Comunión de los Santos, de la dependencia solidaria de unos con los otros que se da dentro de la Iglesia, de esa "ley de la membralidad" de que hablamos al comienzo y según la cual Dios dirige ciertas comunidades, en ciertas épocas, regalándoles jefes que sean fuente de gracias para ellas. En esta línea va la reflexión de los grupos masculinos. Sus conclusiones se formulan de la siguiente manera: para ser un verdadero schoenstattiano no basta vivir según las ideas del P. Kentenich, quien, sin duda, es su Fundador; no basta imitarlo, como a un modelo que se mira allá, a cierta distancia, sino que hay que incorporarse vitalmente a su misión, sentirse vitalmente en contacto con su persona y dar un sí a esta realidad misteriosa: que las gracias que Dios destinó para Schoenstatt vienen a través suyo, de manera que las recibe quien se vincula y ata a él, como participación de lo que sucede con la gracia de Cristo, gracia que recibe no aquél que se limita a mirar a Cristo como un modelo, como una persona interesante y valiosa a quien desea imitar, sino aquél que se ata en amor a él y decide vivir en íntima comunidad de amor con él.

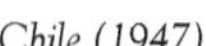

Chile (1947)

Todo esto se va descubriendo paulatinamente, sobre todo en el curso de 1948. En la medida que estas ideas van madurando, la Familia siente la necesidad de expresar, de alguna manera, lo que ha descubierto. Aquí se da un desarrollo paralelo en los distintos Institutos. Primero, esta necesidad se deja sentir entre las Hermanas, haciendo los así llamados "actos filiales" en los que se reconoce, ante la Virgen, que Dios ha querido a Schoenstatt como Familia y que ha querido también que el centro de esta Familia sea el Padre fundador. Por eso, ellas se regalan a él como hijas y se regalan mutuamente unas a otras como hermanas. De esta manera dan el "sí" a todo lo que fuera la historia de esos años.

Lo mismo ocurre con los sacerdotes. Ellos no usan tantos símbolos como la rama femenina, pero en ellos se va gestando también la idea de hacer un acto de fidelidad al Padre fundador, en la misma línea de las Hermanas, con la misma idea de fondo. Es decir, los sacerdotes también sienten la necesidad de decir a la Virgen: "Hemos comprendido que nos regalaste al P. Kentenich no sólo como un ideólogo, no sólo como un modelo a imitar de lejos, o como un jefe que nos señaló una dirección, sino como un verdadero padre cuya vida compartimos. Por eso queremos vivir en perfecta solidaridad de destinos con él y, así como en el tiempo de Dachau, él se entregó por nosotros y nosotros por él, así queremos ahora que esto permanezca una ley de vida para siempre, que nada nos separe, que vivamos siempre los unos para los otros".

En cuanto al Movimiento de laicos, tal vez el primer país donde se hizo algo así fue en Chile, en el año 1952, como lo veremos más adelante.

2.3. La visitación canónica a las Hermanas

Todas estas corrientes han ido surgiendo en el interior de la Familia. Pero hay Padres Pallottinos que no comprenden el por qué de la importancia que ha ido adquiriendo el Padre fundador; se sienten inquietos y empiezan a averiguar cómo están por dentro las relaciones de los schoenstattianos con él. Por ahí escuchan de la existencia de estas corrientes, de que cada vez se está hablando más del P. Kentenich, tanto entre las Hermanas como entre los sacerdotes. También llega a sus oídos de que hay grupos que realizarán o que ya han realizado algunos "actos de fidelidad al Padre fundador". Estos Pallottinos consideran que no sólo el P. Kentenich ha perdido la razón, atribuyéndose a sí mismo un rol central desproporcionado, sino que los demás siguen ahora esa corriente y lo están convirtiendo en un verdadero ídolo.

Quejas de esta línea llegan al Obispado de Tréveris, que iba a hacer el estudio sobre Schoenstatt. El Obispo decide dar a su investigación el carácter de una visitación canónica, presionado por la Conferencia Episcopal, que quería que fuera aún más severo. La visitación se hace al Movimiento en general y, en especial, al Instituto de las Hermanas, que era la comunidad schoenstattiana más madura y estructurada y, además, la comunidad que estaría promoviendo un culto exagerado al P. Kentenich: él estaría demasiado al centro de la vida de la comunidad; lo cual estaría creando entre las Hermanas una situación de "masificación sublimada"; el Padre Kentenich quería formar un hombre nuevo, un hombre que vencie[illegible]e al hombre-masa sublimado pero que, de hecho, lo único que habría logrado ob-

Chile (1949)

tener es un hombre-masa sublimado, ya que en la Comunidad de las Hermanas es tan grande el cariño que se le tiene, que si él habla, ello equivale a una orden y nadie razona más.

El Obispo de Tréveris envía entonces su representante. La visitación se realiza entre el 19 y el 28 de Febrero de 1949. Justamente un mes antes, el 20 de Enero, los jefes de la Rama de los Sacerdotes Seculares y todo el equipo de Pallotinos que trabajaban con el P. Kentenich en la asesoría del Movimiento, le habían hecho un solemne acto de fidelidad. Ese mismo día hizo otro tanto el Instituto de Nuestra Señora de Schoenstatt y la Comunidad de las Hermanas se había incorporado –como conjunto y oficialmente– al ideal del "Jardín de María".

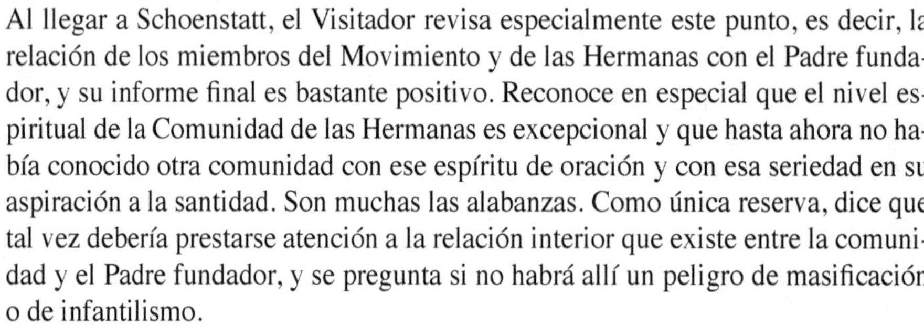

Al llegar a Schoenstatt, el Visitador revisa especialmente este punto, es decir, la relación de los miembros del Movimiento y de las Hermanas con el Padre fundador, y su informe final es bastante positivo. Reconoce en especial que el nivel espiritual de la Comunidad de las Hermanas es excepcional y que hasta ahora no había conocido otra comunidad con ese espíritu de oración y con esa seriedad en su aspiración a la santidad. Son muchas las alabanzas. Como única reserva, dice que tal vez debería prestarse atención a la relación interior que existe entre la comunidad y el Padre fundador, y se pregunta si no habrá allí un peligro de masificación o de infantilismo.

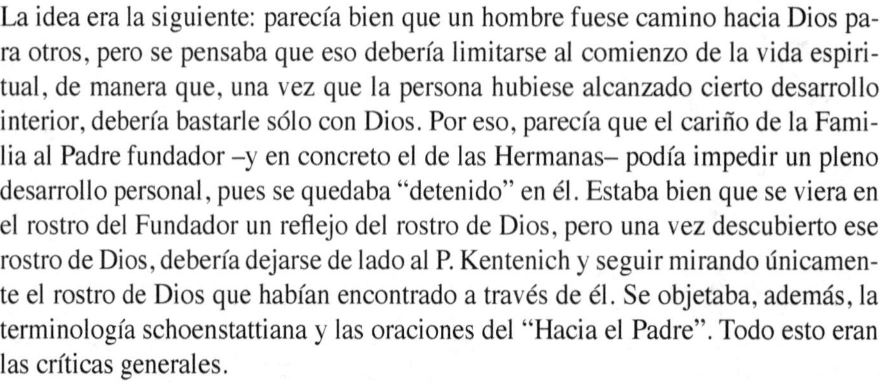

La idea era la siguiente: parecía bien que un hombre fuese camino hacia Dios para otros, pero se pensaba que eso debería limitarse al comienzo de la vida espiritual, de manera que, una vez que la persona hubiese alcanzado cierto desarrollo interior, debería bastarle sólo con Dios. Por eso, parecía que el cariño de la Familia al Padre fundador –y en concreto el de las Hermanas– podía impedir un pleno desarrollo personal, pues se quedaba "detenido" en él. Estaba bien que se viera en el rostro del Fundador un reflejo del rostro de Dios, pero una vez descubierto ese rostro de Dios, debería dejarse de lado al P. Kentenich y seguir mirando únicamente el rostro de Dios que habían encontrado a través de él. Se objetaba, además, la terminología schoenstattiana y las oraciones del "Hacia el Padre". Todo esto eran las críticas generales.

El P. Kentenich, mientras tanto, viajaba por Sudamérica, desde donde había escrito al Obispo de Tréveris, proponiéndole que enviara un delegado a Schoenstatt, para un estudio crítico, proposición que llegó tarde, cuando ya había comenzado la visitación canónica. Recibe las primeras noticias del resultado de la visitación encontrándose en Argentina. El Obispo de Tréveris pone en su informe que las pequeñas críticas eran detalles a los que él no concedía gran importancia y pide su parecer al Padre fundador. Pero éste no lo considera así. Los aspectos o "detalles" que el Obispo no entiende, son esenciales para él, pues allí se juega nada menos que

todo el destino de la Iglesia y de Occidente. Lo que allí está en juego para el Padre fundador es el pensar orgánico. No se puede dividir la vida cristiana en etapas mecánicamente separadas: primero lo humano, el amor a los hombres y, después, cumplida esta primera etapa, se dejan de lado los aspectos humanos y la persona se entrega sólo a Dios, al que ya habría alcanzado de una vez para siempre. No se puede separar las cosas tan fácilmente y es un absurdo pretenderlo.

La experiencia de la Familia había demostrado que, en la medida en que creció la intimidad familiar con el Padre fundador y en que las Hermanas fueron sintiéndolo como su verdadero padre, precisamente, en esa misma medida, fueron llegando a una gran altura y madurez espiritual. En efecto, son muy pocas las comunidades religiosas que, como conjunto, llegan a vivir a la altura de la Inscriptio, es decir, de un amor tal a la cruz que le piden positivamente a Dios que se las envíe. No puede hablarse de infantilismo cuando una comunidad entera, justamente gracias al cariño a su Fundador, ha sido capaz de llegar a esa cumbre. Y la Comunidad de las Hermanas estaba a ese nivel: se esforzaba por vivir su entrega y su lucha por la santidad a un nivel altísimo de madurez. Además, en todo el tiempo de la guerra, las Hermanas demostraron un grado de solidez interior que, de ninguna manera, podría llamarse infantilismo, y el Movimiento entero demostró la seriedad en su aspiración por la santidad.

Las criaturas no son como cartuchos o cáscaras de plátanos que, una vez descubierto y aprovechado lo que llevan dentro, se tiran; no son algo que se aprovecha para llegar a Dios y que luego se abandona. Las criaturas son caminos *permanentes* hacia Dios y sólo puede llegar y crecer cada vez más en su vinculación a Dios, aquel que *simultáneamente* va creciendo en su vinculación a los hombres, haciéndola más honda y más noble aquella vinculación a Dios.

El Padre fundador veía que el problema de la Iglesia era precisamente éste: el haber descuidado demasiado el valor de lo humano. Por esto se había exigido durante largos siglos –especialmente a los religiosos– vivir en un grado de espiritualismo, en el cual la vida espiritual no se sostiene. El Padre fundador había experimentado en sí mismo este fracaso: en su juventud, él había intentado vivir sin vínculos humanos y se vino abajo. El había experimentado en su historia personal que, en la medida en que él se unía a los hombres como padre, en esa misma medida iba descubriendo el rostro de Dios. Y también había constatado que lo mismo le pasaba a sus hijos; mientras más unidos a él vivían, mejor descubrían el rostro de Dios.

Bellavista (1951)

2.4. La carta y la misión del 31 de Mayo de 1949

Por todo esto, el P. Kentenich decide contestar el informe del Obispo quién, en el fondo, le había enviado el resultado de la visitación, creyéndolo una buena noticia. Pero para el P. Kentenich, el aspecto que se criticaba era esencial. El pensaba que si no se comprendía ese punto, la Iglesia, simplemente, no se salvaría de una gigantesca crisis de autoridad, que él veía venir, y no tendría fuerzas para superar la mentalidad colectivista. El previó todo lo que está pasando hoy día. ¿Dónde se encuentra hoy una comunidad en la cual haya un espíritu claramente positivo frente a la jerarquía, un espíritu constructivo? Hay algunas, pero son pocas. Y ¿por qué en Schoenstatt no hay división, no hay crítica negativa ni protesta corrosiva frente a la Iglesia? Simplemente porque somos Familia. Y ¿por qué hay espíritu de familia? Simplemente porque tenemos una Madre y un padre común. El cariño al Padre fundador ha sido decisivo para mantener la unidad. Pues bien, él piensa que la Iglesia va a enfrentar una crisis gravísima si no comprende esto, porque no puede continuar viviendo con estructuras que respetan tan poco lo humano. La autoridad en los organismos de la Iglesia se ha ejercitado, durante mucho tiempo, como una autoridad meramente jurídica, que ha sido "paternalista" pero no "paternal". El está convencido de que, sin duda, vendrá una reacción y que, si los Obispos y los sacerdotes no se hacen verdaderos padres, muy pronto llegará el tiempo en que poco se les va a obedecer. Ese tiempo ya ha llegado, y tal vez el país donde más fuerte se siente, es, justamente, en Alemania.

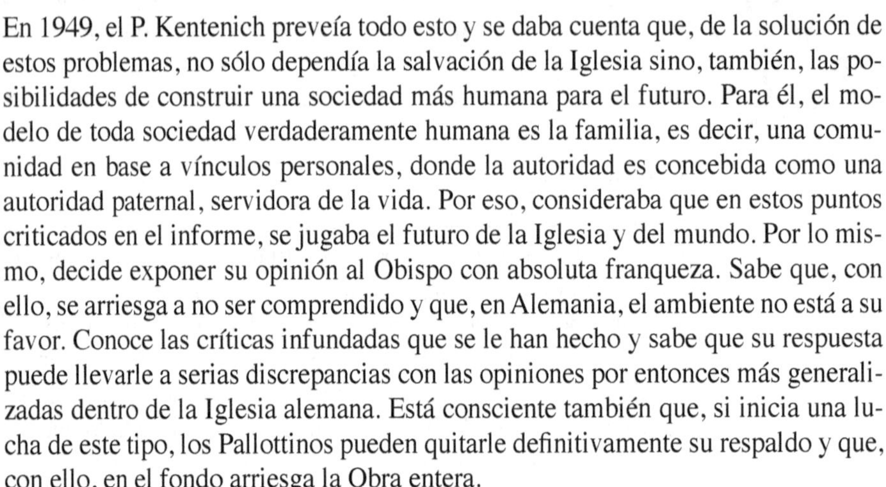

En 1949, el P. Kentenich preveía todo esto y se daba cuenta que, de la solución de estos problemas, no sólo dependía la salvación de la Iglesia sino, también, las posibilidades de construir una sociedad más humana para el futuro. Para él, el modelo de toda sociedad verdaderamente humana es la familia, es decir, una comunidad en base a vínculos personales, donde la autoridad es concebida como una autoridad paternal, servidora de la vida. Por eso, consideraba que en estos puntos criticados en el informe, se jugaba el futuro de la Iglesia y del mundo. Por lo mismo, decide exponer su opinión al Obispo con absoluta franqueza. Sabe que, con ello, se arriesga a no ser comprendido y que, en Alemania, el ambiente no está a su favor. Conoce las críticas infundadas que se le han hecho y sabe que su respuesta puede llevarle a serias discrepancias con las opiniones por entonces más generalizadas dentro de la Iglesia alemana. Está consciente también que, si inicia una lucha de este tipo, los Pallottinos pueden quitarle definitivamente su respaldo y que, con ello, en el fondo arriesga la Obra entera.

En esa situación viene a Chile. Ha empezado a escribir su carta de respuesta al Obispo de Tréveris en Argentina y la continúa aquí en Chile. Las Hermanas rezan con esa intención y el Padre fundador les lee, durante las comidas, algunos párra-

fos de lo que va escribiendo. Lo hace así porque él quiere que esta carta sea un paso dado en común. El quiere que sea toda la Familia la que acepta arriesgarse por la Obra. El 31 de Mayo, él ha terminado la primera parte de su respuesta; al anochecer, la pone sobre el altar, en el Santuario de Bellavista, y da entonces la plática que todos conocemos.

En todo este tiempo de sus grandes viajes, el P. Kentenich ha tomado contacto más de cerca con el alma latinoamericana y ha sentido que vibra muy al unísono con la gran misión de Schoenstatt. El descubre en el latinoamericano una gran capacidad para el amor personal, para la filialidad, para los vínculos humanos. Se da cuenta, por ejemplo, que aquí el espíritu de familia resulta mucho más fácil que en Europa y percibe aquí un alma más sana en esta línea de los vínculos personales. Todo esto le convence de que Schoenstatt promete mucho en América Latina. Por eso, justamente, junto con poner esa carta en el altar de la Virgen y sabiendo todo lo que con ello arriesga, dice: Este es un salto mortal tan grande como el que di el 20 de Enero. Me doy perfectamente cuenta de que con esto arriesgo mi vida y la de la Familia entera, pero doy este paso apoyado en la Alianza de Amor y en ustedes. Estoy seguro que, desde aquí, va a surgir una corriente de vida que encarnará este espíritu que yo ahora quiero defender para la Iglesia y para el mundo del mañana, y que desde aquí se ayudará a decidir esa lucha que ahora comenzamos…

Queriéndolo o no debo apurar el trago amargo y escribir una respuesta oficial. Así se puso en marcha el engranaje.

Escribí indicando continuamente el peligro que corre el Occidente cristiano de ser socavado interiormente por la mentalidad colectivista y señalando la misión de la Santísima Virgen para salvar el cristianismo. Lo hice extensamente, con claridad cientifica y franqueza responsable, movido por una seria preocupación por el futuro de la Iglesia. Califiqué al pensar mecanicista como el "obstáculo más grande" para la eficacia de la misma y de "precursor" del enemigo universal del cristianismo. Un pensar mecanicista que invadió amplios círculos dirigentes cristianos y que puede y debe ser superado por la forma de pensar y vivir orgánicas, tal como ésta se realiza en la pedagogía de vinculaciones. (...)

Si no se supera radicalmente este peligroso pensar mecanicista –hijo legítimo del intelectualismo, del idealismo y de una postura dogmática protestante– no habrá una Germania Sancta mariana (Alemania santa mariana), y la Madre y Reina tres veces Admirable de Schoenstatt sólo con un esfuerzo enorme podrá cumplir desde el Santuario su tarea de salvación del Occidente cristiano. Ya que la mentalidad mecanicista se escuda tras un muro muy firme e impenetrable, recién cuando éste se tambalee y sea derrumbado, la Santísima Virgen podrá desplegarse y salvar Occidente. Ciertamente la Colaboradora permanente del Señor en toda la obra de redención es la Omnipotencia Suplicante junto al trono de Dios. Normalmente, sin embargo, ella, como el mismo Dios, no actúa sin nuestra colaboración enérgica y esclarecida. Aquí hay que prestar mucha atención: hay momentos en la historia en los que se decide la salvación

fasst und möchten auch als solche - und nur als solche - von der Geschichte beurteilt werden.

Dem Einsichtigen fällt es nach Durchsicht des Berichtes nicht schwer, das Thema zu erweitern und so zu formulieren: Schönstatt als Symbol zu fassen

~~Schönstatt, das Problem für das~~ pädagogische Problem der Instituta saecularia schlechthin.

Wer Einblick hat in die pädagogische Situation der heutigen Zeit und in deren Zusammenhang mit der Katastrophe des Abendlandes, wer mit den Versuchen seiner Rettung vertraut ist, dürfte geneigt sein, noch weiter zu gehen und zu sprechen von Schönstatt als einem Symbol für die pädagogische Problematik des ganzen Abendlandes. Mehr noch: Wer Gelegenheit gehabt hat, den gegenwärtigen Stand der katholischen Aktion im Ausland zu studieren, wer mit führenden Männern Fühlung bekommen, der weiss, dass überall in der Welt die katholische Aktion vor demselben Problem steht, vor der Frage nach einer zeitgemässen Erziehung. Mit deren Lösung steht und fällt die Aktion. ..

Der Bericht erklärt: "Auch in dem Erziehungssystem Schönstatts sind die zugrunde gelegten Prinzipien im wesentlichen gut und daher nicht zu beanstanden." (S.1)

Handelte es sich bloss um Schönstatt, so könnte man mit dieser Feststellung überaus zufrieden sein. Wir brauchten uns bloss zu bemühen, bestimmte Gefahrenzonen ständig vor Augen zu haben und nach Möglichkeit zu vermeiden, dann wäre alles in Ordnung. Wir hätten freie Bahn für unsere weitere Entwicklung. Die Situation ist aber wesentlich anders. Erziehungsfragen sind heute weit mehr denn je - vor allem für das zerbrochene Abendland - wesentlich Fragen der Erneuerung und des Neuaufbaues. So kommt es, dass die Solidarität der Ratlosigkeit, von der Niemöller kürzlich auf der Weltkirchenkonferenz von Amsterdam gesprochen, sich besonders auf dem Gebiete der Seelsorge und der Erziehung bemerkbar macht. An dieser vielgestaltigen Ratlosigkeit auch in katholischen Kreisen erinnert der Bericht. Es ist zwar wahr, dass gewisse Gefahren und Entgleisungen überall aus bestimmten pädagogischen Prinzipien herausfliessen. Der Bericht führt sie zurück auf "praktische Durchführung von an sich einwandfreien dogmatischen und pädagogischen - pastoralen Prinzipien." Er erweckt also den Anschein, als herrschte zwischen ihm und der Pädagogik Schönstatts dieselben pädagogischen Grundauffassungen. Das ist jedoch keineswegs der Fall. Im Gegenteil! Hier bestehen Unterschiede, hier klaffen Gegensätze, die sich zueinander verhalten wie ja und nein, wie Laster und Tugend. Was der Bericht als Idol auffasst, können wir als Ideal Als Katholiken können wir nicht damit zufrieden sein, Gott allein die Neuordnung der Welt zu überlassen. Somit können wir uns auch nicht unbedenklich auf den Boden der protestantischen Auffassung stellen, wie sie in besagter Weltkirchenkonferenz zum Ausdruck gekommen. Niemöller

Fortsetzung folgt.

Santiago, dem 31.Mai 1949.

Manuscrito de la Carta del 31 de Mayo

o la perdición de muchas generaciones; momentos que de esta forma y con esta fecundidad ya no volverán. Desde un principio fui consciente de que en Schoenstatt se jugaba el destino de Occidente. Por esto fui tan cuidadoso en la respuesta oficial al arzobispo de Tréveris y, el 31 de mayo de 1949, antes de enviarla, deposité solemnemente la primera parte sobre el altar de la Madre tres veces Admirable en Chile y la dejé allí durante toda la noche. Me creí igualmente obligado a depositar en la balanza mi propio futuro y mi destino. Por sus graves consecuencias y por su importancia para la historia de la Familia, fue un acto similar al del 20 de Enero de 1942.

(Estudio, 1954)

Ustedes, a su manera, pueden ayudarme a llevar la responsabilidad y compartir la misión de la Familia. Pero… no nos admiremos si se forma un frente común poderoso y unido de hombres influyentes en contra mía y de la Familia. Humanamente considerado, tenemos que contar por último con que nuestro intento fracase completamente. Y sin embargo, no podemos sentirnos dispensados de correr este riesgo. Quien tiene una misión ha de cumplirla, aunque un salto mortal siga a otro. La misión de profeta trae siempre consigo suerte de profeta.

(Bellavista, 31.5.49)

¿Qué nos queda sino ponernos sin reservas a su disposición…? La Santísima Virgen tiene una gran tarea frente a Occidente. Una vez que me hizo comprender esto, me pidió que yo también le entregase todo. Esto es lo hermoso, lo grande, que nuevamente nos une: presentamos a la Santísima Virgen nuestro desvalimiento, y ella nos regala también su desvalimiento pero también su buena voluntad…

(Bellavista, 31.5.49)

J. Kentenich

3. CONSECUENCIAS DEL 31 DE MAYO DE 1949

3.1. Interviene el Santo Oficio: visitación apostólica

Y las cosas sucedieron tal como el Padre fundador las había previsto. Su carta la había concebido como un estudio científico, totalmente objetivo, sin alusiones personales. Cuando él descubre la verdad, la expone sin contemplación de ningún tipo. En muchas partes de ella, mostraba con total franqueza las funestas consecuencias que pueden derivarse cuando los problemas vitales del cristianismo de hoy son enfocados con una mentalidad mecanicista, y destacaba el peligro que corre la Iglesia si llegan a imponerse tales criterios. A esto contraponía Schoenstatt, con su orgánico espíritu de familia y con todo aquello que Dios había realizado en esa comunidad donde él había sido capaz de darse como un verdadero padre. Acompañó este trabajo científico con una carta personal para el Obispo, muy cariñosa, respetuosa y atenta. Pero no se entendió el sentido diferente ni la complementación mutua de ambos escritos. Se creyó que se trataba de un ataque personal y se cambió la actitud frente al P. Kentenich, acogiéndose las críticas de sus adversarios. Además se sacó copias de su trabajo y se distribuyó entre el episcopado alemán, pero sin la carta introductoria en la que el P. Kentenich explicaba que se trataba de un trabajo científico y en la cual aparecía claramente que él no enviaba ese escrito por animosidad personal contra nadie, ni mucho menos con rebeldía frente a la jerarquía. El episcopado alemán no fue bien informado.

Además, como se corrían rumores negativos en relación al Padre fundador, después de leer el escrito, la mayoría de los Obispos terminan pensando que el P. Kentenich domina a la Familia; que es una especie de rey omnipotente, ambicioso de poder; que por eso ha permitido un inexplicable culto a su persona y que ahora se levanta contra los mismos Obispos amenazando con una inmensa crisis en la Iglesia, si no se siguen al pie de la letra sus ideas. Por lo mismo, lo califican como persona peligrosa y deciden poner freno a lo que consideran como excesos censurables.

El Obispo de Tréveris envía a Roma un documento con serios reparos frente a Schoenstatt y pide un Visitador del Santo Oficio, que es nombrado en 1951. El P. Kentenich no lo conoce: es un jesuita holandés, el P. Sebastián Tromp, una personalidad muy influyente en Roma antes del Concilio. Había sido, durante muchos años, el gran experto en Teología de la Iglesia (Eclesiología). El P. Tromp era un antiguo profesor de la Universidad Gregoriana, teólogo inteligente, pero de mentalidad totalmente canonicista y juridicista. Era el exponente típico de una Iglesia todavía demasiado centrada en el derecho canónico, de la "Iglesia – organización", la antítesis de esa nueva imagen de Iglesia que trajo el Concilio: la Iglesia pueblo

P. Sebastián Tromp

de Dios, la "Iglesia-comunidad", en la cual la organización no es un fin en sí misma, sino que está por entero al servicio de la vida.

El P. Tromp es nombrado Visitador apostólico y el P. Kentenich, desde América Latina, le envía un pequeño trabajo en el cual, en una forma genial, sintetiza toda la teología que hay tras Schoenstatt y que él resume en la expresión: "teología de las causas segundas". Allí explica las consecuencias prácticas que él dedujo del modo cómo Dios gobierna el mundo a través de las criaturas y cómo él convirtió en pedagogía aplicada todo lo que la teología de las causas segundas decía desde hacía siglos. También expone la forma concreta cómo él construyó una Familia donde han sido respetadas todas las vinculaciones naturales queridas por Dios, haciéndole ver al Visitador que esto trajo una extraordinaria plenitud de espíritu sobrenatural, pues permitió vivir de manera muy intensa la armonía entre lo natural y lo sobrenatural.

El P. Tromp no comprendió esto y cuando el P. Kentenich, llamado por sus superiores, llega a Roma, en Mayo de ese año 1951, tiene una entrevista con él. El P. Kentenich le pregunta su opinión frente al trabajo que le ha enviado, pero, por las respuestas del P. Tromp, se da cuenta que sus explicaciones no fueron comprendidas. Además, se convence de que Schoenstatt no será comprendido por el P. Tromp, pues éste parte de una base diferente: trata de encerrar a Schoenstatt en categorías exclusivamente jurídicas, siendo que todo él ha sido concebido por el P. Kentenich, en primerísimo lugar, en categorías vitales. El trata de explicarle que no se puede enfocar Schoenstatt de esa manera, con esos criterios, pues se corre el peligro de no entender nada. El Visitador se disgusta y le plantea la alternativa de renunciar y separarse voluntariamente de su Obra, teniendo la posibilidad así de ser restituido a ella en un futuro no lejano, o bien de ser destituido por mandato, perdiendo, en este caso, la posibilidad de rehabilitación. El P. Kentenich –aunque ya tenía claro lo que debía hacer– le respondió que le daría más tarde la respuesta a la alternativa que le ha planteado.

Desde el primer instante ha comprendido que no puede irse voluntariamente; eso sería traicionar a la Obra, traicionar la fidelidad de su Familia. El P. Kentenich se decía: Yo no puedo dejar a la Familia sola en este momento. Eso causaría desorientación; pensarían que he actuado mal y que me retiro porque reconozco una culpa que no existe. Pero –por otro lado– no renunciar voluntariamente significa ser separado obligadamente de la Obra y quizás para siempre. Una decisión así tenemos que tomarla todos juntos: la Familia y yo, no sólo yo, porque traerá consigo una lucha por la Iglesia y el mundo del futuro, una lucha por la misión de Schoenstatt que seguramente será muy dura. Por eso, la Familia tiene que acompañarme en esta decisión...

P. Alexander Menningen (1900-1994)

Al P. Menningen, que estaba en esos días junto a él, como representante de toda la Familia le hace aquella famosa pregunta: "Alex ¿me acompañas? ¿Vas conmigo?" Lo pone al tanto de sus propósitos y lo invita a apoyarlo. El P. Menningen siente gran temor al descubrir la peligrosísima decisión que quiere tomar el P. Kentenich y –más aún– al escuchar que lo invita a decidirse juntos. Le pregunta al Padre fundador: "¿Por qué quiere contar con mi aceptación antes de lanzarse en esta arriesgada lucha?". El Padre fundador le responde: "Porque yo nunca he actuado solo. Schoenstatt ha sido Obra de todos. Personalmente, creo que ahora debo actuar así, pero si tú –como representante de toda la Familia– no me acompañas, no lo hago. O voy con la Familia a tomar esta decisión, o no la tomo, aunque personalmente estoy convencido de que Dios lo pide". El P. Menningen le solicita un plazo para pensarlo; lo medita durante dos días y una mañana, después de la Misa le responde: "Estoy con usted, lo acompaño". Esto sucedía a comienzos de junio de 1951.

El Padre fundador le contesta entonces al P. Tromp que no renuncia, pues no existe ninguna razón para hacerlo, ya que no hay ninguna acusación precisa en su contra; por lo menos a él no se le ha informado de ninguna y él no ha hecho nada reprochable. Además, el Santo Oficio tampoco ha hecho una investigación a fondo sobre Schoenstatt, como para poder tomar una decisión bien fundada. Por lo tanto, no hay motivo para renunciar. Sin embargo, si la autoridad de la Iglesia se lo ordena, lógicamente, obedecerá de inmediato.

3.2. Destitución y Destierro

Esta decisión trae el rompimiento de las relaciones con el P. Tromp y el Santo Oficio. Después de ello, los acontecimientos se precipitan. El 31 de julio de 1951, el P. Kentenich es destituido de su cargo de Director General de las Hermanas, recibiendo el decreto de destitución el 14 de agosto. Poco después tiene que dejar también su cargo de Jefe del Movimiento; el 22 de octubre, finalmente, parte desterrado de Alemania. Todas estas medidas se toman sin que él tenga oportunidad de hablar otra vez con el Visitador o de defenderse ante sus acusadores y —lo que es peor— sin que medie ninguna acusación formal. Son, solamente, "medidas administrativas", según se dice. Si no hay cargos concretos, cualquier intento de defenderse se hace imposible. La Iglesia, que le imponía tales medidas y le separaba de su Familia sin siquiera oírlo, aparecía ante él –encarnada en la persona del Visitador– con un ropaje dramáticamente "humano". Sin embargo, para él seguía siendo la voz de la Iglesia y, por lo mismo, una voz de Dios. Por eso, obedeció sin vacilar y partió.

El P. Kentenich viaja, vía Suiza, a América Latina y después a Milwaukee (Estados Unidos) donde estuvo 14 años. Al pasar por Chile –en 1952– se encuentra con los primeros grupos de jóvenes. En Alemania, el Movimiento estaba por entonces

Grupo "Caballeros del Fuego"

muy debilitado a consecuencia de las tensiones internas con los Pallottinos y de la misma Visitación apostólica.

Llega a Chile y encuentra cuatro grupos de jóvenes con mucha fuerza. Se entusiasma. En Pentecostés –que ese año fue el 1° de junio– se consagra mi grupo, el "*Sicut Ventus*". Esa tarde, con el P. Kentenich, plantamos un pino cerca del Santuario. Después vino la consagración. También participó en la ceremonia uno de los grupos más antiguos, el del P. Rafael Fernández y de Hernán Krause, los "Caballeros del Fuego". Al final, los dos grupos realizaron un acto de fidelidad al Padre. Creo que era la primera vez que laicos hacían algo así. El P. Ernesto –que dirigía estos dos grupos– le había contado a los más antiguos sobre la situación del Padre fundador, es decir, que iba camino al destierro.

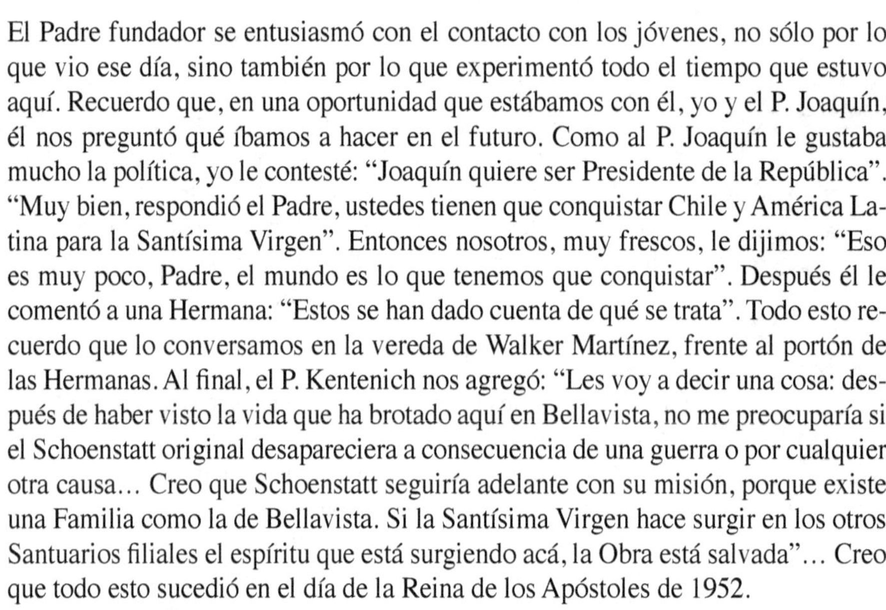

Joaquín Alliende, Hernán Alessandri y Marcial Parada

El Padre fundador se entusiasmó con el contacto con los jóvenes, no sólo por lo que vio ese día, sino también por lo que experimentó todo el tiempo que estuvo aquí. Recuerdo que, en una oportunidad que estábamos con él, yo y el P. Joaquín, él nos preguntó qué íbamos a hacer en el futuro. Como al P. Joaquín le gustaba mucho la política, yo le contesté: "Joaquín quiere ser Presidente de la República". "Muy bien, respondió el Padre, ustedes tienen que conquistar Chile y América Latina para la Santísima Virgen". Entonces nosotros, muy frescos, le dijimos: "Eso es muy poco, Padre, el mundo es lo que tenemos que conquistar". Después él le comentó a una Hermana: "Estos se han dado cuenta de qué se trata". Todo esto recuerdo que lo conversamos en la vereda de Walker Martínez, frente al portón de las Hermanas. Al final, el P. Kentenich nos agregó: "Les voy a decir una cosa: después de haber visto la vida que ha brotado aquí en Bellavista, no me preocuparía si el Schoenstatt original desapareciera a consecuencia de una guerra o por cualquier otra causa... Creo que Schoenstatt seguiría adelante con su misión, porque existe una Familia como la de Bellavista. Si la Santísima Virgen hace surgir en los otros Santuarios filiales el espíritu que está surgiendo acá, la Obra está salvada"... Creo que todo esto sucedió en el día de la Reina de los Apóstoles de 1952.

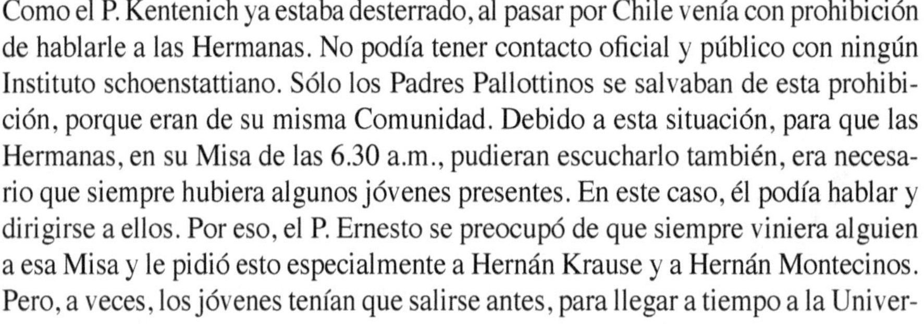

Como el P. Kentenich ya estaba desterrado, al pasar por Chile venía con prohibición de hablarle a las Hermanas. No podía tener contacto oficial y público con ningún Instituto schoenstattiano. Sólo los Padres Pallottinos se salvaban de esta prohibición, porque eran de su misma Comunidad. Debido a esta situación, para que las Hermanas, en su Misa de las 6.30 a.m., pudieran escucharlo también, era necesario que siempre hubiera algunos jóvenes presentes. En este caso, él podía hablar y dirigirse a ellos. Por eso, el P. Ernesto se preocupó de que siempre viniera alguien a esa Misa y le pidió esto especialmente a Hernán Krause y a Hernán Montecinos. Pero, a veces, los jóvenes tenían que salirse antes, para llegar a tiempo a la Univer-

Grupo
"Sicut Ventus"

sidad o al colegio, y el P. Kentenich debía entonces detener su plática en la mitad, ya que no podía hablarle a las Hermanas si no estaban presentes otras personas.

Al comentar la vida extraordinaria que ha surgido, el Padre fundador recuerda los inicios de la historia de Bellavista. Las Hermanas habían preparado una "pequeña obra", con motivo del día de la Reina de los Apóstoles, e invitaron a él y a otros sacerdotes pallottinos que lo acompañaban. En esta obra, se habían tomado trozos de la plática del 31 de Mayo de 1949 y de las conversaciones en la mesa. Al escucharla, se da cuenta que allí está la explicación de toda esa fecundidad que ahora palpa: la misión que, en esa noche decisiva, él había profetizado para Bellavista. Por eso, antes de abandonar Chile rumbo a Milwaukee, el 20 de Junio, en el mismo aeropuerto, le insiste al P. Ernesto: "Padre, acuérdese del 31 de Mayo. Todo lo que suceda en el futuro en Bellavista, interprételo a la luz del 31 de Mayo..."

Ahí comenzó la gran corriente de gracias; a partir de ello se explica la vida que está surgiendo ahora en Bellavista. El Padre fundador partió al destierro desde Chile y permaneció 14 años confinado en Milwaukee.

Los tiempos se vuelven más graves. Si podemos suponer que la Mater ter admirabilis quiere realizar su tarea histórica de una manera particular a través nuestro, entonces tenemos que comprometernos en serio. Quien tiene una misión extraordinaria debe soportar pruebas extraordinarias. El mundo y la Iglesia tienen derecho a exigir tales pruebas y aún a imponerlas. No nos tiene que escandalizar de qué medios se valgan para ello, aún cuando sean la deshonra, la injusticia y el destierro. Necesitan tener pruebas de la autenticidad y divinidad de una misión así.

(Carta al "Círculo de Arturo", 18.11.51)

J. Kentenich

Usted cree que sufrí muchas y enormes desilusiones en mi vida. Es un gran error. Cuando uno se dispone a no esperar nada y a regalar todo, la vida se llena de sorpresas. Si observa cuánto amor me rodea -a pesar de los terribles golpes de parte de la autoridad- y cuánta fidelidad se me brindó en todas las situaciones, entonces deberá admitir que quizás no haya ningún hombre en el mundo -al menos no muchos- que hayan sido y sean tan mimados como yo. Cruz y dolor pertenecen a toda vida. Y tratándose de una obra de tal envergadura como la nuestra, me parece que el precio de rescate pagado es sumamente bajo, por lo menos en lo que a mí concierne.

Nunca me confundí o me sentí inseguro frente al camino a seguir, nunca estuve agriado o amargado. Incluso, una y otra vez, tuve oportunidad de tener algo de consideración con mi cuerpo, a pesar de las continuas ocupaciones que me tomaban hasta parte de la noche. Cuanto menos necesidades se tiene, con más gratitud se recibe cada amabilidad, y cuanto más libre se es ante los hombres, tanto más se los atrae hacia sí, aunque uno no se lo proponga.

Usted se asombra además de que yo esté todavía en pie, y que -en tanto los decretos así lo permitan- sostenga firmemente las riendas en mis manos y dé indicaciones estratégicas en todas direcciones, como si estuviésemos en perfecta paz. No debe olvidar que Schoenstatt es un hijo de la guerra: nacido en la guerra, nutrido y criado en la guerra, y destinado a encender en todas partes la antorcha de la guerra y a guerrear. Las expresiones de este tipo no deben ser consideradas como frases huecas. Reflejan realidades. Quien concibe su vida según la ley "ordo essendi est ordo agendi" (el orden de ser determina el orden de actuar), es feliz cuando las balas silban en sus oídos o, expresado de manera moderna, cuando estalla la bomba atómica. Usted conoce la frase de Nietzsche: que uno debería poder construir su casa junto al Vesubio. Yo tuve que hacerlo desde mi infancia, por eso no me molesta la lava que el cráter expulsa abruptamente. Si el alma reposa en total santa indiferencia, se siente tan bien como cuando reina buen tiempo.

(Carta al Padre Fischer, 4 de enero de 1954)

Todos sabemos por experiencia, que hay momentos que constituyen un corte sumamente profundo en nuestra vida. No suceden todos los días, pero cuando se dan, sentimos que irrumpe una fuerza divina, sobrenatural, sea que se trate de nuestra vida familiar o social, o de la historia de la Iglesia o del mundo. Y nosotros sentimos que en una irrupción de lo divino,. ahora hemos sido elegidos por el Dios eterno e infinito como portadores, como instrumentos al modo de San Pablo, de quien Dios dice: "Le mostraré lo que deberá sufrir a causa de mi nombre..."(...)

El hombre de hoy clama por hogar, por cobijamiento. Debe haber hombres que pierdan su hogar para poder preparar hogar a otros.(...)

Dios nos manda dificultades para desprendernos de nosotros mismos, para que crezca nuestra fe, para que nuestro corazón se desprenda más y más. "Señor, si quieres quitarme este hijo..." Puede ser más difícil renunciar a hijos espirituales que incluso a uno mismo.(...) Quien es auténtico hijo de Schoenstatt, quien cree que Schoenstatt es una obra de Dios, no se perturba por nada. Al contrario, cuanto más silben las balas a su alrededor, tanto más tranquilo se queda.(...)

Vencemos porque morimos. Nosotros venceremos porque nos consagramos a la Santísima Virgen. Ella, de acuerdo a los planes de Dios, ha previsto para nosotros muchos sufrimientos. Estamos dispuestos a entregarle todo: el honor, la vida, la patria, todo lo que pudimos construir... ¡Vencemos porque morimos!

(Florencio Varela, 20 de enero de 1952)

J. Kentenich

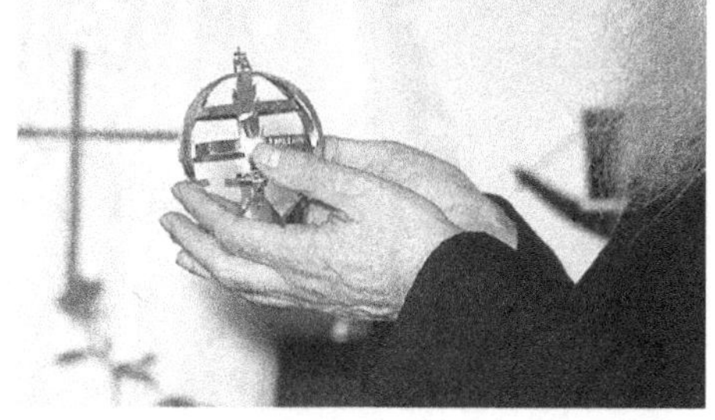

4. EL SENTIDO DE 14 AÑOS DE LUCHA

¿Qué es lo que se juega durante este tiempo? Son dos cosas: por un lado, se quiere separar a Schoenstatt de su Fundador y, por el otro, desprestigiar los principios pedagógicos del P. Kentenich y su integridad moral.

4.1. La lucha por separar a Schoenstatt de su Fundador

4.1.1. Los intentos por reducir la Obra de Schoenstatt a la idea de Vicente Pallotti

En estos años se trata de "cortar la cabeza" a Schoenstatt. ¿En qué sentido? Al desterrar al Padre fundador y alejarlo de Schoenstatt, se intenta ya un descabezamiento "físico" de la Familia. Pero eso no bastó. Se trata de ir más allá y de cortar todo lazo moral entre el P. Kentenich y su Obra, afirmando que él no es el verdadero fundador de Schoenstatt. Para esto se busca aliados entre los Pallottinos.

Veamos cómo suceden las cosas.

El destierro del Padre fundador despertó temores en Alemania, tanto en la Familia como en los Pallottinos. Los Pallottinos, sobre todo, no se atreven a jugarse por él; es un cohermano que está trayendo demasiados problemas y por cuya causa ha tenido que venir hasta un Visitador de Roma. Además, no creían tanto en él ni en Schoenstatt como para arriesgarse a enfrentar, por ellos, al Santo Oficio. Por eso, la gran mayoría se pone de lado del Visitador y del Santo Oficio. Entre los que así reaccionan está el Provincial de Alemania de ese tiempo, gran discípulo del Padre fundador quien, 20 años antes había sido nombrado maestro de novicios a petición suya, para que educara a los Pallottinos en el espíritu de Schoenstatt. Incluso había escrito libros importantes sobre Schoenstatt, entre ellos una biografía de José Engling.

Los Pallottinos schoenstattianos escriben en este tiempo (1951-52) una serie de cartas al Provincial y a otros miembros de la comunidad. En ellas expresan lo que en conciencia sienten: Tenemos que defender al Padre fundador,

porque lo que se ha hecho es injusto. Ni siquiera se han dado a conocer los motivos de las acusaciones. Hay que pedir justicia, hay que pedir la verdad. Queremos ser obedientes a la Iglesia, pero con la obediencia responsable que el mismo Padre fundador nos enseñó: actuando de manera noble, sin rebelarnos a espaldas de la jerarquía, pero diciéndole con franqueza filial que, en este caso, las decisiones tomadas han violado derechos elementales de la persona humana, como son: que el acusado sepa de qué se le acusa y que tenga oportunidad de defenderse y rebatir los cargos... Esta era una reacción normal y justa por parte de los schoenstattianos.

Pero el Provincial de los Pallottinos envía algunas cartas de esta índole a Roma, diciendo que los discípulos del P. Kentenich no quieren someterse a las disposiciones del Visitador y están tratando de organizar una quinta columna contra las autoridades de la Iglesia. Con esto, las dificultades entre el Santo Oficio y Schoenstatt y, también, entre Schoenstatt y los Pallottinos, se agravaron. Es a partir de este momento que se intenta el descabezamiento total, físico y moral de Schoenstatt. ¿Cómo? Reduciendo Schoenstatt a Vicente Pallotti, tratando de probar que Schoenstatt no es Obra del P. Kentenich sino de los Pallottinos, y que el P. Kentenich no hizo más que actuar, por orden de su Comunidad, para realizar las ideas de Vicente Pallotti.

En medio de esta lucha –en la cual se intercambia todo tipo de argumentos por lado y lado– el P. Kentenich dijo una frase que molestó sobremanera a los Pallottinos: que Vicente Pallotti había tenido tanta influencia en el nacimiento de Schoenstatt como el ermitaño Pafuncio, un ermitaño que vivió por allá por los comienzos de la Iglesia. Con ello quería decir que Schoenstatt nació solamente de él, que fue la proyección de su propio yo, la exteriorización de todo ese mundo personal que él había vivido desde su infancia, guiado y manifestado por una especial conducción de la gracia.

Los Pallottinos –apoyados en el Visitador– tratan de apoderarse jurídicamente de Schoenstatt y de anular toda influencia del P. Kentenich sobre la Familia. Para eso sostienen que todo lo central de Schoenstatt viene de Vicente Pallotti y que, lo que el P. Kentenich aportó son solamente elementos accidentales. La Alianza de Amor y el Santuario no tendrían mayor importancia; lo único fundamental sería la idea de un Movimiento de apostolado universal, misión proveniente de Vicente Pallotti. Con esto atacaban directamente lo que hoy llamamos los tres puntos de contacto: el Santuario, la Alianza con la Santísima Virgen y el Fundador.

Frente a esto, el Movimiento defiende encarnizadamente su originalidad. Insiste en que la Alianza de Amor es el elemento esencial de su espiritualidad y en que un aspecto de Schoenstatt –su aspiración a la formación de una confederación apostólica universal– fue tomado por el P. Kentenich de Vicente Pallotti, si bien ello suce-

dió recién en 1916, dos años después de la fundación de la Familia. En esta línea se lleva a cabo una lucha áspera y dura hasta el año 1964.

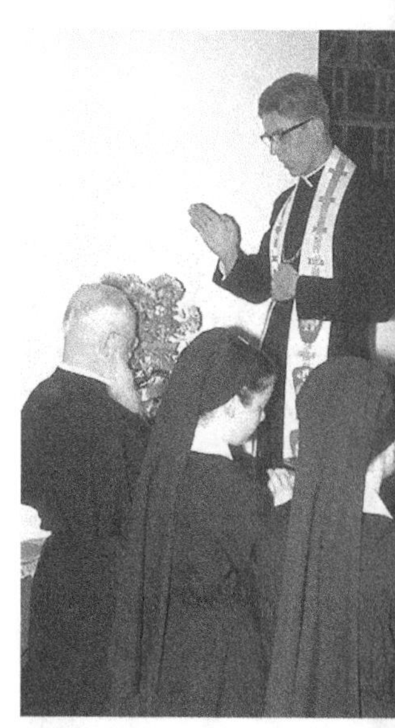

4.1.2. Ataques contra los Institutos

El Visitador trata por todos los medios de convencer a las Hermanas de estas ideas. No puede entender que el P. Kentenich tenga tanta influencia moral sobre ellas. Intenta todos los métodos posibles para sustraerlas a esta influencia. Durante esos años hizo pasar momentos muy dolorosos al Instituto.

Por otro lado, se retiró del Movimiento a todos los Pallottinos fieles al Padre fundador, prohibiéndoles salir del lugar de sus nuevos trabajos –la mayoría fueron nombrados capellanes de hospitales– y mantener contacto con Schoenstatt. Incluso se intentó reducirlos al estado laical, privándolos de su calidad de sacerdotes. Todo esto, por el hecho de su adhesión al Padre fundador.

Cada uno de los Institutos es sometido a fuertes presiones, tratando de erradicar de ellos esta adhesión al fundador. Así, el Padre provincial de los Pallottinos es nombrado Asistente General de las Hermanas Marianas, cosa que es rechazada de plano. Se pretende influir en la elección de la Superiora General, lo que falló. Igual intento fracasó en el Instituto de Nuestra Señora de Schoenstatt. Después de muchos intentos, se logró cambiar, eso sí, al Superior General del Instituto de los Sacerdotes Diocesanos, que era fiel al Padre fundador. Se lo reemplazó por un sacerdote plegado a las ideas del Visitador. Encontró fuerte resistencia en su actuar, sobre todo pasivamente, pues los sacerdotes diocesanos lo dejaron abandonado.

La disensión sobre la Obra fue violenta. Se discutía si Schoenstatt tenía o no elementos propios, si Schoenstatt venía o no de Pallotti, etc. Las cartas y decisiones de Roma se sucedían unas tras otras, y nadie sabía si el día de mañana llegaría una orden del Santo Oficio exigiendo que se renunciara a todos los elementos propios de Schoenstatt y prohibiendo que al P. Kentenich se le llamara "nuestro padre", o declarando que la Alianza de Amor quedaba prohibida. Todos vivían con el alma en un hilo y constantemente se escuchaba del lado de los Pallottinos: "El P. Kentenich no volverá nunca a Schoenstatt, a no ser que sea en un ataúd, pues hasta ahora no se ha dado el caso de que haya sido rehabilitado alguna persona acusada por el Santo Oficio". Desgraciadamente esto último era verdad.

¿Cuál fue la fuerza que mantuvo fiel a la Familia en medio de esta titánica lucha? La experiencia del carácter sobrenatural de Schoenstatt hecha en torno al 20 de Enero y los años de Dachau. Todos los que habían vivido esa experiencia estaban convencidos de que Schoenstatt era Obra de Dios, de que el P. Kentenich era también un hombre de Dios y de que, por lo mismo, esta lucha no era sino una persecución como tantas otras que todos los grandes santos de la Iglesia habían debido

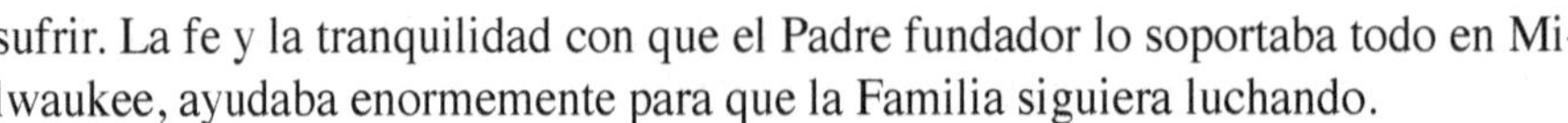

sufrir. La fe y la tranquilidad con que el Padre fundador lo soportaba todo en Milwaukee, ayudaba enormemente para que la Familia siguiera luchando.

Este esfuerzo por descabezar a Schoenstatt, separándolo de su Fundador, por separar a Schoenstatt para reducirlo a Pallotti y por poner toda la Obra bajo la exclusiva jurisdicción de los Pallottinos, terminó recién el año 1964, cuando el Papa Paulo VI reconoció la independencia jurídica de la Obra de Schoenstatt con respecto a los Pallottinos. Fue un gran triunfo, pero había costado años de lucha y de sangre.

4.2. Los ataques contra los principios pedagógicos y la integridad moral del P. Kentenich

4.2.1. La acusación de ser "freudiano"

Por otro lado, también estaba la lucha por los principios del Padre fundador. Es decir, no sólo se trataba de desplazarlo como cabeza de la Obra, sino que, además, se criticaba fuertemente sus principios: el carácter familiar de Schoenstatt, su pedagogía, la importancia que, dentro de ésta, se concedía a la paternidad y a la filialidad.

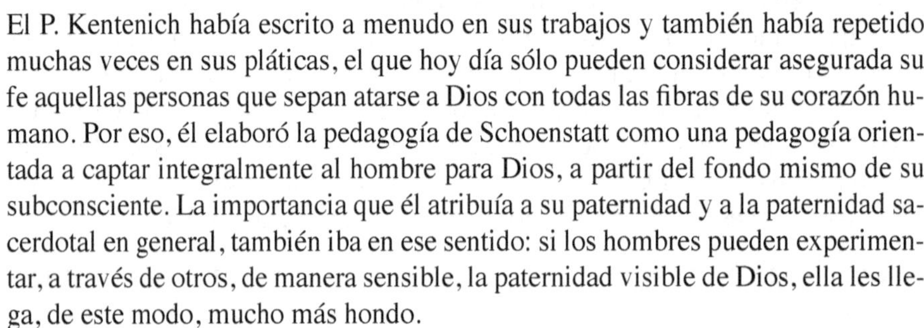

El P. Kentenich había escrito a menudo en sus trabajos y también había repetido muchas veces en sus pláticas, el que hoy día sólo pueden considerar asegurada su fe aquellas personas que sepan atarse a Dios con todas las fibras de su corazón humano. Por eso, él elaboró la pedagogía de Schoenstatt como una pedagogía orientada a captar integralmente al hombre para Dios, a partir del fondo mismo de su subconsciente. La importancia que él atribuía a su paternidad y a la paternidad sacerdotal en general, también iba en ese sentido: si los hombres pueden experimentar, a través de otros, de manera sensible, la paternidad visible de Dios, ella les llega, de este modo, mucho más hondo.

Justamente porque las Hermanas y la Familia pudieron experimentar sensiblemente la paternidad de Dios a través del Padre fundador, lograron creer en ella con una fe mucho más viva y real que aquellos para quienes la paternidad divina permanece como una simple idea. Las Hermanas habían sido capaces, en medio de las dificultades de la guerra, de llegar, como comunidad, a la madurez de la Inscriptio y a una fe filial inconmovible en Dios, precisamente porque habían vivido sensiblemente una experiencia de paternidad, porque esa fe les había penetrado no sólo la inteligencia, sino también el corazón. El P. Kentenich había hablado mucho, en esta línea, de la necesidad de captar al hombre para Dios en su totalidad, captando el alma pero también sus zonas de sentimientos nobles.

Pues bien, el Visitador confundió todo esto con psicoanálisis, en el sentido freudiano de la palabra. En Holanda, se acababa de condenar a una excelente psiquiátra católica por haber escrito una tesis de psicología en la que hablaba de Freud. Esta

Santuario de Milwoukee

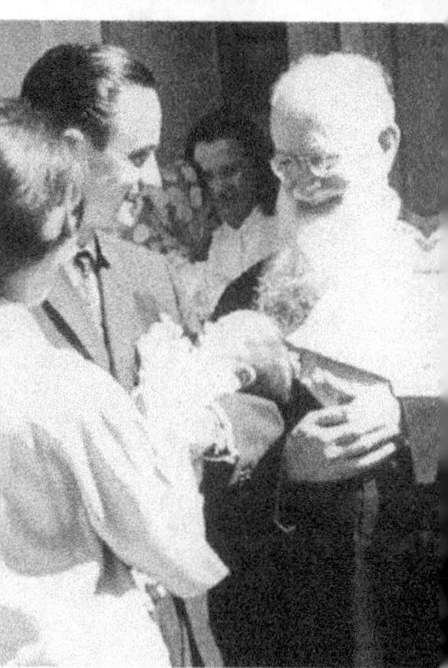

sería después la primera persona en la historia que, habiendo sido condenada por el Santo Oficio, fue rehabilitada, lo que sucedió durante el Concilio a petición de los Obispos. Después de haber intervenido en aquel caso, el Visitador cree que en la pedagogía del P. Kentenich hay aspectos poco claros, que él identifica con elementos freudianos de psicología profunda, de psicoanálisis. Sobre todo, le parece que en el cultivo tan acendrado que se hace, en Schoenstatt, de la paternidad y de la filialidad, se está jugando con fuerzas subconscientes y sentimentales, lo que encuentra poco sano. Que el P. Kentenich se esfuerce por ser padre y que la Familia lo sienta como tal y le haga actos de fidelidad, son para el Visitador incomprensibles deformaciones pedagógicas que se fundan en errores psicológicos graves y, por lo tanto, constituyen algo con lo que hay que terminar porque, tras todo esto, se escondería una visión freudiana y pansexualista de la realidad.

En torno a estos temas, comienza otra gran lucha, paralela a la que trataba de precisar que el origen de Schoenstatt no era Vicente Pallotti sino el P. Kentenich y que se centra, en concreto, en el "principio paternal": en la visión que el Padre fundador tiene de la autoridad; en la importancia que él concede a la paternidad humana como camino hacia Dios, tanto en la familia humana como en la vida espiritual –"principio paternal" en sentido amplio– o, más especificamente, dentro de la organización de una comunidad femenina religiosa, "principio paternal" en sentido jurídico o estricto. El P. Kentenich pensaba que, en un tiempo como el nuestro, en que el organismo de vinculaciones está tan deteriorado, una comunidad femenina sólo crecerá sana si imita la estructura de una familia verdadera, lo que exige –como en el caso de las Hermanas– que a su cabeza, además de la Superiora General, esté la figura paternal de un sacerdote. Es por todas estas cosas –que ya explicaba en su carta del 31 de Mayo de 1949– por las que se juega el Padre fundador y por afirmar el valor que ellas tendrán para la Iglesia y el mundo del futuro.

4.2.2. La campaña de calumnias

En medio de toda esta polémica, al P. Kentenich le hicieron muchas acusaciones falsas y difamaciones relacionadas con los puntos recién mencionados, que sus contrarios propagaban en ese tiempo activamente. Decían no sólo que estaba loco, sino especialmente, que era una persona en cuya integridad moral no se podía confiar, pues a raíz de sus principios psicológicos erróneos había incurrido en graves desviaciones en el campo moral. Decían que su vida privada era poco limpia.

Nosotros sabemos que el Padre fundador fue una persona que, precisamente, en la línea de la virginidad y de la pureza, recibió una gracia extraordinaria. También conocemos el ambiente de pureza que reina en nuestra Familia. Eso nos permite apreciar lo inadmisible de todas esas calumnias y comprender una frase que dijo el P. Kentenich comentando todas estas cosas:

Han tratado de convertir el jardín de azucenas que yo he hecho crecer, en un chiquero.

Estas calumnias circulan no sólo en pequeños círculos, sino que llegaron hasta los Obispos, de manera que se contaba que el P. Kentenich había sido desterrado por sus desviaciones morales; porque era un hombre moralmente corrompido y significaba un peligro para sus comunidades e Institutos. Y este hombre, tachado de ser "moralmente peligroso", frente a todo esto –frente a las luchas que duraron 14 años y que pretendieron liquidar y descabezar su Obra, destruirle sistemáticamente cada uno de sus Institutos, desvirtuar todos sus principios pedagógicos y revolcar su fama y la de la Familia por el barro– mantiene una actitud de paz y de calma extraordinaria. Este fue su gran testimonio, la prueba de que era un "gigante" moral, un hombre que estaba por encima de todo lo humano, de todas las pequeñe-

Permítame que aproveche la oportunidad, para recordar que en todos mis proyectos y acciones, siempre tuve como ideal el hacer grabar sobre mi lápida –después de mi muerte– las palabras que adornan la placa recordatoria del Cardenal Mermillod: "Dilexit ecclesiam!"
El amor a la Mater Christi y a la Mater Ecclesiae o el sentire cum Maria y el sentire cum Ecclesia siempre fueron para mí idénticos, de manera similar como Mariología y Eclesiología se condicionan, se necesitan y sostienen mutuamente. El nivel, la medida y el modo de un amor determinan el nivel, la medida y el modo del otro.

No sería difícil constatar esta ley en mi vida y en mi obra, a la luz de la historia de Schoenstatt. Sólo partiendo de este punto de vista se puede comprender la idea rectora del Movimiento: ¡todo para Schoenstatt, Schoenstatt para la Iglesia y la Iglesia para el Dios Trino! Lo que Schoenstatt llegó a ser y lo que ha realizado hasta ahora se puede resumir en el lema: Caritas urget nos: caritas Trinitatis - caritas Christi - caritas Mariae - caritas Ecclesiae ... (el amor nos urge: el amor de la Trinidad - el amor de Cristo - el amor de María - el amor de la Iglesia ...)
Ya hace veinte años que decidí libremente ir al infierno de Dachau. En aquel entonces, cuerpo y alma fueron ofrecidos generosamente por la victoria de la Iglesia perseguida y en lucha contra la poderosa ofensiva del nacionalsocialismo. Lo hice en la fuerza de la alianza de amor con la Santísima Virgen y como instrumento en sus manos para bien de la Iglesia. Es el mismo amor a la Mater Christi y a la Mater Ecclesiae el que dio origen a Schoenstatt y animó todas sus etapas.

(Carta, 19 de enero de 1962)

J. Kentenich

ces e intrigas. Y esto, precisamente, porque había aplicado en sí mismo esos principios que obedientemente defendía y había logrado así enraizarse en Dios con todas las fibras de su corazón.

En 1963, el Secretario del Cardenal Otaviani fue a Milwaukee y no podía creer lo que veía. "He visto a otros hombres castigados por la Iglesia –decía– hombres que han sido separados de sus Obras, y he visto cómo se han derrumbado. Aquí, en cambio, me encuentro con todo lo contrario". Y así era en efecto: en el P. Kentenich encuentra una inmensa paz, llena de alegría y confianza y de la certeza de que pronto la Virgen se iba a glorificar en él. También respecto de estos 14 años, el P. Kentenich pudo decir lo mismo que había dicho antes sobre su estadía en la cárcel y en Dachau: que en ellos no hubo un solo segundo de duda. Y éstos fueron para él años mucho más duros que los de la guerra porque ahora lo condenaba la Iglesia, esa misma Iglesia que él quería salvar mediante esos principios que tan injustamente le criticaban. Esto era mucho mas duro que ser condenado por los nazis. Además, ahora se le había deshonrado y desprestigiado por completo. Sin embargo, jamás pasó por la mente del Padre la menor sombra de rebeldía. Por el contrario, fue en medio de esos años, de tanta incomprensión por parte de las autoridades eclesiásticas, cuándo él expresó el deseo de que un día se escribiera sobre su tumba las palabras: "Dilexit Ecclesiam", "Amó a la Iglesia".

5. HÉROE Y MODELO DE CARIDAD Y OBEDIENCIA

5.1. Franqueza y respeto ante la autoridad

Frente a sus enemigos, el Padre fundador tuvo una actitud impresionante. En esos años de destierro puede decirse que su paternidad se extendió también a sus contrarios, fueran del Santo Oficio o del Generalato de los Pallottinos. El siempre los trató con la mayor caridad. Nunca tuvo palabras amargas ni para ellos ni para las otras personas que lo habían difamado ni para los miembros de la Familia que lo habían traicionado. Jamás mostró amargura, crítica. Lo único que se permitía, con humor pícaro, era por ejemplo, tomarse fotos en el cementerio de Milwaukee –que quedaba frente a su casa– posando con una gran sonrisa al lado de una tumba que decía "Tromp". Pero jamás criticó en forma puramente negativa a las autoridades que los condenaron y cumplió su promesa –hecha en sus años de estudiante– de no hablar nunca a espaldas de sus superiores. Cada cosa que tenía que decir al Padre general o al Santo Oficio, la escribía con abierta franqueza, aunque fuesen cosas muy duras.

Hay una carta "famosa" que, como consecuencia, le trajo un castigo especial. Se le prohibió celebrar Misa por algunos días y se le obligó a hacer un retiro en penitencia. En esa carta le había escrito al Padre general de los Pallottinos sobre los distintos ideales de obediencia que ellos dos profesaban. El Santo Oficio y el Padre general no podían entender la actitud del Padre fundador. Muchas veces lo habían castigado y él siempre había obedecido con la mayor prontitud todo lo que se le mandaba. En esto era un modelo de docilidad. Sin embargo, por otro lado, cada vez que podía, escribía una carta a Roma exponiendo su manera de ver las cosas y manifestando que no estaba de acuerdo con esas mismas órdenes que acababa de cumplir minuciosamente. Para él, esa actitud de franqueza era esencial para el verdadero ideal de obediencia: se obedece, pero sin ocultar los propios pensamientos. Es el ideal de la obediencia franca; el superior tiene derecho a mandarme, yo le obedezco en lo que es de su competencia, pero no renuncio a mi conciencia personal. En esa carta que hemos mencionado, le escribió al General:

> Mi ideal de obediencia es éste: cuando me dan una orden con la que yo no estoy de acuerdo, no la cumplo como un esclavo que no piensa, sino que lo hago manifestando al Superior mi desacuerdo y haciéndole ver que actúo sólo porque él me lo manda, sin hacer mía la orden, de manera que toda la responsabilidad es suya.

Y le citó como ejemplo el caso del Padre general anterior –el P. Turowski– quien, al comenzar la Visitación, lo defendió con mucha valentía y por eso fue reemplazado.

El P. Turowski –de origen polaco– se dio cuenta que era injusto lo que estaban haciendo con el P. Kentenich. El no veía la razón de las críticas que se le hacían y alegaba desconocer las acusaciones y los motivos de las medidas que se tomaban contra él, los que nunca se dieron. Por eso exigía explicaciones y se negaba a asumir, bajo su propia responsabilidad, lo que consideraba injusto. Defendió al P. Kentenich hasta el final. El P. Turowski era un hombre que –como superior– se sentía solidario con sus súbditos y responsable por ellos. Su sucesor, por el contrario, no asumió la responsabilidad que, como Superior, le cabía y cada vez que el Padre fundador le preguntaba: "¿Cree usted que corresponde, que es justa esta orden que me ha dado? ¿Cree que merezco este castigo?", él le contestaba: "Lo siento mucho, pero así me lo mandan desde Roma". "Es que esa disculpa no basta", le replicaba el Padre, y en la carta que comentamos le explicaba por qué no basta decir "así me lo mandaron". Cuando a un cristiano se le da una orden, él tiene que adoptar frente a ella una actitud clara: o la asume responsablemente y dice: "la hago mía y la cumplo bajo mi responsabilidad"; o declara que no está de acuerdo con la orden y que la cumple exclusivamente bajo la responsabilidad de la autoridad competente de la cual proviene la orden.

Aquí no se trata de si se obedece o no, sino de precisar con qué actitud se obedece: como esclavo irresponsable o como persona consciente y libre. El P. Kentenich es-

cribe al Padre general: "Usted no ha obrado así. Usted no ha querido nunca precisar su posición personal frente a los problemas de Schoenstatt y siempre ha recurrido a la disculpa: 'estoy cumpliendo órdenes superiores'; eso no basta, hay que definirse. Usted debe tomar una posición personal frente a las órdenes que recibe y decir si las hace plenamente suyas o, si no está de acuerdo con ellas, si las ejecuta bajo la responsabilidad ajena, en contra de su propia opinión. Eso es lo que dice el ideal verdadero de obediencia cristiana, la que siempre debe ser una obediencia responsable y franca. Esa es mi actitud: Yo siempre obedezco, pero digo lo que pienso por amor a la Iglesia".

5.2. La nobleza de saber perdonar

Lo más impresionante es que al final, el mismo Padre general se había convencido de tal manera de la lealtad del P. Kentenich que, cuando se encontraron en Roma –en medio de los últimos esfuerzos de la Familia por lograr la liberación del Padre fundador– no quería hablar con ningún otro schoenstattiano, sino que siempre exigía hablar con el P. Kentenich porque era el único hombre que daba plena garantía de objetividad, de estar buscando siempre la paz.

Y cuando la lucha se decidió definitivamente a favor del P. Kentenich, ¿cuál fue la actitud de éste? Apenas supo que podía regresar a Alemania, va donde el Padre general y le dice: "He recibido el permiso para regresar a Alemania. Ahora vuelvo allá, pero yo quiero la paz. Yo le tengo mucho aprecio a la comunidad de los Pallottinos (él ya se había retirado de ella); creo que tiene una tarea grande y que la misión de Pallotti y de Schoenstatt van en la misma línea. Por eso creo que debemos trabajar juntos en el futuro. Pero, por lo mismo, no quiero llegar a Alemania como vencedor, porque no deseo que hayan vencidos. Le propongo, Padre general, que borremos todo lo pasado y que volvamos juntos a Schoenstatt, que vayamos juntos al Santuario y allí le entreguemos a la Santísima Virgen toda la historia dolorosa de estos años y sigamos trabajando juntos como si nunca hubiera pasado nada". El Padre general se impresionó enormemente, y le respondió que lo iba a pensar y a conversar con su comunidad. Pero los superiores de Alemania le desaconsejaron hacer tal cosa, pues pensaban que sería muy grande el desconcierto que ello produciría en la comunidad.

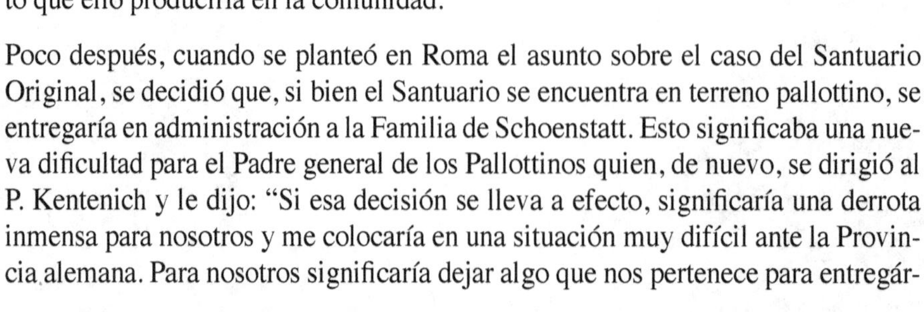

Poco después, cuando se planteó en Roma el asunto sobre el caso del Santuario Original, se decidió que, si bien el Santuario se encuentra en terreno pallottino, se entregaría en administración a la Familia de Schoenstatt. Esto significaba una nueva dificultad para el Padre general de los Pallottinos quien, de nuevo, se dirigió al P. Kentenich y le dijo: "Si esa decisión se lleva a efecto, significaría una derrota inmensa para nosotros y me colocaría en una situación muy difícil ante la Provincia alemana. Para nosotros significaría dejar algo que nos pertenece para entregár-

Concilio Vaticano II

selo a ustedes. ¿No podríamos buscar una solución?". El P. Kentenich le respondió: "Lo único que yo quiero es la paz. Deseo ayudarlo. Por eso renunciaré al derecho que nos han otorgado sobre el Santuario, sólo para que ustedes no sean humillados al ser privados de algo contra su voluntad. Pero le propongo que después ustedes busquen, voluntaria y libremente, un acuerdo con nosotros respecto al uso común del Santuario". El Padre general aceptó de inmediato la proposición, pero el acuerdo voluntario no llegó nunca. El P. Kentenich sabía que lo más probable sería eso. Que, como muchas veces, el Padre general no asumiría su responsabilidad frente a la palabra dada. Pero esa era siempre la manera de actuar del Padre fundador: apelar y dar oportunidad a la generosidad libre de las personas, aun cuando éstas no fueran dignas de confianza. El P. Kentenich reaccionaba así; frente a la Iglesia fue igual.

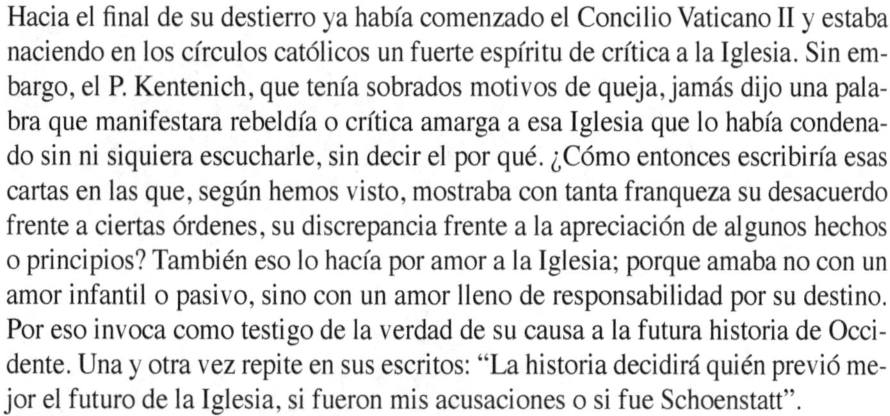

Hacia el final de su destierro ya había comenzado el Concilio Vaticano II y estaba naciendo en los círculos católicos un fuerte espíritu de crítica a la Iglesia. Sin embargo, el P. Kentenich, que tenía sobrados motivos de queja, jamás dijo una palabra que manifestara rebeldía o crítica amarga a esa Iglesia que lo había condenado sin ni siquiera escucharle, sin decir el por qué. ¿Cómo entonces escribiría esas cartas en las que, según hemos visto, mostraba con tanta franqueza su desacuerdo frente a ciertas órdenes, su discrepancia frente a la apreciación de algunos hechos o principios? También eso lo hacía por amor a la Iglesia; porque amaba no con un amor infantil o pasivo, sino con un amor lleno de responsabilidad por su destino. Por eso invoca como testigo de la verdad de su causa a la futura historia de Occidente. Una y otra vez repite en sus escritos: "La historia decidirá quién previó mejor el futuro de la Iglesia, si fueron mis acusaciones o si fue Schoenstatt".

Durante todo este tiempo, y en medio de todas estas luchas, el corazón del P. Kentenich se fue haciendo cada vez más paternal. La bondad y el acogimiento que irradiaba fue creciendo mucho más aún de lo que había sido en el tiempo siguiente a Dachau. Precisamente en la medida en que los hombres más lo calumnian, lo injurian y le son infieles, él va como sumergiéndose más y más en el misterio de la misericordia de Dios. Como consecuencia de ello, el tema de sus pláticas va siendo, cada vez con mayor frecuencia, no sólo el anuncio de Dios como Padre, sino como Padre de la misericordia. Al mismo tiempo insiste en la conciencia de pequeñez, en la miseria nuestra, en la apremiante necesidad de misericordia que todos tenemos. Y todas estas pláticas eran dichas con un sabor tan hondo a vivencia, a experiencia personal, que uno se daba cuenta que era éste el mundo interior en el cual estaba viviendo: que él estaba ya definitivamente sumergido en el mar infinito de la misericordia de Dios, en un mar de luz y de paz que lo colocaba por encima de toda esta pugna, de todas esas intrigas que se tejían para destruir su Obra y su fama personal.

Padre eterno: En esta silenciosa hora santa me arrodillo ahora ante ti, con quienes representan nuestra nueva Familia, en el Santuario de nuestra querida Madre y Reina tres veces Admirable de Schoenstatt. Te agradezco de todo corazón por todo lo que en esta hora silenciosa me regalas y pones a mi disposición.

Tú sabes cuán infinitamente grande es la misión que confiaste a nuestra Familia. Sí, tan grande, tan vasta tan profunda como la misión de la misma Iglesia. En nosotros la Iglesia vive, la Iglesia quiere y puede vivir tal como tú la has previsto desde toda la eternidad en el sentido de la nueva orilla de los tiempos.

Hace ya medio siglo que cargamos con el peso de esta misión enormemente grande. La guardamos serena y fielmente, por ella nos separamos de los que nos rodeaban, nos tornamos como una isla flotante, siempre impulsados por la gran misión que cargan nuestros hombros. El demonio naturalmente tenía ganas de arrancarnos de tu corazón y quitarnos la misión. Y tú, eterno Padre Dios, le has dejado libertad, una amplia, muy amplia libertad.

En esta hora silenciosa, te doy gracias de todo corazón porque me has regalado una comunidad que quiere cumplir la gran misión hombro a hombro conmigo, que no se dejó confundir por todos los ataques del enemigo, ni nada la pudo separar de la gran gracia y la gran tarea que tú nos confiaste.

Y ahora, tú me envías dos de tus predilectos, acá, a nuestro Santuario. Me recuerdas que permaneces fiel a la misión. Tú sabes lo difícil que es cargar con una gran misión y ser enviado a la soledad, al desierto… Por cierto hay casos en la historia de salvación, en la historia de la Iglesia, que nos muestran que tú puedes colocar una misión grande sobre hombros humanos, y que recién se realiza esta misión cuando esos hombros se derrumban en la muerte. Pero por lo visto, no quieres guiarnos por ese camino (…)

Te doy gracias no sólo por este nuevo ardor de la fe en mí personalmente, te doy gracias también por estos enviados, que tú me mandas y me regalas. Casi me parece poder escuchar desde el tabernáculo aquella palabra que tu Hijo proclamó a los apóstoles, en aquella ocasión, después que los había iniciado en su misión universal. Quizá no habían captado entonces tan profundamente toda la magnitud, la envergadura y el peso de la misión, como nosotros ahora. Pero no obstante los habrá invadido cierto estupor interior, como nosotros lo sentimos toda vez que medimos nuestras fuerzas con la gigantesca carga de la misión que nos fue dada. Entonces el Señor dijo las sencillas palabras: "No temas, pequeño rebaño" (Lc 12,32).

Eterno Padre Dios, te agradecemos por esta palabra de consuelo: "No temas, pequeño rebaño".

(Oración rezada en el Santuario de Milwaukee junto a dos diáconos alemanes que serían ordenados sacerdotes de la nueva Comunidad Padres de Schoenstatt)

J. Kentenich

P. Kentenich y el Cardenal Raúl Silva Henríquez, en Roma (1965)

6. LA LIBERACIÓN

6.1. "Que la Santísima Virgen me libere"

Al final, el Padre fundador, como siempre, entrega a la Virgen todo lo que sucede y anuncia: "estoy seguro que voy a volver de mi destierro, porque nada de lo que yo he hecho ha sido por mí, sino exclusivamente por el honor de la Santísima Virgen. Si no hubiera estado convencido de que, a través de todas estas luchas, se decide la misión de María para el futuro, para la Iglesia y el mundo del futuro, para el hombre nuevo, para la sociedad nueva, no me habría arriesgado a ellas. Por eso, ha sido siempre el honor de la Santísima Virgen el que ha estado en juego, no el mío. A mí no me interesa reivindicar mi honor; lo que me interesa es el honor de ella. Por eso estoy seguro de que ella me va a liberar".

Durante el Concilio –aprovechando la presencia simultánea de todos los Obispos de Roma– se hicieron muchas gestiones diplomáticas para acelerar la liberación del P. Kentenich. Intervinieron varios obispos de América Latina y, de manera especial, el Cardenal Raúl Silva Henríquez, de Chile. Entre otras cosas, él formó parte del grupo de cuatro cardenales que pidieron oficialmente al Papa la revisión del caso del P. Kentenich. Los obispos chilenos habían tomado, entre tanto, mucho contacto con Schoenstatt y, ese contacto, unido a los esfuerzos de muchas otras personas, ayudó a facilitar las cosas en Roma.

Cuando el P. Kentenich se da cuenta que todas estas gestiones progresan y de que se acerca su liberación –a mediados de 1965 le han afirmado, como cosa muy probable, que hacia el término de ese mismo año, él será ya liberado– se vuelve a la Virgen, en primer lugar y le pide: "Madre Santísima, yo no quiero que me liberen los hombres; yo no quiero que aparezca que salgo libre, en primer lugar, gracias a la habilidad diplomática de quienes luchan por mí; yo quiero que muestres que eres tú quien me libera y, para eso, te pido que mi liberación se realice de tal manera que quede clarísimo que ello ha sido una intervención tuya, que fuiste tú la que te glorificaste".

6.2. Llega un telegrama

En septiembre de 1965 yo estaba en Milwaukee. El 14 de septiembre –un día martes– el Padre fundador me había prometido hora para conversar con él. Pero después de almuerzo me hace avisar que no podrá verme. Un poco después me enteré de lo que había sucedido la tarde anterior. Estábamos acercándonos ya hacia el fin de año y se esperaba que, tal vez al comenzar la próxima y última sesión del Concilio –en Octubre– podría decidirse ya su libertad. Pues bien, el lunes 13 de septiembre, como a las 5 de la tarde, poco después de habernos separado de él con el

P. Jaime Salazar, llaman al Padre fundador por teléfono. Se trata de un telegrama. –En Estados Unidos como en Europa, transmiten los telegramas recibidos por teléfono–. La telefonista pregunta: "¿Con el P. Jose Kentenich?" –"Sí". "Hay un telegrama para usted que dice así: 'Venga inmediatamente a Roma', firmado: P. Burgraf". Era el Secretario del Padre general. "Muy bien", contestó el Padre. Después de haber pedido que le volvieran a repetir el texto, colgó y pensó simplemente que las cosas por fin resultaron. Inmediatamente –para obedecer al tenor de la orden– empezó a preparar sus maletas. El 14 supimos ya la noticia algunos de los que estábamos allá. Yo venía de vuelta a Chile con el P. Jaime Salazar, habiendo terminado nuestros estudios en Suiza. También el P. Santiago Königer, el P. Esteban Uriburu –todavía como estudiante– y Pedro Santos, de Argentina, estaban con nosotros.

En las Hermanas de Milwaukee y la Familia schoenstattiana, reinaba una alegría desbordante, pero que, a la vez, iba acompañada de pena porque el Padre fundador, después de pasar 14 años junto a ellos, se iba. Con el P. Jaime y el P. Santiago nos tocó volar con él desde Milwaukee a Nueva York. El día que pasamos con él en Nueva York, era el 16 de septiembre, fue maravilloso. En él tuve, tal vez, las experiencias más lindas que recuerdo de la paternidad del Padre fundador, especialmente en los momentos de su encuentro con la comunidad portorriqueña. Ahí el P. Kentenich volvió a expresar todo su entusiasmo por la misión de América Latina y les habló mucho del 31 de Mayo y de cómo el alma latinoamericana –por su capacidad para los vínculos personales y para el espíritu de Familia– era "naturalmente schoenstattiana".

De Nueva York partió ese mismo día, en la tarde, a Roma. En el viaje sucedió algo interesante. Por causa de la niebla, al hacer escala en Suiza –volaba en Swissair–, su avión tuvo que aterrizar en Ginebra, y no en Zürich, como correspondía. Ese mismo día, el Padre general viajaba de Roma a Suiza y llegaba a Zürich, a la hora exacta en que le tocaba llegar al avión donde llegaba el P. Kentenich. Si no hubiera habido niebla, tal vez se habrían encontrado. De Ginebra, sigue viaje a Roma. Llega a la Casa Generalicia y, cuando aparece en la puerta, el Secretario del Padre general se asombra enormemente al verlo. Le pregunta: "¿Y usted qué hace aquí?" "El Padre general me mandó llamar —responde el P. Kentenich— y usted mismo me envió un telegrama". Y para su sorpresa y de todos, el Secretario replica: "Yo no he mandado ningún telegrama". Inmediatamente le avisa al Padre general, en Suiza, la llegada del P. Kentenich. El Padre general no puede creer lo que oye; vuelve de inmediato a Roma y se encuentra con el P. Kentenich quien insiste: "Estoy aquí porque ustedes me mandaron llamar. Recibí un telegrama". Al principio no se le cree; se piensa que es un engaño, y se le acusa ante el Santo Oficio de haber desobedecido y haber inventado un telegrama inexistente, para tener un

pretexto para llegar a Roma. Además, se solicita que se le ordene volver enseguida a su lugar de destierro.

Toda la discusión se centra en el famoso telegrama. Se afirma, primero, que es mentira; después, que la misma Familia o que las Hermanas Marianas lo mandaron. A ello contestan los schoenstattianos: "¡Imposible! Después de un trabajo de años para conseguir la liberación del Padre fundador y, justamente en estos momentos en que el asunto va tan bien, no se nos ocurriría jamás inventar un telegrama así, que arriesgaría echar todo a perder. En todo caso, si alguien inventó el telegrama, sería más probable que lo hubieran hecho los enemigos del P. Kentenich, que son quienes desean crear complicaciones para impedir su liberación"...

Así comienza la discusión. La Familia contrata abogados y éstos hacen una investigación a fondo en las oficinas de los telégrafos, tanto de Roma como de Milwaukee, pero sin ningún resultado. Fue absolutamente imposible encontrar pistas del telegrama; saber de dónde había salido, quien lo había transmitido o ubicar a la telefonista que llamó al P. Kentenich. Eso sí, quedó en claro que tanto de parte del P. Kentenich como de la Familia no había habido ninguna intervención. Era algo simplemente inexplicable. El P. Kentenich comenzó a sonreír y dio a conocer el convencimiento interior que se había ido formando en él en esos días: "Estoy totalmente seguro, dijo, que el telegrama fue obra de María. No sé como pasó; humanamente no hay explicación, pero justamente por eso, creo que la Virgen intervino de algún modo, accediendo así a algo que hace mucho tiempo le venía pidiendo: que me liberara de tal manera que quedara absolutamente claro que mi liberación no era, en primer lugar, obra de los hombres sino de ella".

Y el telegrama permaneció como un misterio sin explicación. Pero, gracias a él, el P. Kentenich se quedó en Roma y ello aceleró grandemente su proceso de liberación, si bien todavía quedaba una buena etapa de dificultades por delante.

6.3. El "milagro de la Nochebuena"

Con Mons. Wissing y Frau Gramlich

El Padre fundador llegó a Roma el 17 de septiembre y una semana después, el 24 de septiembre –aniversario de su profesión perpetua (en 1909) y de la Tercera Acta de Fundación (en 1944)– el Santo Oficio decide que debe volver a su destierro de Milwaukee. Todo lo que se había progresado parece sufrir un gran retroceso por culpa de este viaje a Roma, que comenzara con tanto optimismo. Esta noticia causa un decaimiento total en la Familia. El horizonte se ve muy negro y parecen perdidas todas las esperanzas. Sólo al P. Kentenich se ve feliz y contento, sonriendo, como si no hubiera pasado nada. Hasta entonces, él estaba viviendo en una casa que no era de los Pallottinos, junto a dos acompañantes. Pero, esa noche, lo trasladan a la casa de los Pallottinos y parece como si eso fuera un símbolo de que toda posibilidad de libertad se esfuma.

Las Hermanas y los demás representantes de la Familia comienzan a moverse como hormigas. Descubren que el Cardenal Bea debe tener una conversación final con el P. Kentenich, antes de que vuelva a Milwaukee. Le piden audiencia y le preguntan si no podría hacer algo para que se quede en Roma, aunque sea dos meses más. Se piensa que, una vez que se reúna el Concilio, con los Obispos y Cardenales amigos, será más fácil impedir que lo manden de regreso a Milwaukee. El Cardenal Bea ofrece una salida: aconseja que el P. Kentenich –en la conversación que tendrá con él– diga que él, un hombre de 80 años, ya no está en condiciones de volver a realizar tan pronto el cansador viaje de regreso. Para ese viaje, él tendría que vacunarse para poder entrar en Estados Unidos. El P. Menningen, al ir a buscarlo a Milwaukee, había tenido que hacerlo y ello le había causado fiebre y se había sentido muy mal, siendo que era bastante más joven que el P. Kentenich. Esa sería una buena disculpa como para concederle un descanso de unos dos meses, antes de enviarlo de vuelta. ¡De acuerdo! Las Hermanas informan al Padre fundador y él les contesta: ¡Muchas gracias!

Al día siguiente es la entrevista. El Cardenal Bea pregunta a las Hermanas si ya hablaron con el P. Kentenich. Ellas responden que ya está al tanto del acuerdo. El Cardenal, entonces, se encuentra con él y le comunica lo que el Santo Oficio ha decidido en relación a su vuelta a Milwaukee, pero termina diciéndole: "Bueno, Padre, no sé si usted está demasiado cansado para volver a emprender de inmediato ese viaje; además, tiene que vacunarse. Quizás por su salud convendría que se quede aquí un tiempo más". Y, para su gran sorpresa, el P. Kentenich le responde: "No, de ninguna manera; me siento extraordinariamente bien y podría hacer el viaje ahora mismo. Estoy en perfectas condiciones". Con la misma actitud del 20 de Enero de 1942, no quiso aceptar una salida "humana" y vuelve a rechazar la posibilidad de salvarse, argumentando mala salud.

Celebración de sus 80 años (Roma)

Lo que pasaba era que el Padre fundador estaba seguro de estar viviendo una hora de gracias, en la que María se iba a glorificar. No sabía cómo, pero tenía la certeza de que ella se glorificaría. Por eso él no quería interferir en sus planes con arreglos de prudencia humana. El Cardenal Bea se asombró enormemente y la Familia, cuando supo lo que había pasado en la entrevista, tampoco lo podía entender. El P. Kentenich insistía muy tranquilo y feliz: "La Santísima Virgen lo va a hacer, ella se glorificará".

Pasó un mes y todavía no le llegaba la orden de partir a Milwaukee. El 20 de octubre, inexplicablemente, sin conocerse por qué, el Santo Oficio revocó su decisión anterior: que el P. Kentenich no vuelva a Milwaukee, sino que se quede en Roma. Pero, además –y esto fue lo más sorprendente de todo– se anuncia que se levantan todas las acusaciones pendientes en su contra. Nadie supo cómo pasó todo es-

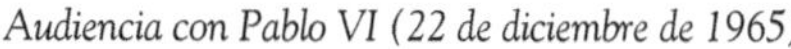

to. Los mecanismos que hicieron cambiar tan de golpe la determinación de los miembros del Santo Oficio permanecieron un misterio. El Santo Padre, Pablo VI, confirmó esta determinación, dos días más tarde, el 22 de octubre. La Santísima Virgen había cumplido: ¡El Padre ya está libre!

Sin embargo, no se le permite todavía volver a Alemania. La Familia ha estado pidiendo durante 14 años un nuevo "milagro de Nochebuena", tal como lo había hecho, en tiempos de Dachau, a raíz de la famosa carta de Navidad con que el P. Kentenich respondió a la Hermana Mariengard. Pero parece que para su retorno a Schoenstatt hay que esperar todavía.

El Santo Oficio piensa que, primero, las cosas tienen que calmarse un poco, pues la situación entre los Pallottinos no es muy clara. Además, hay que preparar el ánimo a los obispos alemanes. Por eso, no se sabe cuándo podrá volver. Por diversas gestiones se consigue una entrevista del P. Kentenich con el Papa para el 22 de diciembre. A esa entrevista, el P. Kentenich llevó un cáliz de regalo al Santo Padre. Fue una entrevista breve, pero muy bonita. No pasó nada especial en ella, pero el mismo hecho equivalía ya como a una rehabilitación simbólica. Se sabe que, al día siguiente, el Papa tiene una reunión importante con algunos Cardenales y que allí se podrá lograr algo. Todos esperaban ansiosos.

En la tarde del 23 de diciembre, avisan al Padre fundador que tiene permiso para ir a Alemania y que, si quiere, puede partir de inmediato. Al día siguiente toman el primer avión posible y llegan a Schoenstatt justo en la Nochebuena; son entre las 6 y 7 de la tarde, cuando allá ya es de noche, por causa del invierno. El Santuario está adornado con todas sus galas para Navidad. El Milagro de Nochebuena se ha vuelto a realizar, pero esta vez no ha sido en forma solamente simbólica, sino con precisión cronológica.

Era una última fineza de la Santísima Virgen, para mostrarnos que era ella quien había estado detrás de todo y que había aceptado la entrega de la Familia por el Padre fundador.

Tengo la impresión de no haber hecho absolutamente nada en todos estos cuarenta años. Pero no crean que es exageración. Es literalmente así. Hay estados de ánimo muy particulares que el Señor acuñó en forma clásica: "y cuando hayan hecho todo, digan: siervos inútiles somos..." Ciertamente, se puede pensar que he trabajado mucho. Sin embargo tengo la impresión de no haber hecho nada. En efecto, en los cuarenta años no hice nada más que decir 'sí' en cada instante. Nada más... Vean ustedes, cuando en una vida así se esconde tal energía creadora, pueden estar seguros de que es algo del más allá, algo divino y sobrenatural. Y esto es lo que hemos de hacer hoy de todo corazón: tributar con toda sencillez los honores a quien se le deben. ¿Es preciso que nombre a la Santísima Virgen? ¡Ella es la que debe celebrar el jubileo!

(En los cuarenta años de ordenación sacerdotal, 1950)

J. Kentenich

¿Acaso será indiscreto si me atrevo a decir: si el buen Dios ha bendecido mi actividad entre ustedes, entonces pueden considerar al menos eso como un regalo de la Santísima Virgen. Si bien en estos días apenas he hablado de esto, no me avergüenzo de confesar que considero toda mi actividad sacerdotal como obra e instrumento de su mano. Si en estos días les he podido prestar algún servicio, entonces deben darle las gracias a ella, pues a ella atribuyo conscientemente todo. He aquí también la razón por la cual realizo continuamente mi tarea con una paz soberana: me siento dependiente de ella como su obra e instrumento…

Permítanme decirles: cada vez que debo asumir mayores responsabilidades como sacerdote, estoy interiormente alegre y tranquilo cuando sé que aquellos que Dios pone en mi camino se entregan a la Santísima Virgen. Ya antes fue así, cuando siendo un joven sacerdote me desempeñé como educador. Luego de haber comprendido los grandes lineamientos del plan de salvación, mi mayor alegría era conducir a mis jóvenes hacia la Santísima Virgen, pensando: yo no puedo permanecer junto a ellos. Y aunque pudiéramos, con el tiempo la relación paternal y sacerdotal en este grado de profundidad, cesa en la mayoría de los casos. Pero si confío mis jóvenes a la Santísima Virgen, entonces sé que ella siempre extenderá su mano sobre ellos. ¡Ella es la omnipotencia suplicante! ¡Ella es fiel!

Personalmente –y junto con los que trabajan conmigo– vivo de dos expresiones que pronunciara San Vicente Pallotti. "¡Mater habebit curam!' (La Madre cuidará)… La segunda expresión: "La Santísima Virgen es la Gran Misionera, ella obrará milagros!". No esperen que demuestre estas frases dogmáticamente. Yo mismo estoy hablando como un niño y ustedes escuchan como niños. Por eso, creo, deben considerar la conveniencia de elegir a la Bendita entre todas las mujeres como pilar y seguro de su nueva obra, como modeladora, formadora y educadora del nuevo tipo de hombre.

(Charla final del retiro predicado a los Bethlemitas, 1937)

Ustedes no se dan cuenta con cuánta intimidad amo a la Santísima Virgen. No sólo porque ella es la Medianera de todas las gracias, sino porque yo no hago nada separado de ella. Aunque no hable de ella, todo lo que ustedes reciben de mí, lo reciben de la Madre de Dios. Me gusta verla en el fondo, aunque me alegro cada vez que puedo ponerla en el frente … Me alegro silenciosa y profundamente cuando la Virgen quiere retirarse a un segundo plano, para poner al Padre en primer plano, sea al Padre Eterno o a su representante.

(Nueva Helvecia, agosto 1947)

Para mí lo esencial ha sido siempre poner cada vez más en primer plano la misión de la Santísima Virgen para la época y para la Iglesia actual y entregar por esta misión todas las fuerzas de mi vida. ¡Tenemos una misión marcadamente mariana! (…)

Tua res agitur! (¡Se trata de tu causa!) Desde un principio la misión de Schoenstatt, como también la gran misión del 31 de Mayo de 1949, ha sido poner a la Santísima Virgen en primer plano a fin de que pueda cumplir su misión en la historia contemporánea. Todo el sufrimiento que trajo consigo el 31 de Mayo de 1949 fue aceptado y asumido conscientemente en función de la misión mariana.

María, se trata tan sólo de ti, no buscamos nada para nosotros. Te ofrecemos toda nuestra vida, aún en las más grandes dificultades, en los más grandes peligros, en los más duros golpes del destino. Todo, al fin, ha de servir a tu misión… Clarifica te! Tú misma debes glorificarte, glorificando a Schoenstatt.
Mater perfectam habebit curam et victoriam! (La Madre cuidará y triunfará perfectamente).

(Liebfrauenhöhe, 28 y 29.5.1966)

J. Kentenich

fuego de su fuego

fuego que las brasas retuvieron
por decenios de silencio,
hasta que el soplo del Espíritu
te alzó en uvas rojas,
profeta en el cruce de caminos,
fuego en el rincón de la lágrima,
fuego de caminantes que sostiene el día
durante el imperio de la tiniebla,
fuego que llega a ser latido de alma
en la sangre de los que te aceptan
como voz venida desde la Trinidad
/Santísima,
fuego dentro del cáliz,
fuego de gratitud ante la Puerta,
fuego de los remeros matutinos,
fuego que urge encender al mundo sus
/antorchas sedientas.

P. Joaquín Alliende L.

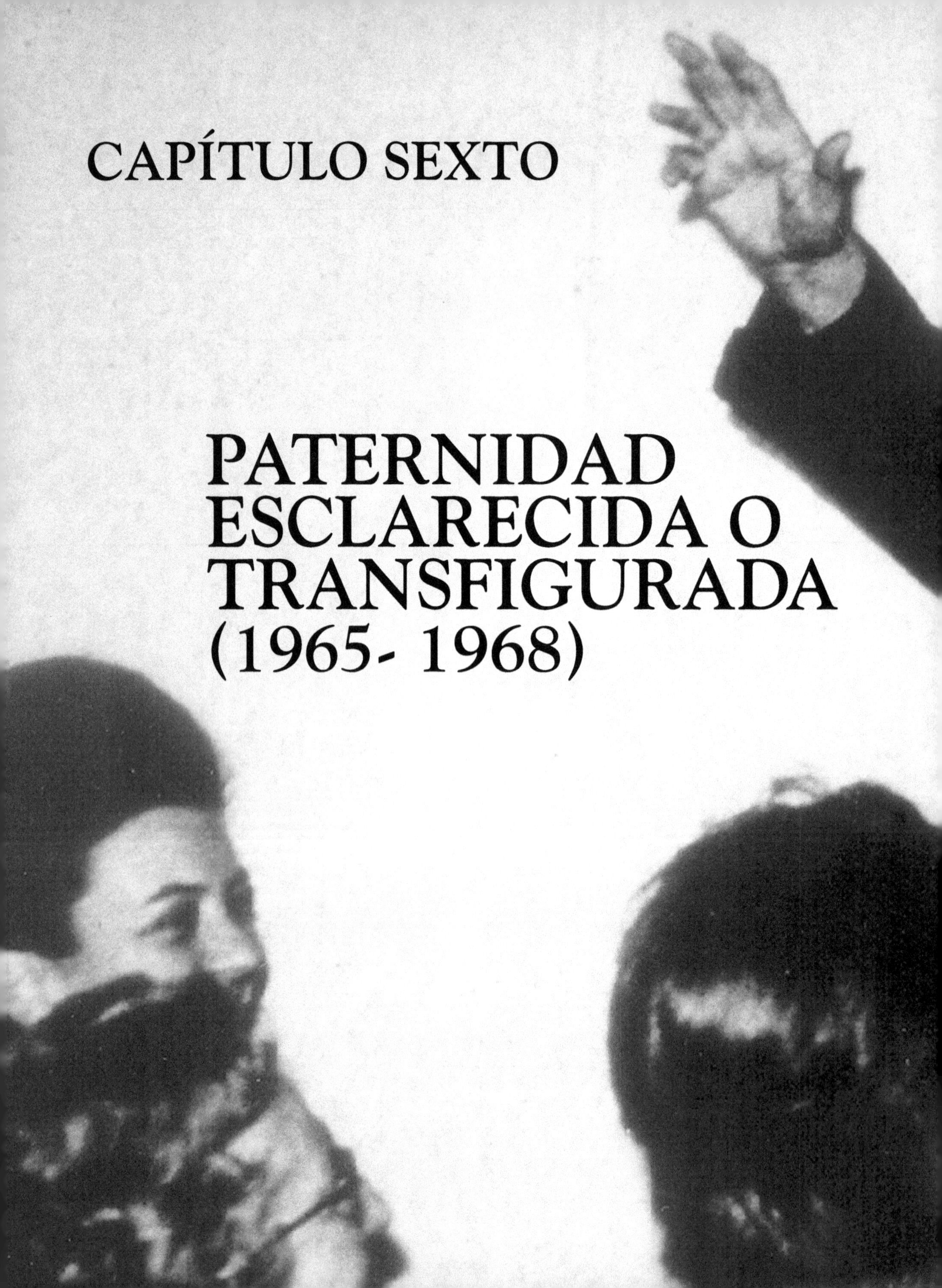

CAPÍTULO SEXTO

PATERNIDAD ESCLARECIDA O TRANSFIGURADA (1965- 1968)

SEXTA ETAPA

1. EL PADRE DE TODOS

Los tres años que el Padre fundador vivió todavía en la tierra fueron años maravillosos, que significaron una profunda renovación interior, casi una refundación para la Familia.

El encuentro con el Padre fundador fue una experiencia extraordinaria para todos. A las Hermanas Marianas, que son dos mil en Alemania, les dedicó un tiempo enorme. Las recibió una por una. Así estuvo tres años, retomando los contactos personales con cada uno de los hijos e hijas de su Familia. Alguien, comentando lo que fue ese tiempo, me decía: "Conversando con el Padre fundador, comprendí cómo se las arregla Dios con nosotros. Mi problema había sido siempre éste: ¿cómo va a ser posible que Dios, que maneja todo el universo, pueda preocuparse personalmente de cada uno de nosotros? Pero, frente al Padre fundador, me di cuenta que, a pesar de que él tenía a todo Schoenstatt en su cabeza, a pesar de que tenía presentes a todos sus hijos y a todos sus problemas, sin embargo, se dedicaba a mí como si yo fuera la única persona que existía para él en ese momento".

Esta fue una experiencia general. Cada uno sentía, al estar con el Padre fundador, que era su hijo más querido; que él tomaba los problemas de uno como si fueran suyos, que se interesaba tan sinceramente por lo que uno le decía que, generalmente, después de haberle contado sus problemas, terminaba agradeciéndole él a uno, dándole gracias a uno por la confianza que le había tenido, por haberle dado la oportunidad de admirar la presencia amorosa de Dios en la historia personal de cada uno. En estos años finales de su vida, el Padre fundador aparecía como una persona que irradiaba a Dios y que descubría, en todo cuanto le rodeaba, la presencia de Dios, siempre enalteciendo y levantando a los demás.

Fueron tres años maravillosos, que nosotros, acá en América Latina, también esperábamos compartir más de cerca. Pero la Santísima Virgen se lo llevó justo cuando él estaba planeando ya su viaje hacia nuestro continente y a los demás lugares del mundo donde había hijos e hijas que le esperaban.

El tenía 83 años, pero había conservado toda su juventud de espíritu y su fuerza. Al llegar a Alemania había advertido: "No crean que vengo convertido en un abuelo". Y mostró, a través de muchos hechos, que seguía siendo el "Padre fuerte". Con sus 83 años era capaz de dar charlas de dos horas, hablando de pie.

Iglesia de la Adoración

2. MÁS CERCANO QUE NUNCA

La Virgen se lo llevó después de haber celebrado Misa, por primera vez, en la Iglesia de la Adoración; la Iglesia consagrada a la Santísima Trinidad, que se levanta sobre el monte de Schoenstatt y cuya construcción había sido prometida a la Virgen en 1946, como prenda por la protección de Schoenstatt durante la guerra.

El Padre fundador celebró su primera Misa allí, el 15 de septiembre de 1968, en la fiesta de Nuestra Señora de los siete dolores, dolores que él había compartido muy íntimamente a lo largo de su vida ya que todos sus sufrimientos habían sido únicamente por ella, por la misión de María frente a la Iglesia y al mundo del futuro. Por la Santísima Virgen, el Padre fundador había sufrido calumnias del mismo tipo que sufrió ella. Como ella, gustó también las amarguras del destierro. La Santísima Virgen se lo llevó al terminar la Misa, cuando se acababa de quitar los ornamentos en la sacristía. Murió a causa de un ataque al corazón, en forma casi instantánea y en medio de una paz extraordinaria.

La Santísima Virgen nos ha regalado el uno al otro. Queremos permanecer recíprocamente fieles: el uno en el otro, con el otro, para el otro, en el corazón de Dios. Si no nos reencontrásemos allí, sería algo terrible. Allí debemos volver a encontrarnos. No deben pensar: vamos hacia Dios, por eso debemos separarnos. Yo no quiero ser simplemente un señalizador en la ruta. ¡No! Vamos el uno con el otro. Y esto por toda la eternidad. Cuán errado sería ser sólo señalizador en el camino. Estamos el uno junto al otro para encendernos mutuamente. Nos pertenecemos el uno al otro ahora y en la eternidad; también en la eternidad estaremos el uno en el otro. ¡Es éste el eterno habitar del uno en el otro, propio del amor! Y, entonces, permaneciendo el uno en el otro y con el otro, contemplaremos a nuestra querida Madre y a la Santísima Trinidad.

(Plática del 31 de Mayo de 1949)

J. Kentenich

Esta fue su historia. Tal vez podría decirse que con su muerte comienza todavía una séptima etapa en el crecimiento de su paternidad: *la etapa de la paternidad eternizada*. Es algo que ha sentido toda la Familia; que desde que el Padre fundador murió, lejos de haberse hecho más distante, su persona se ha vuelto mucho más cercana. La intimidad con él ha crecido, a pesar de estar él en el cielo; y la Familia siente, cada vez más, que recibe gracias especiales en la medida que se une a él; que él sigue siendo fuente de gracias desde el cielo; que los destinos de todos sus hijos están atados al suyo, también después de su muerte; y que el Padre fundador quiere devolver, desde el cielo, con amor y fidelidad, toda la fidelidad que la Familia le ha tenido. El bendice al que se le entrega, al que le da su cariño de hijo. El bendice en forma extraordinaria, porque ahora está más cerca de la Santísima Virgen que nunca y le puede "tironear del manto" con mucho más fuerza y confianza, con mucho más fuerza y rapidez que lo que lo hacía cuando estaba aquí en la tierra.

Por eso, pidamos a la Santísima Virgen que nos dé esta gracia de un profundo contacto filial con él; pidámosle que nos permita sentir que Dios nos quiere en unidad de vida con él, que la vida del Padre fundador tiene que hacerse nuestra, para que podamos dar su espíritu a la Iglesia y al mundo del mañana y convertirnos en hombres forjadores de historia, como él lo fue.

Quien quiera buscarme y visitarme, me encuentra en todo momento en el corazón de Dios y de la Santísima Virgen. Todos los que se han inscrito en esos corazones están siempre junto a mí y en mí.

(*Carta del Carmelo al P. Mühlbeyer*, 21.10.41)

mar

Mar que María reunió en la cuenca de su cántaro
mar, siempre mar,
nuestro roquerío y la playa
reciben siempre la mano constante
de tus olas,
siempre, al dormirse una,
viene fielmente siempre la próxima,
los dedos blancos de tu espuma vienen

para que jamás nuestra arena
deje de ser una hoja húmeda y blanca,
así el infinito Padre de Jesús siempre
nos escribe la ternura,
así el océano de Dios siempre
nos quita los guijarros de la ira,
nos lava como playa de los pobres.

P. Joaquín Alliende L.

padre montaña

Surges desde los materiales primeros,
surges, monte, como faro montañoso,
surges, monte, como centinela y sol escarpado,
surges como pecho y dos brazos
surges sin amenazar el valle ni el rocío,
serena torre de azul, reconoces desde lo alto
/nuestros nombres,
muro de misericordia, amparo del Padre,
abres tu manto de bosques y senderos,
memoria de la confidencia del Padre,
reconoces nuestros nombres uno a uno,
en tu cuna coronas de cielo al hijo montañero,
envías a cada hijo a vendar llagados en el llano.

P. Joaquín Alliende L.

ÍNDICE

(1935-2007). Sacerdote del Instituto Secular Padres de Schoenstatt. Experto en Pastoral Familiar. Prestó variados servicios teológicos a los episcopados de Chile y de Latinoamérica y como experto en teología, participó en la Conferencia Episcopal Latinoamericana realizada en Puebla, México, en 1979. Fue llamado al Sínodo celebrado en Roma en 1985 y ayudó a la elaboración de sus conclusiones finales. Fue miembro del equipo de reflexión teológica del CELAM y miembro del Consejo Pontificio para la Familia. Su labor pastoral abarcó desde la parroquia de un barrio modesto, a la de asesor del Movimiento de Schoenstatt. Fundó la obra de asistencia social , "María Ayuda". Fundó y promovió las Misiones Familiares Católicas y durante varios años asesoró grupos de empresarios cristianos en la proyección social de su fe.

Dotado por la Providencia de una mente clara y vital, no fue un repetidor de frases hechas sino que asimiló a fondo todo el contenido vital de las ideas de Schoenstatt, confrontándolas permanentemente con el paradigma del Evangelio.

El 18 de diciembre del 2007, retornó al Padre desde el Sión de Bellavista, donde espera el día de la resurrección.

COLOFÓN

EN 1952 (era su última estadía en Chile) el P. Kentenich verifica lo que él llama "resultante creadora", es decir la fecundidad, de sus anteriores viajes. En especial constata que el Santuario Cenáculo de Bellavista era una irrupción de gracias sobreabundante en el sentido de la misión del 31 de Mayo. Esto lo percibió en personas y comunidades concretas. La siembra del fundador tuvo en el joven Hernán Alessandri una tierra apta y generosa. Maestro y discípulo se encontraron en plena primavera del Espíritu en Bellavista. Hernán se empapó por entero de la fuerza carismática del fundador. Y él, el 20 de junio de 1952, en la Fiesta del Sagrado Corazón, fue testigo del momento mismo de la partida del fundador al exilio de Milwaukee. Hernán estaba en primera fila cuando el padre pasó su sombrero con ademán de mendigo, implorando: "31 de mayo Capital de Gracias, 31 de mayo Capital de Gracias". Años después, le llevó al Padre Kentenich la Cruz de la Unidad original a Milwaukee. Era el invierno boreal de 1961. Encuentros personales privilegiados y mucho estudio de una inteligencia brillante, harían posible un ciclo de charlas en la Jornada Nacional de la Juventud Masculina, en Bellavista, los días 18 y 19 de septiembre de 1971. De ahí nació este libro sobre la vida y el pensamiento del fundador. Un sacerdote argentino, el P. Juan Pablo Catoggio, recopiló diligentemente los textos autobiográficos que el fundador nos dejó como confidencia. El P. Rafael Fernández acumuló pacientemente, durante decenios, un riquísimo material fotográfico que Margarita Navarrete desplegó con belleza y lucidez. El P. Joaquín Alliende escribió los poemas meditativos, a partir de símbolos de la creación de Dios, los que se descifran como destellos iluminadores del profético sacerdote José Kentenich.

www.ingramcontent.com/pod-product-compliance
Lightning Source LLC
LaVergne TN
LVHW061938220826
846092LV00008B/1067
9789562461986